普通高等学校运动训练专业教材

iCourse · 教材

学校体育学

国家体育总局科教司　组编

唐　炎　刘　昕　主编

CSEA 体教联盟
CHINA SPORT EDUCATION ALLIANCE

高等教育出版社·北京

内容提要

本教材由国家体育总局科教司组织编写，是“学校体育学”在线开放课程建设项目配套教材。教材在内容上涵盖了有关学校体育的主要理论和实践范畴，注重对知识点的凝练与呈现，强调对学校体育实践工作的指导作用。全书共 11 章，主要内容包括：绪论，学校体育的发展与演变，学校体育的结构与功能，学校体育的地位与目标，体育课程，体育教学要素、过程与原则，体育教学目标、内容与方法，体育教学设计、实施与评价，学校课外体育，体育教师职业，学校体育教研，学校体育管理。本书为新形态教材，通过二维码链接多种拓展资源，根据优秀运动员和普通高等学校体育专业学生的学习需求编写，同时适用于体育教育专业的学生使用，还可作为体育教师的指导用书。

图书在版编目（CIP）数据

学校体育学 / 国家体育总局科教司组编 ; 唐炎，刘昕主编. -- 北京 : 高等教育出版社，2020.8（2024.8重印）
ISBN 978-7-04-054258-5

Ⅰ. ①学… Ⅱ. ①国… ②唐… ③刘… Ⅲ. ①学校体育－高等学校－教材 Ⅳ. ①G807

中国版本图书馆CIP数据核字(2020)第104642号

学校体育学
Xuexiao Tiyuxue

策划编辑 廖倩雯　责任编辑 廖倩雯　封面设计 李小璐　版式设计 童　丹
责任校对 刘丽娴　责任印制 张益豪

出版发行 高等教育出版社
社　　址 北京市西城区德外大街4号
邮政编码 100120
印　　刷 唐山嘉德印刷有限公司
开　　本 787mm×960mm 1/16
印　　张 20.25
字　　数 360千字
购书热线 010-58581118
咨询电话 400-810-0598

网　　址 http://www.hep.edu.cn
http://www.hep.com.cn
网上订购 http://www.hepmall.com.cn
http://www.hepmall.com
http://www.hepmall.cn

版　　次 2020 年 8 月第 1 版
印　　次 2024 年 8 月第 7 次印刷
定　　价 39.80 元

物 料 号 54258-00

编委会

主　　编：

唐　炎　刘　昕

副 主 编：

罗　平　王丽娟

编写成员：

宋会君　刘　峥　辛　利

高学民　彭小伟　鲁长芬

何劲鹏　刘　阳　于　秀

张宝根　张加林　范卉颖

胡小清　张　赫　马　莲

编写说明

学校体育是我国教育事业的重要组成部分，也是我国国民体育的基础。2018年，习近平总书记在全国教育大会上提出“享受乐趣、增强体质、健全人格、锤炼意志”四位一体的学校体育目标，是新时代指引我国学校体育发展的总要求。2020年，中共中央办公厅、国务院办公厅印发《关于全面加强和改进新时代学校体育工作的意见》。党的二十大报告指出，坚持为党育人、为国育才，全面提高人才自主培养质量，着力造就拔尖创新人才。为了总结梳理近年来我国学校体育发展的新情况，回应运动员文化教育的新诉求，受高等教育出版社委托，我们组织编写了本教材。本教材由国家体育总局科教司组织编写，是“学校体育学”在线开放课程项目配套教材。

教材在内容上涵盖了有关学校体育的主要理论和实践范畴，注重对知识点的凝练与呈现，强调对学校体育实践工作的指导作用。教材在结构安排、内容编写上的思路主要基于4个方面：一是来源于以往同类教材中被业界公认的知识，如有关体育教学要素、方法等内容；二是来源于学校体育研究领域最新的研究成果知识，如有关学校体育功能、体育与健康课程标准等；三是基于编写团队成员在长期教学实践中总结凝练的知识，如有关体育教学目标、原则等方面的知识；四是来源于相关学科领域文献中的知识，如有关体育与德育、美育等方面内容。

本教材由唐炎、刘昕教授担任主编，唐炎教授负责全书的框架设计和统稿工作，具体编写分工如下：唐炎教授（上海体育大学，绪论、第二章、第三章、第四章、第七章）、刘峥教授（西南大学，第一章、参与编写第三章）、刘昕教授（北京体育大学，第五章）、王丽娟教授（上海体育大学，第六章）、张加林博士（上海体育大学，第八章、参与编写第三章）、宋会君教授（贺州学院，第九章）、罗平教授（上海体育大学，第十章）、张宝根博士（上海体育大学，第十一章）、鲁长芬教授（华中师范大学，参与编写第二章）、何劲鹏教授（东北师范大学，参与编写第四章）、彭小伟教授（武汉体育学院，参与编写第五章）、辛利教授（广州体育学院，参与编写第七章）、刘阳副教授、高学民副教授（上海体育大学，参与编写第七章）。

本教材在编写过程中，得到了沈阳体育学院于秀教授、张赫副教授以及上海体育大学胡小清博士、范卉颖博士、马莲博士等人在资料收集与整理、文字校对等方面的帮助，得到了高等教育出版社体育分社的大力协助，教材成稿后还在上海体育大学、西南大学体育学院等院校的本科教学过程中进行试用，并同步进行在线课程的建设和教学，收到了来自学生们的诸多建议反馈，在此一并表示感谢。

本教材参考和引用了前人研究的大量成果，受编者的学识和水平所限，教材还存在诸多不足，恳请专家学者及使用者不吝赐教，以共同推动教材质量的不断提升。

编者

2023年11月

目录

绪论

学校体育学既是体育学领域的一个专门学科，也是高等院校体育教育类专业的一门课程。作为学科的学校体育学，是指以学校体育为研究对象所形成的知识体系。作为课程的学校体育学，是指根据学校体育工作开展的需要，把学科知识体系中那些经过实践检验，并且对学校体育工作开展具有明确指导意义的知识进行重新整合的知识集合。

所谓学校体育，是指以身体练习为基本手段，以提升学生体育素养为核心目的，以促进学生身心全面发展为行动理想的教育活动。这些活动包括体育课以及以学校为主体组织开展的课外体育锻炼、课外体育训练和课外体育竞赛。

作为学科的学校体育学，在我国存在的时间并不算长。从清末开办新式学堂以来，学校体育作为一个特定的研究对象也只有百余年的历史。而作为一门课程，学校体育学存在的时间则更短。从 1988 年《全国普通高等学校体育本科专业目录》将学校体育学定位于体育教育专业的核心课程算起，至今不过 30 余年的时间。在这期间，《学校体育学》教材经历了两点变化：

一是版本上的变化。1988 年，学校体育学成为专业核心课程之后，我国《学校体育学》教材一直以来主要有两种版本，即由人民体育出版社出版的版本（简称“人体版”）和由高等教育出版社出版的版本（简称“高教版”）。“人体版”的第一本正式教材于 1987 年由钱耀庭教授担任组长开始组织编写，于 1991 年正式出版，主要在专业类体育院校使用。2003 年，在周登嵩教授的组织下，“人体版”教材重新开始编写，并于 2004 年正式出版第二版。“高教版”的第一本正式教材于 1993 年由金钦昌教授组织编写，1994 年正式出版，主要在师范类院校体育专业中使用。其后，分别经历了 2001 年版（李祥主编）、2005 年版（潘绍伟、于可红主编）、2010 年版（沈建华、陈融主编）等多个版本，其中个别版本还进行了多次再版。除以上教材外，还有部分学者也编写出版了《学校体育学》教材，如 1983 年、1990 年、2013 年分别由钱耀庭教授、罗应清教授、董翠香教授组织编写的《学校体育学》等。

二是内容的变化。在 2004 年以前，不管是“人体版”还是“高教版”，教材内容总体上均按照学校体育总论（包括学校体育的历史、目标、地位、功能等）和分论（包括学校体育教学、课外体育、学校体育科研、学校体育管理等）的结构进行编写，只不过不同版本教材在内容取舍上有所不同。总体而言，“人体版”的教材内容更为简洁，“高教版”的教材内容更为丰富。其后，受基础教育体育课程改革的影响，教材在保持原有内容的基础上，均增加了“体育课程”的专门章节。其中，“高教版”（潘绍伟、于可红主编，

2005）在增加“体育课程”章节内容的同时，删除了“体育教学”的相关内容，其后在2008年和2015年再版时又将“体育教学”的内容再度纳入。从目前并行的多种版本的《学校体育学》教材来看，内容基本上都按照总论、课程论、教学论、课外体育论、研究论、教师论和管理论等几大板块进行编写。

作为一门课程，《学校体育学》需要阐明学校体育是什么、有何作用、工作如何开展这三个关键的问题。通过学习《学校体育学》，能够为个人未来从事学校体育的相关工作奠定基本的理论和方法基础。本教材在结合以往教材的编写经验和学校体育研究领域取得的主要成果的基础上，从历史发展、结构功能、地位目标、体育课程、体育教学、课余体育、体育教师、体育教研和学校体育管理9个方面设置了11个章节的内容。与以往教材相比较，本教材在具体内容的编写上做了如下考虑：

在历史发展章节，考虑到我国古代并没有现代意义上的学校体育，在古代教育中的体育元素至多也只能算作学校体育的一种萌芽。现代意义上的学校体育真正起步于近代，但受制于近代中国社会的羸弱，学校体育并没有得到应有的发展。直到新中国成立后，学校体育才在曲折中逐步发展壮大。因此，本章按照“古代萌芽——近代起步——当代发展——未来趋势”的逻辑对学校体育的历史做了提纲挈领的梳理和阐述。

在结构功能章节，为避免教材内容的重复冗长，本章主要从学段角度对学校体育的结构进行了阐述。在学校体育功能的阐述中，本教材摒弃了以往教材主要进行功能罗列的编写方式，强调了对功能形态的阐释和对功能实现机制的分析，以帮助学生了解学校体育功能如何实现这一关键问题。

在地位目标章节，本教材将学校体育置于教育系统和体育系统之中，重点考察了学校体育与教育系统中的德育、智育、美育、心理教育和体育系统中的竞技体育、社会体育、体育文化之间的关系。希望学习者能从对这些关系的阐述中体会到学校体育的重要性。在学校体育目标的阐述中，教材结合学校体育研究领域的新成果，提出了新的目标结构体系。在此基础上，从目标确定的依据、目标的现实定位和实现目标的要求三个方面进行进一步阐述。

在体育课程章节，主要以《体育与健康课程标准》为蓝本，对体育课程的性质和基本理念、体育与健康课程标准的理解和运用、体育课程的编制和资源开发几个问题进行了概括性的阐述。为了通过教材起到传播“课程标准”内容的目的，本章节在内容编写过程中，特别是在“体育与课程标准的理解与应用”部分尽可能地采用了“标准”的原有表达。

体育教学是学校体育工作的核心内容，结合体育教学问题的内在关联性，在体育教学部分，设置了三个章节，分别是“体育教学要素、过程与原则”“体育教学目标、内容与方法”“体育教学设计、实施与评价”。内容涵盖了体育教学的主要要素，体现了对体育教学理论和实践问题的兼顾。在内容的具体阐述中，尽可能结合体育教学实践的需要，强化了对相关内容的应用性表达。

在课外体育章节，由于训练学、竞赛学等课程已经在体育类专业中独立开设，同时各技术类课程中也会涉及，而且课外训练和竞赛与通常意义上所讲的训练和竞赛都要遵循同样的规律和原则、采用同样的方法和手段等，只不过在实施要求上有所区别。因此，本章采用相对概括性的语言，主要从特点与作用、组织与实施和主题性课外体育活动的开展三个方面做了阐述。

在体育教师章节，主要从职业成长与发展的角度，对体育教师从获得教师资格到成长为优秀体育教师的相关问题进行了阐述。同时，结合教师资格制度的改革，对教师资格的获取流程进行了专门介绍。

在体育教研章节，本章摒弃了以往从科学研究的角度介绍学校体育科学研究，而专注于体育教师实践工作中直接相关的教研问题。

在体育管理章节，本教材吸取了以往教材的经验，从学校体育管理的架构与职能、主要法规文件、管理的内容和方法几个方面进行了阐述。其中，重点对当前支撑学校体育实践运行的重要法规文件进行专门阐述，此外，结合法规文件对如何开展学校体育工作评估进行了介绍。

学校体育本质上是一种教育活动。任何一种教育活动，必定要遵循教育的一般规律，也必定与人的心理过程有关，同时作为以身体练习为途径的教育活动，还涉及大量的运动人体科学知识。因此，对于《学校体育学》教材内容的理解，需要首先具备一定的教育学、心理学、生理学、解剖学等学科方面的知识。同时，学校体育作为现代体育的一种实践形态，应对这种实践形态进行全方位的理解以及对体育原理的掌握，以便从更为宏观的视角理解学校体育的独特价值。在学习《学校体育学》课程之前，学习者最好能通过课程学习或其他途径的学习方式，对《体育概论》《教育学》《心理学》(或《体育心理学》《运动解剖学》《运动生理学》) 等课程知识有较好的掌握。

从工作开展来看，学校体育自身需要一套完善的管理机制来保证工作的正常开展，因此，教材还需要结合相关管理类、实践类课程学习，包括《体育管理学》《体育课程论》《体育教学论》《运动训练学》《运动竞赛学》等。

纸上得来终觉浅，绝知此事要躬行。在学习本课程的过程中，除了理论学习，还要尽可能与学校体育实践活动相联系。因此，建议适时结合对学校体育实践活动的现场或录像观摩，或者通过学生对学校体育实践活动进行模拟体验，以达到对知识的理解运用，最终让知识产生行动能力。

随着现代信息技术的快速发展，通过互联网获取知识信息及其相关资料越来越便捷。因此，在学习本课程时，学习者要善于利用信息技术，充分挖掘网络资源，以弥补教材内容可能存在的不足，丰富课堂讲授相对单一的学习方式，拓展关于课程知识的对话互动渠道。

此外，作为学习的组织者（教师），应当在每一个周期的学习指导过程中，组织专题性的学校体育前沿知识介绍和讨论，以保证课程学习与学科前沿发展保持基本同步。

复习思考题

1. 学校体育的含义是什么？从学科和课程的角度去理解“学校体育学”有什么差异？

2. 学习《学校体育学》课程需要有什么样的知识储备？又需要与那些学科知识发生关联？

3. 学习《学校体育学》为什么要与学校体育实践活动相联系？

第一章

学校体育的发展与演变

▶ 本章导读：

本章主要对我国学校体育的历史发展进行简要概述。在我国古代学校体育的萌芽部分，重点对古代“六艺”教育中的体育元素进行阐释，同时对我国古代学校体育发展缓慢的原因进行分析。我国的学校体育真正起步于近代，本章将从课程、课外体育、体育师资和学校体育思想4个方面对这一时期的学校体育进行梳理。新中国成立后，学校体育经历了百废待兴的初创、动荡曲折的起伏、改革开放的奋进和深化改革的创新4个阶段。在未来的发展过程中，学校体育促进青少年健康成长的独特价值将会倍受重视，全面提高学生体育素养将成为学校体育工作的新目标，智能信息技术在学校体育领域的应用将更广泛和深入，体育教师的终身学习将成为学校体育工作的必然要求。

▶ 学习目标：

了解古代“六艺”教育中的体育元素及其表现形式以及对我国古代学校体育发展较为缓慢的原因进行合理阐述。熟悉近代以来学校体育起步过程中的一些标志性事件和重要人物，了解近代学校体育发展过程中产生的观点争论及其当代价值。熟悉新中国成立以来学校体育发展的历史脉络及其关键事件，能对我国学校体育的未来发展做出合乎逻辑的判断。

第一节　我国古代学校体育的萌芽

在我国古代教育中有一些与学校体育形态相似、功能相近，并具有一定教育意义的身体活动，这些身体活动可以理解为我国古代学校体育的萌芽。所谓萌芽状态的学校体育，是指学校体育尚未从其他教育活动中独立出来，即没有形成一种独立体系的状态。

一、“六艺”教育中的学校体育元素

学校的出现是学校体育产生与发展的前提。早在夏朝（约公元前2070—公元前1600年），我国就有了“校”“序”“庠”等不同名称的学校。到了商朝（约公元前1600—公元前1046年）出现了“大学”和“庠”两级的学校教育。西周时期（公元前1016—公元前771年），学校教育又分为“国学”和“乡学”两级，教学内容以“六艺”为主，即礼、乐、射、御、书、数。从西汉初期到清朝末年，我国学校教育以儒家的四书、五经为主，学校教育中几乎没有独立存在的体育内容。因此，对我国古代萌芽时期学校体育的学习，主要是了解“六艺”教育中的“射、御、乐”。其中“射、御”主要以军事技能的训练为主，具有体育的性质。“乐”主要是指古代的舞蹈，也含有体育的意蕴。

（一）习射

“射”是指射箭的技艺及其相关礼仪。在“六艺”教育中，“射”的技法学习主要有5种，分别是白矢（拉弓的技法）、参连（搭箭连射的方法）、剡注（撒手放箭的方法）、襄尺（弓箭器械与手臂、身体的位置和角度关系）、井仪（四支箭射在靶上如“井”字形）。古代教育中专门学习“射”的意义不仅仅体现在军事技艺层面，在祭祀、宴客、田猎、选拔官吏等方面，“射”均得到了较为广泛的应用，并形成一套不同场合的程序和行为规范，即射礼。根据射礼的要求，在射箭比赛中，要求“射者进退必中礼，内志正、外体直”。在行射的过程中，所有行为必须按照规定的礼节，内在的态度要端正，外在的体态要端庄。通过射箭中的这些表现，可以观察一个人的道德品质，即《礼记》上说的“射以观德”。当时的统治阶级将“射”纳入“六艺”教育的范畴中，并将其作为贵族阶层子弟学习的必修课，与“射”

1-1：五射的内容与释义

承载的身份象征、阶层等级、社会交往、道德教化等方面的意义密切相关。

（二）习御

“御”主要指驾驶和操控战车的技能。先秦时期，车战是战争中决定胜负的重要因素。据《左传·僖公二十八年》记载，春秋时最为著名的“城濮之战”，晋国军队动用了“车七百乘”，赢得了战争的胜利。《史记·张仪列传》记述了秦军“带甲百余万，车千乘，骑万匹”。可见，战车在当时战争中的重要地位。在车战中，战车上的战斗人员由三名车士组成，分别是车左、御者和车右。车左居左，是弓箭手；车右居右，一般为勇力之士，手持干戈战斗；御者居中，主要负责操控战车。由于战车的行驶速度、稳定性、变向转弯的灵活性等状态直接关系到车战的胜败，所以御者的驾车水平至关重要，能够参与车战的御者都要经过一定的御术学习和军事训练。在“六艺”教育中，御者主要学习 5 种驾车的基本技术，即鸾和鸣（车在行驶的过程中要使鸾铃与和铃的声响协调）、逐曲水（车在弯弯曲曲的路上行驶时不会出现车翻马仆）、过君表（快速奔驰的马车能从车身大小的门洞中安全顺利地穿过）、舞交衢（车马快速行驶时，御者能根据突发情况左右变向，回环自如）、逐禽左（在田猎时，御者要善于把禽兽驱向左边，便于射杀）。战车的“御”，除了驾车技术之外，还包括车士射箭的本领，使用长矛的技能，全副武装行动自如的能力。可见，战车的“御”具有综合性，是人与战车相互结合进行作战的技能。不仅如此，在古代中国社会礼治的影响下，车也被赋予了礼的种种规定性。无论是驾车人还是乘车人，车礼的运用都需要进行专业学习。

（三）习乐舞

“六艺”教育中的“乐”，又称六代乐舞，分为文舞和武舞，这两类舞都和帝王得天下的手段有关，“以文德得天下的作文舞，以武功得天下的作武舞”，借以表现一个国家的文化和武力。文舞执籥（yuè，一种管乐器）翟（鸟羽）；武舞执干（盾牌）戚（斧钺），统称为干羽舞。《周礼·春官·大司乐》中记载：“以乐舞教国子，舞云门、大卷、大咸、大磬、大夏、大濩、大武”，其中前 5 种是文舞，后 2 种是武舞，这些乐舞都有严格的规范，由“大胥”专门负责矫正姿势，指挥舞者出行入列；由“小胥”巡视舞蹈行列，对怠惰者进行挞训，从而使舞者做到“屈伸俯仰，缀兆舒徐”皆合乎要求。不同年龄的孩童学习的乐舞不同，十三岁舞勺，十五岁舞象。勺是文舞，徒手或手持羽、旄等重量比较轻的物体舞蹈，运动量相对较小。象是武舞，是手持盾、剑等武器，做击刺等动作，象征作战情节，运动量相对较大。舞蹈有一定的运动量，能够发挥促进人体身心健康的作用，从而加速血液循环、调理气息、强健身体，同时可使人精神舒畅，培养良好的心理状态，从而有助于形成良好的风俗习惯，促进社会安宁。

二、“六艺”教育中学校体育元素的特色

我国古代学校教育中的体育学习虽然没有受到重视，未能获得充分的发展，但“六艺”教育中具有体育元素的教育内容仍然体现出了一些特色之处。归纳与分析这些特色，不仅有利于加深对“射、御、乐舞”的认识，而且可从中发现一些规律，为理解当代的学校体育问题给予启发。

（一）“六艺”教育中的学校体育元素具有鲜明的军事色彩

从内容上看，“六艺”教育中的“射、御”是典型的军事技能。弓箭和战车是古代战争中至关重要的武器，弓箭用于远程攻击，百步穿杨可以直接取对手性命，万箭齐发能给对手造成巨大的杀伤作用。战车速度快，攻击力强，特别是在开阔地带作战，具有步兵无法比拟的优势。因此，学校教育中开设“射、御”科目直接服务于军事作战。从效果上看，士兵数量、作战能力是军队战斗力的核心要素，士兵良好的身体素质无疑是提高军队战斗力的必要条件。“射、御”既是典型的军事技能，也是发展身体素质的重要手段，通过“射、御”的练习可以增强士兵的力量、速度、耐力、协调、灵敏性等身体素质，从而为选拔优秀的军事人才奠定基础。从学习内容上看，“射与御”作为学校教育的科目也体现了两者作用于军事的内在联系。在古代的车战中，“射与御”通过相互结合发挥作用。战车上的甲士不仅要掌握驾驶技术，还要具有射箭的本领，弓箭与战车的结合有效增强了战斗力，体现了当时教育服务于军事的社会功能。

（二）“六艺”教育中的学校体育元素与道德教化紧密联系

技艺性的“射、御、乐舞”被纳入道德礼仪的范围，形成射礼、车礼、乐舞礼节，进而实现了以礼治勇、以礼治乱，维持国家秩序的目的。这些道德教化作用主要表现在三个方面：（1）教化万民形成等级尊卑、高低贵贱的观念。例如，诸侯之间进行射艺比赛时，要行燕宾礼；卿大夫之间进行射艺比赛时，要行乡饮酒之礼。行燕宾礼是为了明确君臣之间的关系，行乡饮酒之礼是为了明确长幼辈分之间的关系。明确关系即明确了社会角色、社会

地位，就不会“越礼”，不会“犯上”，即所谓“德行立则无暴乱之祸矣”。（2）灌输“仁”的观念，养成严于律己的品质。按照《礼记·射义》的说法，射箭含有求仁之道。射箭时自己要先心平气和、身体端正，然后才开始放箭。没有射中目标输了比赛，不应该埋怨他人，而应反省检查自己，即所谓“反求诸己”，实际上就是通过射箭活动培养严于律己、克制礼让的品质。这对我们今天看待体育比赛的胜败仍然具有启示意义。（3）认同体育比赛中的进取竞争精神。按照儒家倡导的理想化的君子人格，君子应该温文尔雅，不好勇斗狠。但君子是否就不需要具有进取竞争精神？《论语·八佾》中记载：“君子无所争，必也射乎！揖让而升，下而饮，其争也君子。”意指君子之争必循规矩，这其实与现代体育所倡导的“公平竞争”已十分接近。

（三）“六艺”教育中的学校体育元素与武力需要相辅相成

教育的存在形态、发展水平受制于特定历史条件下经济、政治、文化、观念等社会发展状况。西周时期，中央集权不断扩大，战争是一种常态，据《孟子·滕文公》记载，周公灭国五十，战争之频繁可见一斑。由于连年征战，培养军事人才的需求十分强烈。另外，当时社会组织是以家族为单位，政治上实行“家族本位的政治”，为了延续家族生命，保护家族利益，军事教育作为极其必要的手段，备受重视。所以学校教育设置具有军事功能的射和御是有其合理性与必然性的。不仅西周时期的“六艺”教育如此，后来唐、宋统治者也吸取了南北朝时期战争连年的教训，认识到武备荒废对于国家民族的危害，故积极提倡武备，创设武举、武学。再后来到明清时期对军事武备的强化也都离不开战争的需要，而军事教育的加强客观上对提倡身体训练起到了积极的促进作用。因此，我国古代学校教育中体育元素的存在，很大程度上是与军事需要密不可分的。

自西周以后，东周和春秋战国时期官办的学校逐渐没落，原来的“学在官府”拓展为“学在四夷”，具体表现为私学兴起，产生了儒家、墨家、法家、道家等学派。在施教方面，以政治、道德、伦理等为主，几乎没有体育的元素。西汉以后到清朝末年的封建社会时期，一般学校的教育内容主要以儒家典籍为主，偏重德育、智育。唐、宋时期文武分途，虽然实行“武举”，兴办“武学”，但主要目的在于选拔和训练军事人才，与学校体育相距甚远。明代、清代科举采用“八股文”选拔人才，学校教育科目皆围绕科举考试，体育并不在其列。换言之，我国古代自西周到清朝末年的近 3 000 年，学校教育中的体育一直处于萌芽的状态。

三、我国古代学校体育发展缓慢的原因

从有文字记载的历史来看，学校体育在我国古代西周的“六艺”教育中就开始萌芽，然而，这种萌芽状态一直持续到清朝末期，伴随《奏定学堂章程》（1904年）的实施，学校体育才以“体操科”的形式初步具备独立形态。是什么原因阻碍了我国古代学校体育的发展？“以史为鉴，可以知兴衰”，对古代学校体育发展缓慢的原因进行分析，既是全面了解我国古代学校演进过程的需要，也能够为我国学校体育的当代发展提供参考。

（一）“罢黜百家，独尊儒术”对学校体育发展的影响

“罢黜百家，独尊儒术”是对汉武帝时期以儒家经典统一政治思想，建立国家主流意识形态及其相关措施的概括。西汉建立之初，因多年战乱导致社会经济凋敝，汉朝初年以“黄老思想”为指导，实行“无为而治”“与民休息”“轻徭薄赋”的政策，经过汉文帝、汉景帝的励精图治，终于使国家得以强盛，造就了“文景之治”的盛世。汉武帝即位之后，进一步强化专制主义，构建中央集权制度已成为统治者的迫切需要，而主张清静无为的“黄老思想”已不能满足这种需要，寻找治国理政的新思想变得十分紧迫。当时的儒学大师董仲舒以儒家思想为基础，提出以“天人感应”为核心的新儒学思想体系，正好迎合了当时统治者的需要，成为强化中央集权统治最适用的思想武器，于是在公元前134年，汉武帝采纳了董仲舒所提出的“尊儒术、兴太学、重选举”的建议，实行了历史上著名的“罢黜百家，独尊儒术”政策，该政策的实施对当时社会产生了极其广泛而深刻的影响，对教育的影响主要表现为确立了经学在学校教育中的正统地位。

经学是研究儒家经典、解释条文字义、阐明其义理的学问，其性质是“文教”。从内容上看，经学不涉及身体教育的学习内容。汉武帝时期的官办最高学府是太学，教学科目主要是“五经”，即《诗经》《尚书》《礼经》《易经》《春秋》。《诗经》主要教语言文学，《尚书》主要教政事，《礼经》主要教宗法纲纪，《易经》和《春秋》主要教道义、是非的智慧。由此可见，经学的知识构成主要是人伦、道德、政治、文学、治国安邦的知识，并没有与身体教育相关的知识与技能。从学习方式上看，经学几乎不涉及强身健体的方法。学习经学主要采用口授、注疏、解释、论说、著述的方式，基本是属于单纯脑力劳动的逻辑思辨，这种学习不但对身体强健起不到作用，反而会造成“终日兀坐书房中，萎惰人精神，使筋骨疲软，以至天下无不弱之书生，无不病之书生”。此外，由于“独尊儒术”，其他学派的知识很少纳入学

校教育，道家、医家中的大量中国传统养生理念、知识、技能也基本被排除在学校教育之外。总之，“独尊儒术”使经学成为学校教育的唯一内容，又由于经学的“文教”属性直接导致学校教育中缺乏身体教育。

（二）“重文轻武”的社会风气对学校体育发展的影响

所谓“重文轻武”是指我国古代历史上重视文官、文教（儒学），轻视武官、体力类活动的一种价值观念，这里的“武”并不是单指一国的军队或军事实力。事实上，“武”也被理解为我国古代体育的主要表现形式，隋唐时期建立的武举，宋代的武学均比较发达。因此，“武”主要指的是技击性、强力性的体力活动。原始社会时期，生产力十分低下，体力的强弱对于生存至关重要。但随着生产力的发展和剩余产品的增多，共同生产、平均分配的原始状态被打破，人与人之间逐渐出现了等级差别，形成统治阶层与被统治阶层，随之出现了人们对体力活动、体力强弱价值观念的变化。

从商朝开始，我国古代社会就有了“君子”和“小人”的阶级划分，并逐渐开始形成鄙视体力活动的观念。王、侯、卿、大夫、士等被称为“君子”，是统治阶层；奴隶和平民被称为“小人”，属于被统治阶层。《国语·鲁语》中记载“君子务治，小人务力”，《左传》中谈到“君子劳心，小人劳力”。《史记·孔子世家》讲到孔门弟子“身通六艺者，七十有二”，但是孔子“以射御为士阶层最次的艺”。孟子更是直截了当地提出，天下“有大人之事，有小人之事”，人们“或劳心，或劳力”；而“劳心者治人，劳力者治于人；治于人者食人，治人者食于人”。可见，儒家代表人物的思想出现了重文轻武的倾向。西汉以后，汉武帝“罢黜百家，独尊儒术”，确立了“文教”在教育中的正统地位，选拔官吏也以儒学为标准，直接导致“重文”的局面。从唐朝末年到五代十国时期，是我国历史上又一个战乱频繁、民不聊生的阶段，虽然在此期间“武”受到了重视，但藩镇割据、武人专权的状况，强化了统治阶级对武人“犯上作乱”的认识。于是，北宋时期，统治者开始大量选用文臣，掌管中央和地方的行政机构，并规定军人不得管理与干涉中央及地方的行政事务，并将军权收回中央，对武将轻视和不信任。北宋“重文官、轻武将”的做法进一步导致了“重文轻武”社会风气的形成，人们多以读书做官为荣，以习武从军为耻，强化了“学而优则仕”的风气，淡化了“习武强身、保家卫国”的教育，学校体育自然也难有所发展。

（三）儒家思想主导的人才观对学校体育发展的影响

一定历史时期的教育目的、教育行为总是受当时的思想、政治、经济、文化等多方面条件的制约。作为一项培养人的事业，教育的施行受人才观的影响最为直接。由于儒家思想在中国传统文化中长期占据主导地位，因此儒家的人才观对古代教育的影响十分深远。西周及之前的时期，君子指的是治国理政的统治者，春秋战国以后，君子逐渐演变为指代品德才华学识超群、行为举止温文儒雅，具有一定政治地位或社会地位的人。儒家思想中的君子是指具有仁、义、礼、智、信、忠、孝、勇等综合品质的优秀人才，其中对道德层面的要求最严格。例如，《论语》中强调："君子义以为质，礼以行之，孙以出之，信以成之。君子哉！"但是，对于君子的身体层面没有明确的要求，并不像现代教育理念强调把人培养成为德、智、体、美、劳全面发展的人。儒家思想在重视德化的同时，又从根本上不尚武、不尚力。子路身着戎装拜见孔子，见到孔子后，拔剑就舞，曰："古之君子，以剑自卫乎？"孔子曰："古之君子，忠以为质，仁以为卫，不出环堵之室，而知千里之外。有不善则以忠化之，侵暴则以仁固之，何持剑乎？"可见，孔子希望用道德教化人，而不是用武力解决问题。所以，儒家思想主导下的学校教育并不把身体层面的素质作为人才培养的必备素质，再加上儒家思想在我国古代社会长期处于正统地位，我国古代教育并未把"强健体力"视作人才培养的重要组成部分。

由此可见，我国古代学校体育发展缓慢的原因归根到底是缺乏学校体育生存和发展的土壤。

第二节 我国近现代学校体育的起步

从1840年鸦片战争开始，西方列强用坚船利炮打开了中国的大门，使我国逐渐沦为半殖民地半封建社会，中华民族陷入了空前的危难，中国人民从此走上了一条探索救亡图存、强国强种的抗争之路。在这一历史进程中，学校体育的发展受到三种力量的助推，分别是：洋务运动开办的新式学堂将体育纳入学校教育内容中；教会学校开展的课外体育活动促进了西方体育在中国的传播；一些进步人士对体育重要性的认识与提倡推动了学校体育的实践。正是在这三种力量的推动下，我国近代学校体育得以迅速起步，并在曲折发展的过程中逐渐成长。

一、体育课程的确立与变化

在我国近代学校教育中，体育课首先出现在新式学堂，尤其是一些军事学堂。洋务运动的主要内容之一是编练新军，为了培养新式军官，清政府先后设立了一些军事学堂，例如，北洋水师学堂、天津武备学堂、广东陆师学堂等。这些学堂基本依照外国军事学校制度创办，教学科目设置了体育，当时被称为“体操”，教学内容以兵式体操为主，也包括普通体操和一些田径运动项目。除了军事学堂之外，维新派开办的一些普通学堂和清政府开办的公立学堂也开设了体操科。客观来说，这些学堂的体操科虽然只是局部开展，但也为后来体操科正式纳入全国学校教育课程体系，并在各级各类学校教育发展中的实施探索了经验。

1904 年，清政府正式实施了《奏定学堂章程》，该章程是近代中国第一个以教育法令公布并在全国实行的学制，也称为《癸卯学制》。章程明确将“体操”纳入学校课程体系，规定全国的小学堂、中学堂、师范学堂、高等学堂每周上体操科 2~3 小时。体操科的教学内容包括发展学生的身体、心理、道德三个层面，身体层面如“发育均齐”“动作敏捷”；心理层面如“精神畅快”“志气勇壮”；道德层面如“群居不乱”“行立有礼”。不同层次的学堂，体操科的教学内容不尽相同，常见的有兵式体操、普通体操、有益之运动及游戏。《奏定学堂章程》的颁布，标志着体育作为学校课程体系中一门正式科目的地位被确立。但由于《癸卯学制》是效仿日本学制，受日本军国民教育思想的影响，当时的体操科具有明显的军国民教育色彩，教学内容偏重兵式操练，教学过程呆板、枯燥。这种军事色彩的体操科在第一次世界大战结束之前一直是学校体育课的主要形式，直到北洋政府实施新学制教育改革以后，体育课才出现了重大变化。

1912 年，《壬子癸丑学制》的颁布将学制中的“学堂”改称为“学校”，但仍保持军国民教育思想，体育方面仍然沿袭清末的体操科。1922 年，北洋政府颁布的《学校系统改革案》中规定的学制系统，称为《壬戌学制》，为区别于《壬子癸丑学制》，《壬戌学制》又被称为新学制。新学制受实用主义教育思想的影响，采用了美国的“六三三”学制，即“小学六年、初中三年、高中三年”。1923 年，《新学制课程标准纲要》正式将学校的“体操科”改为“体育课”。按照新纲要的规定，小学体育课占总课时的 10%，初中体育课为 16 学分（每周上课 2 学时为 1 学分），其中包括生理 4 学分。高中体育课为 10 学分，其中包括健身法、卫生法。在教学内容上，废除了兵式体操，以田径、球类、游戏、普通体操为主，并规定初中、高中分别要加授卫生和生理知识。在教学方法上推行了“三段教学法”，把一堂体育课分为准备运动、主运动、整理运动三个阶段，部分教师在实践中还尝试了单元教学法、分类教学法。新学制教育改革下的体育科与军国民教育思想主导的体操科相比，在教育性、科学性方面都有了很大的进步，是我国近代学校体育发展的一座里程碑。

1927 年，当时的国民政府一度为了加强学校体育的管理，成立了学校体育的领导机构，颁布了不少学校体育法令，并于 1940 年公布了我国近现代史上第一个比较全面的学校体育实施方案——《各级学校体育实施方案》。但由于当时学校体育在实践中并未受到应有的重视，体育课被视为“小四门”，加上受师资、教学设备等条件的限制，制定的政策措施无法得以贯彻实施。在教学实践中，体育教学秩序松散，教学效果难以保证，给学校体育的发展带来了消极影响。与此同时，中国共产党领导下的革命根据地和解放区较为重视学校体育的发展，各级各类学校都开设了体育课。体育课的实施灵活多样、因地制宜、因时制宜，教学内容有赛跑、爬山、跳高、跳远、小足球、跳绳、荡秋千等。为缓解场地器材的不足，广大师生因陋就简、土法自制了一些体育器材。在当时的战争环境下，革命根据地、解放区仍提倡与坚持开展体育课是难能可贵的，这一时期学校体育所取得的经验为新中国学校体育的发展奠定了重要基础。

二、课外体育的形式与内容

我国近代学校的课外体育活动，最早出现在当时的一些教会学校中，其他的公立、私立学校在教会学校的影响下也逐渐开展了课外体育活动。这些课外体育活动的形式主要有以下 4 种：

第一种是课间体育活动，主要以一般性游戏为主。例如，1884 年，基督教组织“美以美会”在江苏镇江开设女子学校，午后课间休息时，学生可以使用准备好的器具各自进行游戏。1895 年，美国“长老会”在山东烟台开办的汇文书院，每天上午有一次课间活动，称为“放小学”，经常进行“抢球”游戏。

第二种是校内运动会。最早举行校内运动会的是上海圣约翰书院，该书院于 1890 年举行了以田径项目为主的运动会。1913 年，浙江省立第一师范学堂举办了第一届校运动会，参加比赛的学生有 300 多人。竞赛项目包括：普通徒手体操、棍棒操、哑铃操、拳术、运动竞走、障碍竞走、两人三足竞走等，田径、跳远作为表演项目。

第三种是校际运动会。最早举行的校际运动会是1898年北洋大学邀请天津水师学堂、电报学堂等学校参加的校际运动会。1907年，在南京举行了“江南第一次联合运动会”，有80多所学堂参加，比赛项目除了各种游戏性赛跑之外，还有跳高、跳远、持竿跳高、持送铁蛋（推铅球）、器械体操、击剑、刺枪、柔术、赛马、球战等共60多项。

第四种是全省和全国性学生运动会。1905年，四川省在成都北校场举行了第一次全省运动大会，共有四川高等学堂、武备学堂等40个单位参加，运动员3 508人。竞赛项目包括：普通体操、器械体操、徒手体操、哑铃体操、竞走、单足竞走、武装竞走、传旗竞走等。1910年，由上海基督教青年会发起的全国性的学生运动会——“全国学校区分队第一次体育联盟”在南京举办。运动会分为三组比赛：一组是“全国高等组分区赛”、一组是“全国中等学校组分区赛”、一组是圣约翰书院等“六校比赛”。参加比赛的均为大学生和中学生，竞赛项目主要有田径、足球、网球、篮球。这次运动会被看作是辛亥革命以来近代中国举办的第一届全国性学生运动会。

各类运动会在近代课外体育活动中占据主要地位，田径、球类项目通过运动会得以广泛传播，并被广大学生所喜爱。从辛亥革命到1923年，田径、球类逐渐成为中小学学生主要的课外活动项目。但与此同时，学校体育课教学仍然以普通体操和兵式体操为主，体育课内与课外体育活动的内容和手段不尽相同，也就是体育课上采用的是当时欧洲部分国家地区和日本的教学内容、手段，而课外体育活动采用的则是美国、英国的体育内容和手段。前者重视整齐、严肃的机械式训练，灌输绝对服从的思想；后者重视的是活泼、愉快、机智的运动，培养的是资产阶级民主、自由的观念。由于学校体育课内和课外是两种截然不同的体系，被称为学校体育的“双轨制”或“双轨现象”。这种现象直到1922年《壬戌学制》的颁布实施，废除了兵式体操教学，增加田径、球类、游戏等多样化的教学内容后，才使得以“两轨”合为“一轨”，逐渐实现了体育课内、课外教学内容和手段的“一体化”。

三、体育师资的培养与变化

体育教师对于学校体育发展的重要性不言而喻，但由于我国近代学校体育制度是效仿西方建立起来的，在体育师资培养方面没有任何基础，所以体育师资缺乏是当时一个非常突出的问题。为了保证体操课的开设，一些学堂聘请了日本教员和曾留学日本的体育留学生担任体操课的教员，但这远远不能满足现实的需要，大量学堂不得不聘请退役官兵充当体育教员，这些官兵大多只会教一些兵士操练，他们不懂体育，更不懂教育，大多数人目不识丁、口不言文，道德品行和上课质量都较差，对学校体育的形象产生了较为负面的影响，尤其对后来社会普遍轻视体育课、体育教师的风气影响更为深远。为了解决体育师资短缺的问题，1906年，清政府学部颁布了《通令各省扩大师范生名额电》，指示各省在省城师范学堂开设体育专修科，学习期限为5个月，主要学习体操、游戏、教育、生理、教授法等课程。由此，正式拉开了近代我国体育师资机构建设及人才培养的序幕。

以学制为依据，我国近代体育师资的培养主要经历了三个阶段的变化：第一阶段是1906—1913年，《通令各省扩大师范生名额电》颁布后至《壬子癸丑学制》颁布之前。这一阶段体育师资的培养主要通过一些体操专修科和体育学堂，这些机构有官办的，有私立的，也有资产阶级民主革命党人为培养革命武装力量而办的，代表性的例如：四川体育专门学堂、浙江两级师范体育专修科、中国体操学校、大通师范学堂体操专修科等。第二阶段是1913—1922年，《壬子癸丑学制》颁布后至《壬戌学制》颁布之前。这一阶段的变化主要是公立高等师范院校开始设立体育专修科（系），代表性的例如：南京高等师范体育专修科、北京高等师范体育专修科。此外，这一阶段也新开办了一些公立、私立性质的体育学校，以私立的居多，但是一般开办时间较短，规模较小。第三阶段是1922年《壬戌学制》颁布之后。这一阶段的主要变化是体育师资的培养课程更加全面、合理。代表性的例如：南京中央大学体育系的课程，包括：普通类课程，主要教授一般文化知识；教育类课程，主要教授教育专门知识、技能；体育专业类课程，主要教授人体科学、体育理论、运动技术。据统计，清朝末年至1949年，我国共培养了1万余名体育教师，虽然未能完全满足学校体育发展的需要，但是他们对学校体育建设方面做出了应有的贡献，对我国近代学校体育的发展发挥了重要作用。

四、学校体育思想的转变

军国民体育思想是影响我国近代学校体育实践的重要思想之一。它是以强烈的爱国主义为基调，以救亡图存、保国强种、挽救民族危难为价值取向，主张学校体育要重视强身健体、培养尚武精神、注意集体纪律教育，其目的在于把体育纳入军事训练的范畴，培养具有军事技能的公民。严格来说，军国民体育思想没有形成独立的思想体系，是依附于军国民教育思想而存在的。

军国民教育盛行于德国、日本，并在清朝末年传入我国，首先被维新主义者所推崇。康有为在其《上清帝第二书》中就提出了“以民为兵”的主张。梁启超更主张学习古希腊斯巴达的军国教育，认为斯巴达的教育是“先使其国人为军国民……故专务操练躯体，使之强壮”。1902 年，曾经留学日本的蔡锷和留学德国的蒋百里分别在《新民丛报》上发表了《军国民篇》和《军国民之教育》，标志着军国民教育思想在我国的正式提出。“辛亥革命”之后，蔡元培提出了著名的“五育”（军国民主义教育、实利主义教育、公民道德教育、世界观教育及美感教育）教育理论，其中军国民主义教育以体育为主，认为体育具有增强体质、培养意志和美育的作用，是学校教育不可缺少的一部分。蔡元培是著名的教育家，又是当时国民政府教育总长，他的军国民主义教育思想对当时社会的教育实践影响很大。1914 年，第一次世界大战爆发，军国民主义教育思想对我国影响深远。战争结束以后，世界局势趋于稳定，军国民主义教育和兵式体操已不合时宜，军国民主义教学下的学校体育弊端也逐渐显现出来。在新文化运动前后，体育的科学性问题引起了毛泽东、恽代英、徐一冰等一些有识之士的思考，他们纷纷撰文表达自己的观点，推动了我国学校体育思想的新发展。其中，毛泽东以“二十八画生”署名，在 1917 年 4 月 1 日《新青年》第三卷第二号上发表了《体育之研究》一文，其中的诸多观点至今仍对正确理解学校体育具有很强的启发作用。例如，体育的功效是逐级递进的，“体育之效，至于强筋骨，因而增知识，因而调感情，因而强意志”；体育教学存在的一大弊端，“教者发令，学者强应，身顺而心违，精神受无量之痛苦，精神苦而身亦苦矣”。针对个体的身体锻炼，该文主张“运动之方法贵少”，体育锻炼的效果不在于炫人眼目的“花架子”，而取决于踏踏实实的一招一式，取决于持之以恒地针对一种方式练习等。

1-2：早期的体育思想家

1919 年，中华民国第五次全国教育联合会的决议认为，“军国民主义教育已不合教育之潮流，故对学校体育自应加以改进”。改进的策略就是由过去仿照日本学制改为学习美国学制。随后，美国的自然主义体育思想在我国学校体育发展中逐渐处于主导地位。该思想认为体育是教育的一种形式，强调体育育人的教育目的，并在杜威实用主义教育思想的影响下，强调体育要融于生活，推崇自然活动作为体育的重要手段。自然主义体育思想传入我国主要通过两种途径：一是通过基督教青年会派往中国的体育干事传播。例如，近代著名的体育外籍专家麦克乐，他先后于 1915—1919 年和 1921—1924 年两度来中国工作，在江苏省教育会体育传习所、南京高等师范体育

1-3：论现实视角下的近代“土洋体育之争”

专修科担任教授，他所开展的体育教育实践和著书立说传播了自然主义体育思想。二是我国赴美学习体育的留学生，他们回国以后系统地介绍了美国自然主义体育的理论与方法。例如，近现代著名的体育专家吴蕴瑞、方万邦、袁敦礼等。由于自然主义体育思想推崇自然活动，使得西方的球类、田径等运动项目教学逐渐取代了过去机械枯燥的兵士操练，调动了学生从事体育活动的积极性，推动了学校体育竞赛的发展。

学校体育在近代中国的起步与确立，结束了先秦以来我国 2 000 多年学校没有体育教育的历史，其重要性与进步意义是不言而喻的。作为舶来品，我国的学校体育先是仿效日本，后来学习美国，在发展过程中，学校体育与我国的文化土壤、国情条件始终面临着接受与排斥、适应与反感、融合与冲突等矛盾问题，由此也引发了“兵操的存废”“土洋体育之争”“体育军事化与教育化”等一系列的争论。新时代背景下，当代中国需要什么样的学校体育、如何建立符合中国国情的学校体育？这始终是近代学校体育发展未完成的一项任务，而这一使命需要依靠新中国学校体育的建设者持续完成。

第三节 我国当代学校体育的发展

1949 年 10 月 1 日，中华人民共和国的成立揭开了历史崭新的一页，学校体育从此也进入了一个全新的发展阶段。受不同时期政治、经济、文化的影响，中华人民共和国成立以来我国学校体育经历了曲折的发展过程，按发展特征可以分为 4 个阶段。

一、百废待兴的初创阶段（1949—1956 年）

新中国成立之初，国家发展面临着诸多困难，不仅经济贫困、科技落后，而且国民整体的健康状况也不容乐观，许多青少年学生因为身体原因无法正常完成学业。如何提高学生的健康水平，成为党和政府十分重视的问题。由于学校体育与学生体质健康水平关系密切，1951 年，中央人民政府政务院发布的《关于改善各级学校学生健康状况的决定》中，将“注意体育娱乐活动”作为改善学生健康水平的一项重要措施，并提出“学生每日体育、娱乐活动或生产劳动时间，除体育课及晨操或课间活动外，以 1～1.5 小时为原则”。由此可见，新中国学校体育在建设伊始就被赋予了“改善学生健康水平”的使命，围绕这一使命，学校体育展开了机构建设、制度设计与实践探索。

在机构建设方面，1952年，教育部设立了体育处，主管全国学校体育工作，国家体委群众体育司也设立了学校体育处。随后，各省、自治区、直辖市纷纷设立学校体育主管部门。在制度建设方面，1952年，教育部和国家体委联合发布了《学校体育工作暂行规定》，确定了我国学校体育的基本目标是“促进学生身心健康，增强体质，并对学生进行道德品质的教育，使他们能够很好地完成学习任务，从事社会主义建设和保卫祖国。”同年，教育部制定的《各级各类学校教育计划》中明确规定，从小学一年级到大学二年级均开设体育必修课，每周2学时。1953年，教育部又下发了《关于中学体育成绩暂时考查办法的通知》，规定体育课是中学课程的一科，其成绩与其他各科成绩相同，按一门学科计算。

在体育教学大纲、教材建设方面，教育部于1951—1953年组织力量翻译了苏联中小学、师范学校和高等学校体育教材大纲，并于1956年在此基础上系统地制定了我国第一部中小学体育教学大纲，1957年，我国又出版了中小学体育教学参考书。广大体育教师对这些大纲、教材进行了实践，体育教学实践中出现了分组轮换教学、四段教学法、情景教学、游戏化教学等方式。

在课外体育活动方面，1951年，由中华全国体育总会筹委会、教育部、全国总工会等9个部门联合下发《关于推行广播体操运动的联合通知》，并发布了新中国第一套广播体操，很快在全国掀起了做广播体操的热潮，广播体操成为学校课间体育活动的主要形式。1954年，国家体委参照苏联模式并结合我国的国情，制定并发布了《准备劳动与卫国体育制度暂行条例与项目标准》（简称《劳卫制》），要求初中毕业生达到《劳卫制》少年级标准，高中毕业生达到一级标准。同时，中央人民政府体育运动委员会、教育部、全国学联等部门发出了《关于在中等以上学校中开展群众性体育运动的联合指示》，进一步推进学校体育课外活动的开展。

在师资培养方面，1952年开始，我国依次创办了华东体育学院、中央体育学院、中南体育学院等6所体育专业院校，并在38所高等师范院校设立了体育系（科），还实施了在职教师的业余进修制度，在很大程度上缓解了中小学体育教师缺乏的问题。

在初创阶段，我国学校体育主要进行了机构建设和制度建设，初步搭建了新中国学校体育发展的基本架构，并在短短几年的实践探索中快速发展。

二、动荡曲折的起伏阶段（1957—1976年）

在1957—1976年的近20年间，学校体育发展受国家政治、经济的影响，经历了一段动荡曲折的发展过程。1957—1958年，在反右派斗争扩大化、“大跃进”影响下，学校教育的正常秩序被打乱，学校体育出现了劳动代替体育、盲目追求《劳卫制》高指标、浮夸风盛行、脱离实际等严重违背学校教育、体育发展规律的错误做法。1960年，在中央提出的“调整、巩固、充实、提高”八字方针指导下，我国的学校教育与体育工作重新步入正轨。1959年后，我国经历了连续三年自然灾害，经济和物质生活困难，学生健康状况每况愈下，体育课和课外体育活动被迫减少或停止，学校体育发展遭受严重的挫折。

在制度建设方面，1961年，教育部制定了《教育部直属高校学校暂行工作条例（草案）》（简称《高教六十条》）、《全日制中学暂行工作条例（草案）》（简称《中学五十条》）和《全日制小学暂行工作条例（草案）》（简称《小学四十条》），这三个条例均对学校体育工作提出了明确的规定。1962年，教育部下发了《对当前学校体育工作的几点意见》，提出“学校的早操、课间操、体育课和课外体育活动的安排，应当根据当地的实际条件和学生健康情况全面考虑，分别对待”。

在体育课程、教材建设方面，1961年，人民教育出版社出版了《小学体育教材》和《中学体育教材》（教师用书）。这套教材的出版进一步明确了学校体育教学“从增强学生体质”出发的指导思想，并体现出如下特点：① 基本教材内容有体操、田径、武术、游戏（包括球类）和体育基本知识，共5大类，并新增了民族传统体育的武术教材。② 加强了大纲、教材的可操作性和灵活性，中学教材增加了选用内容。③ 增加了理论知识教材内容。

在体育教学实践方面，教学方式也发生了新的变化，出现了分组不轮换、分组轮换、分组等时轮换、分组不等时轮换等。此外，体育课的密度和负荷问题，体育课是以增强体质为主、还是以掌握技术为主等问题引起了学术讨论，进一步推动了体育教学科学化的探索。

在课外体育活动方面，1963年，许多学校开始恢复《劳卫制》的锻炼与测验。1964年，《青少年体育锻炼标准（草案）》发布，掀起了新一轮学生锻炼的热潮。以广播体操为主要内容的早操、课间操被排入了课表，规定学生每天锻炼10~20分钟，成为他们在校学习生活的重要部分。到1966年，我国学校体育基本形成“两课、两操、两活动”为框架的新格局。

在体育师资培养方面，1961年，国家体委组织力量编写了12门体育学院本科和 7 门中等体育学校教材。1963 年后，一批师范院校的体育系、科得到恢复和建立，各省市的师范学校也相应开办了中等师范体育班。

经过上述一系列的调整，学校体育恢复了正常秩序，各项工作逐步展开，学生体质有所增强，健康水平得到了一定程度的改善。然而，“文化大革命”时期，我国的教育事业遭到严重的摧残和损失，学校体育工作也遭到了严重的破坏。体育课普遍被军训和劳动代替，教学工作全面混乱，教师队伍受到了冲击和摧残，场地器材遭到破坏。总体来看，“文化大革命”期间，学校体育基本处于混乱、停滞甚至倒退的状态，直到 1976 年“文化大革命”结束后，学校体育才迎来新的春天，进入了一个蓬勃发展的新阶段。

三、改革开放的奋进阶段（1977—1999 年）

“文化大革命”结束以后，学校体育工作需要进行全面的“拨乱反正”，1979 年 5 月，由教育部、国家体委、共青团中央联合在江苏扬州召开了全国体育卫生工作经验交流会，史称“扬州会议”。这是新中国成立以来规模最大的一次学校体育卫生工作会议，会议重新确立了学校体育在教育中的重要地位，对学校体育的思想认识、组织领导、教学研究、实施管理等多方面进行了拨乱反正，标志着我国学校体育步入了规范化、制度化、科学化的发展方向。

1-4：“扬州会议”的回忆与思考

在制度建设方面，首先是加强了学校体育法制建设。1979 年，国家教委、国家体委发布了《中小学体育工作暂行规定（试行草案）》。1990 年，经国务院批准，我国颁布了新中国成立以来最全面的体育行政法规——《学校体育工作条例》。其次，实施了学生体质健康监测制度。1979 年，我国第一次开展了大规模（16 个省、自治区、直辖市）的学生体质调研。1985 年，在全国范围开展了针对 7~22 岁青少年学生的体质调研，并在此基础上建立了定期开展学生体质健康调研制度。1991 年、1995 年，我国又进行了第三、第四次学生体质调研。为了能够经常性地监测学生体质，1999 年，教育部发布了《全国学生体质健康监测网络工作方案》，并定于每两年进行一次学生体质监测工作，旨在建立与每 5 年一次的学生体质健康调研相衔接的监测网络。最后，实施初中毕业生升学体育考试制度。1987 年、1992 年国家教委分别颁布了《中学生体育合格标准》和《小学生体育合格标准》。自 1992 年起，我国在全国 9 个省、自治区、直辖市试行初中毕业生升学体育考试制度，在试行经验的基础上，1998 年在全国范围推行。

在组织管理上，1981 年，我国已有 16 个省级教委、教育局、高教局建立了体卫处，配备了专职的体育干部。1987年，为了加强学校体育卫生工作，国家教委原体育司更名为体育卫生司，各省、自治区、直辖市教育部门先后建立了体育卫生处。1993年，国家教委机构调整，艺术教育处合并至体育卫生司，更名为“体育卫生与艺术教育司”。到1997年，全国31个省、自治区、直辖市的教育行政部门均建立了体育卫生与艺术管理机构。

在体育课程建设上，1978年，教育部颁布了《十年制小学体育教学大纲》和《十年制中学体育教学大纲》，这两部大纲是在总结过去经验的基础上制定的，对改革开放以后我国基层体育教学的开展发挥了重要作用。1981年，我国改革了学制，要求将1985年之前多数地区的中学学制改为6年。1987年，国家教委颁布了《全日制小学体育教学大纲（六年制）》和《全日制中学体育教学大纲（六年制）》。新的大纲确立了体育教学的“三项基本任务”，即“全面锻炼学生身体；使学生掌握体育基础知识、基本技术和基本技能；向学生进行思想品德教育”。针对过去体育课成绩考核只强调达标测试、忽视全面考核的问题，新采用了综合考核办法，内容包括：体育课出勤及课堂表现、体育基础知识、运动技能与技巧、身体素质和运动能力。强调了体育课内外结合，保证学生每天1小时的锻炼时间。1992年，国家教委又印发《九年义务教育全日制小学体育教学大纲（试用）》和《九年义务教育初级中学体育教学大纲（试用）》，这套大纲最鲜明的特征是分学段（小学或初中）提出了教学目的、任务。在实践中，各地教学试验、教学改革都进行了积极探索，出现了小群体教学法、目标教学模式、运动教学模式、自评教学模式、情景教学模式、成功教学模式、快乐体育教学模式等。1996年，国家教委下发《“体育两类课程整体教学改革”的方案》，对中小学体育两类课程整体教学改革进行了教学实验。

在课外体育活动方面，1982年，教育部发布了《教育部关于保证中、小学生每天有一小时体育活动的通知》，部分学校开始尝试大课间体育活动。20世纪90年代后，我国推行素质教育，课外体育活动被进一步强调，大课间成为主要形式，活动内容除了传统的广播体操之外，健美操、韵律操、跑步、篮球、武术、毽球、跳绳、游戏等内容也普遍兴起。1983年，教育部、国家体委印发了《体育传统项目学校试行办法》，推动了学校课外训练的发展。到1987年，全国体育传统项目学校发展到了2.6万所，学生近342万人。为了激励学校做好课外训练，国家教委还开展了体育后备人才试点中学评估工作和全国课外训练试点工作先进学校表彰。这一时期的学校竞赛活动十分活跃，从国家到省（自治区、直辖市）、市（区、县）、乡以及校内的运动会已经基本形成制度。

在师资培养方面，1978 年，我国恢复和建立一大批师范院校体育系（科）。1980 年，国家教委颁布《高等师范院校体育专业教学计划》，明确了高师体育专业的人才培养任务是中等学校体育教师。1986 年，国家教委发布《关于加强中小学体育师资队伍建设的意见》，明确提出小学体育教师要具有中师毕业程度；初中体育教师要具有体育专业专科毕业程度；高中体育教师要具有体育专业本科毕业程度。20 世纪 90 年代以后，随着体育教师的数量逐渐得到充实，培养和培训体育师资工作的重点转向了提高体育专业毕业生和在职体育教师的素质。1999 年，教育部实施了中小学体育骨干教师培训计划，共培训了中小学体育骨干教师 300 余人。各省、自治区、直辖市也开展了地方二级培训，这项计划的实施对更新教育观念，促进中小学体育发展产生了重要的影响。

总体来说，这一时期我国学校体育呈现出了迅速、蓬勃、奋进的发展态势。学校体育工作的各方面都取得了长足的进步，也积累了宝贵的经验。

四、深化改革的创新阶段（2000 年以后）

进入 21 世纪，全面推进素质教育成为深化教育改革的主旋律。《中共中央国务院关于深化教育改革全面推进素质教育的决定》明确指出，“健康体魄是青少年为祖国和人民服务的基本前提，是中华民族旺盛生命力的体现”，这为新时期学校体育工作指明了方向。以提高学生健康水平为中心任务，学校体育各项建设获得了长足发展。

在制度建设上，从 2001—2018 年，我国先后发布了多个有关学校体育的纲领性文件与配套文件，逐步完善了各项配套政策措施。① 健全了学校体育工作考核激励制度。确定了学校校长和教师是学校体育工作的主要责任人；学校体育工作列入政府政绩考核指标、教育行政部门与学校负责人业绩考核评价指标；对学生体质健康水平连续三年下降的地区和学校，在教育工作评估中实行“一票否决”；制定了《中小学体育工作督导评估指标体系》，施行了中小学体育工作督导评估工作。② 健全了学生运动风险管控制度。2015 年，教育部印发《学生体育运动风险暂行办法》，从学校体育的风险管理职责、常规要求、事故处理、意外伤害保险等方面提出了具体措施。③ 制定了中小学体育器材、场地标准。为了改变我国中小学体育器材、场地成人化的不合理状况，使体育器材、场地符合中小学生的身心发展要求，教育部体育卫生与艺术教育司与国家体育总局群体司组织 50 多位专家展开了研究，经国家标准化委员会批准，于 2005 年、2007 年分两批发布了 22

个的中小学体育器材和场地的国家标准，极大地推进了中小学体育器材、场地的标准化建设。

在组织管理上，政府职责被进一步强化，各部门联动、全社会参与不断推进。① 国家体育总局成立青少年体育司。经中央机构编制委员会批准，国家体育总局正式于2010年组建成立了青少年体育司，旨在提升全国青少年身体健康素质。② 青少年体育工作部际联席制度受到重视。2016年，国务院办公厅颁布《关于强化学校体育促进学生身心健康全面发展的意见》（简称“27号文件”），明确提出“进一步加强青少年体育工作部际联席会议制度，强化国务院有关部门在加强青少年体育工作中的责任，按照职责分工，落实好深化学校体育改革的各项任务”。③ 学校体育的社会性组织不断涌现。2013年全国学校体育联盟（教学改革）、2014年全国学校体育联盟（体育教育）两个组织分别成立，为促进全国高等体育院校（系）与中小学的直接联系发挥了平台作用，并通过召开会议、教学展演、学术研讨等多种形式促进了学校体育的发展。为了整合社会资源，形成全社会参与的学校体育发展格局，一些省（自治区、直辖市）还成立了非营利性的学校体育社团组织，例如，广东省、北京市分别于2015年和2018年成立了青少年体育联合会。

在体育课程建设上，2001年，教育部正式启动了新一轮基础教育课程改革，颁布了《基础教育课程改革纲要（试行）》等一系列政策文件，在该政策背景下体育课程发生了新的变革。

第一，基础教育体育课程改革的实施。2001年，教育部颁布了《体育与健康课程标准（实验稿）》，并在全国38个试验区进行了实验，标志着第8轮体育课程改革正式拉开帷幕。经过4年的探索，2005年，全国义务教育阶段的体育课程开始按照新的《体育与健康课程标准》实施教学。面对“课改”中出现的新情况、新问题，2007年，教育部启动了《义务教育体育与健康课程标准（实验稿）》的修订工作，并于2011年发布了最新的《义务教育阶段体育与健康课程标准（2011年版）》。新一轮体育课程改革以“健康第一”为指导思想，课程标准借鉴了发达国家的有益经验，将过去的“体育课”改称为“体育与健康课”，并分为国家课程、地方课程、校本课程三个层次，师生关系强调以教师为主导，学生为主体，教学内容不再进行全国统一规定，而是教师根据学段目标、实际情况进行合理选择。

第二，高中体育课选项教学模式不断兴起。2003年教育部颁布的《普通高中体育与健康课程标准（实验稿）》提出了选项教学的理念，教学组织形式可以打破年级界限进行选项教学，也可以采用班内选项教学。此后，选项教学被越来越多的学校尝试与实施。2017年新颁布的《普通高中体育与健康课程标准（2017年版）》，对如何选课提出了更为详细的说明，进一步肯定了选项教学的作用与地位。经过十余年的实践，选项教学使高中体育出现了两个较为明显的变化，一是学生运动技能的掌握与运用情况明显改善，学生感觉在体育课上学到了知识；二是学生从害怕上体育课转变为喜欢上体育课，并在很大程度上改变了过去高中毕业生不会体育、不爱体育、不参与体育的“三不”状况。

第三，以“一校一品”推进探索体育教学改革。在学校体育领域，“一校一品”指的是一所学校有一项全校学生共同学习的、具有品牌性质的运动项目，其目的是通过打造一个学校体育特色项目，使学生至少掌握一项运动技能，从而通过扩大体育参与，提高学生的体质健康水平。在地方经验探索的基础上，2016年，教育部将“一校一品”作为一项提高教学水平改革的全国性措施，提出要“逐步形成‘一校一品’‘一校多品’教学模式”。目前全国各地正在积极实施，河南省郑州市、山东省济南市、北京市、广州市等地区已初步取得较好效果。

在课外体育活动方面，第一，实施阳光体育运动。2006年，由教育部、国家体育总局和共青团中央共同启动了“全国亿万学生阳光体育运动”，从2007年开始，在全国各级各类学校广泛开展阳光体育运动。“阳光体育”开展以来，各级教育部门提出“每天锻炼1小时”，每年进行“国家学生体质健康测试”，2007—2014年，每年组织“阳光体育冬季长跑活动”；2011—2016年，每年举办“未来之星”阳光体育大会；2015年开始启动“阳光体育足球班级联赛”等活动。阳光体育运动对于增进青少年体质健康，保障青少年享受体育锻炼的权利起到了重要作用。第二，开展青少年校园足球活动。2009年，国家体育总局和教育部联合下发了《关于开展全国青少年校园足球活动的通知》，并在北京召开了工作会议，标志着青少年校园足球活动的正式启动。2014年，国务院召开了全国青少年校园足球工作电视电话会议，教育部正式牵头负责校园足球工作，并于2015年发布了《教育部等6部门关于加快发展青少年校园足球的实施意见》，提出校园足球的重点任务是提高校园足球普及水平。截至2017年7月，全国青少年校园足球特色学校20 218所（小学10 022所、初中7 111所、高中3 085所）、全国青少年校园足球试点县（区）102个、全国青少年校园足球改革试验区12个，基本形成“特色学校＋高校高水平足球运动队＋试点县（区）＋改革试验区”的“四位一体”校园足球格局。第三，学生体质健康调研与监测制度。2000年，我国开展了第5次全国学生体质健康调研，并于2001年10月发布了调研结果。2002年，教育部、国家体育总局印发了《学生体质健康标准（试行方案）》及其《实施办法》，定于2004年新学年开始在全国各级各类学校全面实施。为配合学生体质健康标准的实施，教育部于2004年开始建设大型全国性学生体质健康测试数据信息系统——中国国家学生体质健康标准数据库，并于2005开始实施各级各类学校每年上报学生体质健康标准测试结果制度。2007年、2014年，教育部、国家体育总局在认真总结学生体质测试工作的基础上，根据形势需要，先后发布了2007版和2014版《国家学生体质健康标准》。以不同时期的学生体质健康标准为依据，2005年、2010年、2015年，我国又分别进行了第六、第七、第八次学生体质健康调研。此外，为了解我国儿童青少年的体育健身参与情况，2017年，由教育部体育卫生与艺术教育司指导，上海体育学院负责组织实施，进行了我国首次全国范围的儿童青少年体育健身抽样调查，并于2018年首次发布了《中国儿童青少年体育健身指数评估报告（2017）》。第四，研制并发布《青少年运动技能等级标准》。2017年，国家体育总局等7部委联合发布了《青少年体育活动促进计划》，文件中明确要求研究建立青少年运动技能等级评定标准。2018年4月，我国首套包含11个运动项目的《青少年运动技能等级标准》在上海正式发布，《标准》的出台与应用标志着我国青少年体育进入了“标准”时代，并且将对学校体育工作重视青少年运动技能的掌握与评价产生重大意义。

1-5：《青少年运动技能等级标准》的研制背景、体系架构与现实意义

在师资队伍培养和建设方面，一是体育师资培养实施了免费师范生政策。2007年，教育部直属师范大学实施了免费师范生政策，包括体育教育在内的所有师范专业按照这一政策招收与培养师资。入学前，学生与学校和生源地所在省级教育行政部门签订协议，承诺毕业后从事中小学教育10年以上，到城镇学校工作的毕业生，应先到农村义务教育学校任教2年。2018年，教育部对免费师范生政策进行了调整，将“免费师范生”改为“公费师范生”，享受免交学费、住宿费和补助生活费的“两免一补”公费培养，毕业后安排就业并保证入编入岗，10年服务期改为6年，毕业生与就业学校双向选择等。免费师范生政策实施十余年的发展经验表明，该政策对于吸引优秀学生投身教育，促进师资均衡发挥了一定的作用。二是体育教师在职培训实施“国培计划”。教育部、财政部决定从2010年起实施“中小学教师国家级培训计划”（简称“国培计划”）。2012年出台的《国务院办公厅转发教育部等部门关于进一步加强学校体育工作若干意见的通知》明确提出“到2015年，各地要对中小学和职业学校体育教师进行一轮培训”。“国培计划”是新中国成立以来由国家主导的最大规模的以中小学、幼儿园教师为主要对

象的培训工程。这项培训工程对于提高中小学体育教师的教育素质，特别是中西部农村学校体育教师的教育教学水平起到了重要作用。三是校园足球教师海外留学助推体育教师素质提升。2010 年、2012 年、2014 年，我国分别与美国、英国、法国建立了高级别人文交流机制，校园足球教师留学培训是这一机制的重要成果。从 2015 开始，由全国青少年校园足球工作领导小组办公室、国家留学基金委、中国大学生体育协会、中国中学生体育协会联合选派了第一批校园足球体育教师赴法国进行为期三个月的足球学习。2016 年，校园足球、橄榄球教练员赴英留学，篮球、游泳、田径、啦啦操教练员赴美留学等项目也全面启动。目前，选派校园足球等项目的体育教师出国短期留学，已经成为国家留学基金委的一项周期性滚动项目，这一项目对于拓展部分中小学体育教师的国际视野，提升专项教学、训练能力起到了积极的作用。

新中国成立以来，学校体育的发展走过了一条曲折而又不平凡的道路。学校体育取得了巨大的成就，积累了丰富的经验，也面临着需要进一步解决的问题。展望未来，新的学校体育建设者们应肩负教书育人的使命，继承与弘扬宝贵的经验，迎接新的机遇和挑战，为提高青少年身心健康水平、促进学生全面发展做出更大的贡献。

第四节 学校体育的未来发展趋势

学校体育作为促进青少年健康成长与全面发展的重要途径，是一项面向未来的教育事业。通过认识学校体育发展环境的变化，了解学校体育发展的一些动态，把握学校体育的未来发展趋势，对于今后做好学校体育的各项工作有着重要意义。

一、学校体育促进青少年健康成长的独特价值将倍受重视

从国际情况看，青少年肥胖、身体活动量不足已成为全球普遍性问题。2014 年，世界卫生组织发布的《全球青少年健康问题》报告显示：全球每天中高强度身体活动达到 1 小时（国际推荐量）的儿童青少年比例不足 1/4，一些国家青少年肥胖比例高达 1/3，肥胖、脂肪肝、高血压、血脂紊乱等慢性病在青少年人群中的发病率增长迅速。据世界卫生组织估算，目前

每年全球因缺乏身体活动而致死的人数高达320万人，缺乏身体活动已成为全球第四大死亡风险因素。为了提高青少年的健康水平，美国实施了“综合性学校体育计划”、英国推出了“学校运动会计划”、德国实施了《中小学体育发展行动指南：2017—2022年》，其他国家也加强了对青少年体育的重视，在制定的各种政策措施中都把学校体育作为提升青少年健康水平的重要途径之一。

从我国情况看，多年来青少年身体素质持续下降反映了学校体育仍是整个教育事业的薄弱环节，改变这一状况已经刻不容缓。到2020年，我国要全面建成小康社会，教育要基本实现现代化，进入人力资源强国行列；《“健康中国2030”规划纲要》提出，到2030年要全面实现“健康中国”目标，国民体质健康合格率要达到92.2%。青少年的身体素质、健康水平直接关系到这些重大的国家战略目标是否能够实现。所以，未来学校体育的重要意义已不仅仅是过去所说的“素质教育的突破口”，而是作为“促进教育现代化、建设健康中国和人力资源强国，实现中华民族伟大复兴的中国梦”的重要途径。随着价值与地位的提高，学校体育在不远的将来必会迎来迅猛的发展。

二、全面提高学生体育素养将成为学校体育工作的新目标

自20世纪80年代以来，西方发达国家儿童青少年逐渐陷入因身体活动不足导致的健康危机中，典型特征是肥胖率和罹患慢性疾病的比例大幅提升。不仅如此，由于学校体育偏向重视学生中具有运动天赋的精英选手，相对忽视普通学生的运动诉求，造成了青少年体育的公平失衡，也偏离了体育教育促进儿童青少年运动与健康的初衷。为了给改变这种状况提供理论依据，学术界首先提出了“体育素养”（Physical Literacy）这一概念，后来经过大量研究进一步丰富了体育素养的内涵。所谓“体育素养”，是指人类在生命过程中获得个人生存发展的运动要素的综合，包括体育意识、体育知识、体育行为、体育技能和体质水平5个维度。其中体育意识是指个体参与有利于生存发展的运动动机；体育知识是指个体获得的有利于生存发展的运动知识；体育行为是指个体从事的有利于生存发展的运动模式；体育技能是指个体在有利于生存发展的运动中展现出的动作能力；体质水平是指个体体质健康水平，反映个体身体形态、机能、素质等方面的情况。

由于体育素养将身体、行为、情感、心智等多方面进行了整合、统一，具有较强的应用价值，目前国际体育与健康领域正在将这一理论应用于体育

教育实践，并大有流行趋势。美国的“K-12体育课程标准”已经将体育素养作为学校体育发展的最终目标，加拿大研制并实施了集专家测评、家长测评、教师测评与青少年自评为一体的青少年体育素养测评体系，英国、加拿大、美国等8个国家（地区）已在各自辖区开展了大范围的社会行动，旨在帮助大众普及认识体育素养、理解体育素养，进而提高体育素养水平。不仅如此，在我国与体育素养相关的“核心素养”已成为当前教育改革的流行词，并获得教育主管部门的重视。《国家教育事业发展“十三五”规划》中明确提出，“修订国家基础教育课程方案和课程标准，体现学生发展核心素养要求”。北京师范大学举办的《中国学生发展核心素养》发布会上发布了人文底蕴、科学精神、学会学习、健康生活、责任担当、实践创新共6大素养的总体框架，其中健康生活维度隐含了体育素养相关的元素。新时期学校体育发展的纲领性文件——《国务院办公厅关于强化学校体育促进学生身心健康全面发展的意见》中也正式提出“全面提高学生的体育素养”，这标志着体育素养已经被作为学校体育的政策目标之一。与此同时，体育素养已逐步进入地方学校体育实践，上海市已开始启动实施学生体育素养评价工作，这些实践都预示着提高学生的体育素养将成为未来我国学校体育工作追求的目标。

三、智能信息技术在学校体育领域的应用将更广泛与深入

目前，人类社会正经历着第四次产业革命，主要以大数据、云计算和人工智能等新兴产业为代表，使整个社会越来越智能化、自动化、数字化。在教育领域，以互联网、云计算、大数据、物联网、人工智能等为代表的信息技术手段、产品应用越来越广泛。在智能信息的辅助下，MOOC、混合式学习、智能教学系统、智能决策支持系统、智能计算机辅助教学系统迅速发展，物联网给课堂教学、课外学习和教育管理等方面提供了有力的支持，大大提高了工作效率。

智能信息技术在我国学校体育领域中的应用方兴未艾。2017年，北京市教委、卫健委、市体育局共同组织，由第三方机构研发了“中小学生运动负荷实时监测与评价系统”智能终端，实现了实时采集学生体育课学练过程中的运动心率、相关运动数据并对体育锻炼动态进行监督，这是国内首例智能终端腕带硬件结合“互联网+”理念的产品在青少年体育课上的使用。同年，江苏省南京市栖霞区摄山中学实施了“智动体育”项目，以可视化的视频为载体，结合智能化的体育器材设备，探索学生体质提升的有效途径。例

如，在进行引体向上时，通过体感设备与软件采集人体 24 个骨骼点的数据，即可进行动作评判。2018 年，全国首个智能操场亮相成都市列五中学，实现了体能实时监测、体育考试成绩自动化判定、智能足球教学等功能。不仅如此，线上体育课程目前也正在成为学校体育的有益补充。可以预见，随着科技产品的开发、学校体育投入的增长和工作观念的转变，智能信息技术在学校体育领域中的应用将越来越受到广大师生的欢迎，并得到更加广泛深入的应用。

四、体育教师的终身学习将成为学校体育工作的必然要求

国际 21 世纪教育委员会在向联合国教科文组织提交的报告中指出："终身学习是 21 世纪人的通行证"。终身学习作为一种理念由来已久，农业社会和工业社会均有终身学习的需求，但是学习主要通过学校教育，终身学习并没能普及。当代社会的主要特征是知识社会与信息化社会共存、共生，知识爆炸性增长所带来的知识更新需求与信息技术手段的海量传播，使终身学习成为一种必然趋势，也成为一种现实。

对于体育教师来说，终身学习的需求主要源于两种挑战：第一种挑战是由于知识共享导致课堂作为知识输出的主要途径被弱化。过去课堂是知识传播的主要平台，教师是主要的知识传播者，而今天，信息技术所提供的网络平台为知识的传播提供了多种渠道和多种可能。过去，学生通过课堂、教材来学习的知识、技能，现在可以通过在线课程、社会培训等多种方式获取。如果教师不加强终身学习，在一些新兴知识领域、新兴运动项目上，可能会面临学生知道的知识比教师多，学生掌握的运动技能比教师好的尴尬情形，由此导致教师传统的权威地位黯然失色。第二种挑战是由于教师角色的转换导致已有知识无法满足工作需要。随着信息技术，特别是人工智能的广泛应用，混合式学习日渐普及，教师不再是课堂的唯一中心，教学更加突出学生的中心地位，师生合作式教学将更加普遍。未来大部分体育教师的作用将不再是单纯的健康知识、运动技能的传授者，而是逐渐向学生学习、身心健康的规划者和引导者转变，在这一过程中对新知识、新观念、新技能的需求是必不可少的，终身学习不可或缺。

总体来看，当今时代发展迅猛，社会瞬息万变，在国内外政治、经济、文化、教育等方面的变化下，学校体育将不断迎接新的机遇和挑战，并通过不断地适应新需要、新条件而呈现出蒸蒸日上的发展态势。致力于学校体育工作的教育者、学习者们应该练好“内功”，建立完善的知识与能力结构，

才能跟紧时代步伐，推动学校体育的未来发展。

复习思考题

1. 古代“六艺”教育中的体育元素有哪些？这些体育元素的主要操作方法和价值是什么？

2. 为什么我国古代学校体育没有很好地发展？

3. 我国近代学校体育是在哪三种力量的推动下起步的？

4. 我国近代学校体育思想发生了怎样的转变？

5. 熟读毛泽东的《体育之研究》，谈谈该文对当代学校体育发展有哪些启示？

6. 新中国成立以来，学校体育的发展经历哪几个阶段？在深化改革阶段（2000 年以后），我国体育课程发生了哪些重要变化？

7. 学校体育的未来发展趋势是什么？为什么说全面提高学生体育素养将成为学校体育工作的新目标？

即测即练

第二章

学校体育的结构与功能

▶ 本章导读：

本章主要从学段的视角对学校体育的结构进行介绍，从表现形态和实现机制两个角度对学校体育的功能进行阐述。在有关学校体育的学段结构中，主要对不同学段学生的身心特征、体育学习的主要内容以及开展学校体育实践应注意的问题进行解析。其目的在于帮助我们更好地从学段特征出发去理解和实施学校体育工作。在有关学校体育功能的阐述中，介绍了学校体育功能的三种表现形态，即本质功能、派生功能和代偿功能，同时对学校体育功能实现的过程及其机制进行了比较详细的分析。学校体育的功能实现包含功能取向的确立、功能行动的发生、功能效应的产生以及功能效应的延伸四个环节，每一个环节都受到内外多重因素的制约。

▶ 学习目标：

熟悉不同学段学生的生理和心理特征，并知道依据这些特征如何有效地配置学习内容；掌握不同学段学校体育活动开展的注意事项；知道学校体育功能的含义及其三种表现形态，理解确定学校体育本质功能的依据以及本质功能对学校体育生存与发展的重要意义；熟悉学校体育功能实现机制的理论，并应用该理论分析学校体育发展中遇到的问题。

第一节 学校体育的学段结构

学校体育的结构是指组成学校体育整体各部分之间的构造方式。从不同的视角出发，学校体育各部分之间的构造方式表现为不同的逻辑。比如，从所处学段的视角，学校体育表现为从学前教育阶段、初等教育阶段、中等教育阶段到高等教育阶段递进发展的构造方式；从活动形式的视角，学校体育表现为体育教学、课外锻炼、课外训练、课外竞赛、体质测试等横向连接的构造方式；从活动要素的视角，学校体育表现为活动主体、活动目标、活动内容、活动环境、活动制度等多个要素。由于本教材在内容安排上已经对学校体育“形式视角”“要素视角”进行了专门阐述，这里只对“学段视角”下的学校体育结构进行阐释，以便从对象的特殊性维度，理解不同阶段学校体育活动的主要特点和工作重点。

一、学前教育阶段的体育

在教育学语境中，学前一般是指进入小学学习之前的阶段。按年龄区分，广义层面是指个体从出生到6~7岁的阶段，狭义层面是指3岁至6~7岁的阶段，即儿童进入幼儿园和学前班学习的阶段，本教材取狭义。俗话说，“三岁看大、七岁看老”，意思是在儿童这个年龄段形成的品质与习惯对个人后期成长意义深远。因此，学校体育工作理应把学前教育阶段纳入其工作范畴。

（一）学前教育阶段儿童的身心特征

学前阶段，儿童的身心都处于快速发展的过程中。在生理方面，脑重量增加迅速，到7岁左右基本接近成年人。脑的机能逐渐完善，为建立各种条件反射提供了生理基础，但儿童大脑皮层的兴奋与抑制过程发展不平衡，兴奋占优势，行为的控制力较差。在运动系统方面，骨骼中的有机物较多，弹性大，可塑性强，容易因姿势不正确导致骨骼变形；肌肉发育不成熟，持续工作的能力不强。在心理方面，这一时期的儿童生活范围逐渐扩大，独立与竞争意识开始显现，喜欢被人称赞，行为表现出明显的好奇、好动、好模仿特征，对游戏性活动有着极大的兴趣，但注意稳定性较差，兴趣容易转移。学前阶段儿童的身心发展特点为其体育活动内容的确定提供了参照。

（二）学前教育阶段体育的主要内容

考虑到学前教育阶段儿童的身心特点，体育活动一般以三类内容为主：① 基本动作技能，如走、跑、跳、投、平衡、钻爬等单一动作技能或简单的组合动作技能；② 韵律性身体活动，如节奏明快、动作相对简单的韵律操、轻器械操、模仿体操、身体姿势操等；③ 各类运动形式相对简单的趣味性游戏，如老鹰抓小鸡、丢手绢、跳房子等。需要说明的是，在学前教育阶段，要把促进儿童的基本动作技能发展作为体育的重点工作，因为这一时期动作技能的发展水平，对其以后学习更为复杂的体育技能有着极为重要的影响，对部分学生而言，这种影响可能是终身性的。因此，这一时期的体育工作，要帮助儿童在学会简单动作技能的基础上，有目的、有计划地安排一些相对复杂的动作技能供儿童练习。同时，要注意动作技能的学习与游戏相结合，以帮助儿童形成对体育的积极态度。

2-1：儿童青少年基本运动技能测评工具介绍

（三）学前教育阶段开展体育的注意事项

在学前教育阶段开展体育活动应当注意以下三个问题：第一，这一时期的儿童本身好动，而且这种好动无内容差别。也就是说，只要是运动，儿童都感兴趣。因此，在对儿童运动内容的安排上，要注意对这种运动兴趣进行保护。一般来说，要选择有利于儿童形成积极愉快体验的运动形式。第二，这一时期儿童对运动目的、功能的认知水平还比较低，由于身体发育的原因，对运动中行为的控制能力也比较差，容易出现运动安全问题。因此，要把安全放在体育活动开展的首要位置，保证儿童在安全的环境下进行运动。第三，这一时期的儿童，其注意的稳定性较差，精力集中的持续性不长，兴趣容易发生转移。因此，在开展体育活动时，要注意适时转换运动形式，增强运动形式的趣味性，促使儿童在运动中保持较高的注意水平，进而逐渐帮助儿童形成对运动的专注。

二、初等教育阶段的体育

初等教育是四个教育阶段中时间跨度最长的一个阶段。从年龄来看，该阶段的年龄跨度一般为 7～16 岁。而从学段来看，该阶段既包含了小学教育阶段，又包括了初中教育阶段。因此，按照《教育法》也被称为义务教育阶段。由于该教育阶段的跨度较长，小学生和初中生的身心发展特点也有较大区别和差异。因而，在具体的学校体育工作安排中，应分别对小学生和初中生的体育教学进行相应的区分。

（一）初等教育阶段学生的身心特征

初等阶段的小学生年龄一般为 7～13 岁。在生理方面，小学生正处于身体生长发育的高峰期。大脑结构与机能得到突出的发展，神经系统也进一步完善。在运动系统方面，小学生的骨化过程还未完成，骨骼中胶质较多，钙质较少，使骨骼硬度小、韧性大、富有弹性（2004 年人民体育出版社出版的《学校体育学》表述为“不易骨折”；2010 年人民体育出版社出版的《运动生理学》表述为“不易完全骨折”），但易弯曲变形、脱臼和损伤；大肌肉群的发育优于小肌肉群的发展；心脏容积较小，新陈代谢快。在心理方面，小学生的感知觉表现出明显的无意性和情绪性，注意力水平有限且缺乏稳定性和持久性。另外，小学生主要以机械记忆和形象思维为主，情感日益丰富，但自我控制力较差，容易外露。

初等阶段的初中生年龄一般为 13～16 岁，也被称为少年期。在身体方面，初中生的外形发生了巨变，主要表现为身高和体重快速增长，“第二性征”出现，体型和面貌特征接近成人。在运动系统方面，初中生的生理机能明显增强，力量、耐力和速度等素质提高较快，但他们的心血管系统的发育还落后于运动系统的发育，不宜进行运动量过大或时间过长的活动。在心理方面，初中生感知觉的精确性和概括性增强，有意记忆明显发展，思维逐渐向抽象思维转变，情感的社会性内容日益加强，自我控制能力和自我意识进一步发展。

2-2：青少年生长发育的敏感期

（二）初等教育阶段体育的主要内容

根据初等教育小学和初中两个阶段学生的身心发展变化快的特征，体育活动的内容安排也应随之发生变化。在小学低年级（1—2 年级）阶段的体育内容与学前教育阶段大致相同，主要以游戏和基本动作技能为主，但应增加一些体育与健康方面的基础知识；小学高年级阶段的体育内容则应逐渐开始涉及一些经过“简化”或“改造”的竞技运动项目，如小篮球、小足球以及一些技能性比较强、对运动素质要求比较高的内容，如田径、武术以及体操中的技巧和单杠、双杠等；初中阶段的体育内容则应在小学高年级的基础上，开始学习各种运动技能以及实际生活和生存所需的基本技能，并加大对体育与健康基本知识和原理的学习。值得注意的是，在初等教育阶段，在注重发展学生各项运动技能的同时，也应注重小学高年级阶段和初中阶段学生的健康知识和运动技能原理学习，因为只有让学生既学会动作技能，又懂得锻炼原理，才能真正为日后进一步体育学习打下良好的基础。

（三）初等教育阶段开展体育的注意事项

在初等教育阶段开展体育活动应注意以下三个问题：第一，由于初等教育阶段跨越了两个生长发育的关键时期，其身心发展变化较快，体育教师在体育活动的内容安排上，应根据年级和学段的高低进行有针对性和区别性的内容设计和安排。第二，体育教师在各种体育活动的组织形式上，在小学阶段尤其低年级阶段主要以趣味性的游戏和比赛为主，对运动技能的传授一般也以动作示范为主。但到了初中阶段，由于该阶段学生的自我意识不断提高，因此，要适时转变相应的教学方式，逐渐提倡自主、合作、探究式的主动学习，注重学生自我学习能力的培养。第三，初中学段的学生在生理和心理上具有显著的异时性和不平衡性。因此，在开展体育活动时，要注意对其进行及时的生理和心理健康干预，培养其对体育的兴趣和态度，帮助其健康和谐地发展。

三、中等教育阶段的体育

中等教育是学生进入大学学习或走上工作岗位之前的阶段。从教育类别来看，主要包含了普通高中、职业高中和各种各样的中等专业学校。从年龄跨度来看，该阶段的学生年龄一般介于16~19岁。中等教育是在义务教育阶段基础上进一步促进学生个性发展，为学生适应社会生活、高等教育和职业发展做准备，为学生终身发展奠定基础的重要阶段。因此，学校应重视该阶段的体育工作，注重学生体育核心素养的培育。

（一）中等教育阶段学生的身心特征

处于中等教育阶段学生的身心发展已基本成熟。在身体方面，他们的身高、体重、身体结构和外部形态等方面已逐渐接近成人，脑细胞内部结构不断完善，脑的回沟增多、加深，大脑机能迅速发展，神经系统已基本发育完全，兴奋和抑制过程也已趋于平衡，进入相对稳定阶段。在运动系统方面，骨化过程已基本完成，肌纤维不断增粗，肌肉力量明显增强，心血管系统和呼吸系统的发育也已经接近成熟。性机能的发育也已经基本成熟，男女生在体态上表现出明显的两性差异。在心理方面，该阶段学生的感知观察更具目的性、持久性、精细性、自我调控性，远远超过了初中生的发展水平。逻辑思维发展较快，具有较强的独立思考和分析问题的能力。情感表达方式由外露逐渐转变为内隐，情感情绪的自我调控能力不断增强。自我意识的发展日趋成熟，能够对自我、对外界事物进行比较正确的评价。

（二）中等教育阶段体育的主要内容

基于中等教育阶段学生的身心发展特征和体育学科核心素养的目标，体育活动的主要内容以这三类为主：① 系列化的运动技能，如球类运动、田径类运动、体操类运动、水上或冰雪类运动、武术与民族民间传统类运动和新兴体育运动；② 体能教育，如与健康体能相关的身体成分、心肺耐力、肌肉力量、肌肉耐力以及和竞技体能相关的灵敏性、平衡、协调性和反应时等；③ 健康教育，如身体健康、心理健康、社会适应和道德健康等。需要指出的是，运动技能、体能教育和健康教育应该是横向连接和纵向贯通的关系。因此，在三大板块内容的学习设置时，尤其是运动项目模块之间应该注重上下模块之间的延续和发展，使运动技能的发展具有连续性，真正帮助学生掌握和学会运动技能，提高体育素养。

（三）中等教育阶段开展体育的注意事项

在中等教育阶段开展体育活动应注意以下两个问题：第一，由于学生的自主意识逐渐完善，相对于初等教育阶段偏重普及的教育目标，该阶段更加注重学生的个性化和多样化教育。因此，在体育活动的开展中，要注意给予学生更多的选择性，进而满足学生的多样化需求，形成运动爱好和专长。例如，上海市开展的高中专项化体育课程改革便是为了满足学生兴趣爱好和个性发展而进行的积极尝试。第二，该阶段是培养学生体育学科核心素养，促进学生健康、全面发展的关键环节。因此，在尊重学生多样化需求的基础上，还要注意体育活动开展为学生体育核心素养培育的服务性和内容选择的全面性。综上所述，在开展学校体育活动时，不仅要注重运动技能模块的学习，同时也应注重健康教育和体能教育等模块的学习，使课程内容更加结构化，进而真正实现体育立德树人的要求。

四、高等教育阶段的体育

高等教育阶段一般指中等教育结束后，进入大学的学习阶段，包括了本科、专科教育和研究生教育。高等教育是学校教育工作的最后阶段，也标志着学生即将走进社会，向社会人转变，表示学生在学校获得的知识和技能即将运用于社会实践，此阶段的教育意义十分重大。

（一）高等教育阶段学生的身心特征

高等教育阶段的学生身心发展趋于成熟。在身体方面，生长发育日趋完善，各器官系统功能都已达到最好水平。在运动系统方面，骨骼硬度增加，维度变粗，抗压能力提高；肌肉因性激素分泌增多，肌纤维明显变粗，肌肉体积、力量以及工作的准确性和灵敏性明显提高。在心理方面，此阶段的学生兴趣爱好广泛，行为表现为自主、自尊、自强等特征；但个体和性别差异较明显，男生更喜欢力量性、速度性的活动，女生则更喜欢姿势优美、韵律性强，显示柔韧和协调的活动。这一阶段的学生身心发展特点为其体育活动内容的选择提供了参考依据。

（二）高等教育阶段体育的主要内容

考虑到高等教育阶段学生身心逐渐成熟，体育活动内容一般以四类为主：一是专项运动技能，如球类项目中的篮球、排球、足球、乒乓球、羽毛球、网球，体操类项目中的健美操、体育舞蹈等结构化动作技能，学生可根据个人的兴趣、爱好和身体条件等自主选择学习内容；二是以进一步发展各项身体素质为主的专项性练习，如中长距离的耐力跑、各类器械性体能练习等；三是以体育社团进行组织的各类运动竞赛，如篮球赛、羽毛球、舞蹈类比赛等；四是保健类特殊课程，如根据个别学生身体特殊性需要开展身体功能性锻炼类课程。在高等教育阶段，要把培养学生的体育文化素养作为体育工作的重点，因为这一时期体育文化素养的培养，对学生终身从事体育的态度和能力有着重要的意义。因此，这一时期的体育工作不仅要求学生能感悟和理解体育，还要具有参与体育实践活动的各种能力和水平。

（三）高等教育阶段开展体育活动的注意事项

在高等教育阶段开展体育活动应当注意以下三个问题：第一，这一时期的学生对体育项目有着独特的偏好和自主选择意识，对体育活动内容有差别要求。因此，在内容的安排上，要注意采用选修形式，并提供丰富多样的运动项目供学生选择，保护学生的运动兴趣和运动偏好。第二，这一时期的各项运动竞赛较多，比赛中强度大，容易造成运动损伤，也容易出现体育伦理问题。因此，除了要给学生普及运动损伤的预防和处理知识外，在开展体育活动时，还要把对体育的伦理教育放在重要的位置。第三，这一时期的学生自尊心强，个体差异大，有些运动能力不好的学生会自卑而避免参与各项体育活动。因此，在学校体育活动开展过程中，要注意考虑全面，为运动能力欠佳的学生提供适宜的运动机会，让其参与其中，进而帮助其改善运动能力，增进身体健康。

第二节 学校体育的功能形态

功能是事物满足其相关者需求的一种属性，即事物的有用性。学校体育的功能是指学校体育自身结构中所蕴含的对人和社会所具有的有用性。从人类的角度来看，世间万物均按照自身有用性的大小被置放于某种秩序之中。学校体育作为人类社会发展的产物，之所以最终能够在学校教育中获得独立地位，就在于它在促进人的发展方面具有不可取代的有用性。对学校体育这种有用性——学校体育的功能进行深入探索，能够帮助人们认识学校体育能干什么以及帮助判断学校体育实际干得怎么样的问题，即学校体育的目标确定及其达成。因此，作为学校体育工作者，从理论上对学校体育的功能进行恰当把握，有助于加深对学校体育实践价值的理解，也有助于推动学校体育实践活动的顺利开展。

一、学校体育的本质功能

学校体育对人和社会所具有的有用性是多种多样的。在这些有用性当中，有些是支撑学校体育能够独立存在的前提，对于学校体育的生存和发展而言，这种有用性的发挥不可或缺。因此，可以把支撑学校体育能够独立存在的有用性称为学校体育的本质功能。那么，学校体育的本质功能应当依据什么来确定？学校体育的本质功能又有哪些具体的表现形态？

从系统论的观点来看，作为一个社会系统的学校体育，它的产生既非单纯来源于教育系统的分化，也非单纯来源于体育领域的拓展，而是两者在一定历史条件下相结合的产物。因此，从“血缘”关系上看，学校体育的“基因”具有“二重性”特征。对于学校体育的存在和发展而言，不管其所处的外部环境如何变化，它自身由“教育”和“体育”两大系统有机结合的“基因”特征始终不会改变，正是学校体育系统结构上的这一稳定特征，为探索其本质功能指明了方向。

依据学校体育系统结构的稳定特征，学校体育的本质功能具体表现为两种形态：一是增强学生体质，或者称为身体发展功能；二是传承体育文化，或者称为文化传承功能。

（一）身体发展功能

学校体育所承载的特定的教育使命决定了它必须以“促进学生身体的发展”为己任。教育的最终目的是使人获得全面发展，其中当然包括人身体的发展。在只注重德育和智育的中国传统教育中，由于忽视了学生的身体发展，教育“产品”曾一度只是“文弱书生”。近代以来，传统教育在深刻反思中确立了“人的全面发展”的教育思想，正因此，体育具有的“实现人身体发展的独特作用”得以进入学校教育的大家庭。学校体育也只有在学生身体发展方面表现出了独特的作用，才最终体现出在学校教育中独立存在的价值。

学校体育的身体发展功能具体表现为5个方面：① 帮助学生养成正确的身体姿态，如站立的姿态、行走的姿态、奔跑的姿态等；② 促进学生的生长发育，如保持良好的新陈代谢能力、促进骨骼、肌肉的正常生长等；③ 帮助提升学生身体各器官系统的机能水平，如促进神经系统、血液循环系统、消化系统等系统的机能水平；④ 促进学生身体素质的发展，如促进力量、速度、耐力、灵敏、柔韧等身体素质的发展；⑤ 增强学生对外界环境变化的适应能力，如增强抗寒能力、抗热能力以及在极端环境下忍受缺水、饥饿的能力等。

（二）文化传承功能

如果说发展身体功能是学校体育以其自身的“体育身份”去实现“教育使命”所表现出来的功能，那么文化传承功能则是学校体育以其自身的“教育身份”去实现“体育使命”所表现出来的功能。现代社会的体育，已远远超越了纯生物学意义上身体活动的含义，而形成对人类社会生活有着重要影响作用的独特的文化体系。作为一种文化形态的体育对整个人类社会的影响作用已超越了个体体育行为对其身体的影响作用。因此，如何保证体育文化的传承，是必须认真加以思考的问题。在体育的三大系统中，由于竞技体育的精英化发展特性和群众（余暇）体育的娱乐化发展特性，使得它们在传承体育文化上有着先天的不足。而作为一种教育形态出现的学校体育恰好可以担当此任。因为，从本质上来讲，人类教育的过程也就是人类文化传承的过程。事实上，学校体育一直都在发挥着传承体育文化的功能，只不过，我们没有在自觉层面去对该问题进行系统的认识。

学校体育的文化传承功能具体体现在三个方面：① 传承体育的价值观念，如体育的生活意义、体育的生命意义、体育的健康价值等；② 传承体育自身的知识体系，如各种运动项目的技能知识、运动与健康相关的知识、

2-3：对我国学校体育功能研究的反思

安全运动的知识等；③ 传承体育发展中形成的时代精神，如永不言弃、奋勇拼搏的女排精神；乒乓球运动员“人生能有几回搏”的进取精神；运动场上尊重对手、公平竞争的运动员精神等。

二、学校体育的派生功能

所谓派生功能，是指学校体育在发挥其本质功能的过程中，对其上位系统发展所具有的辅助性质的有用性。众所周知，作为一个社会系统的学校体育，它不是一种自然的存在，而是依据时代需求人为设计出来的系统。在对学校体育系统的设计过程中，设计者必须首先考虑系统的结构有助于其本质功能的发挥。但是，这种考虑在通常情况下不会是设计者的唯一目的。一般来说，设计者在充分考虑学校体育本质功能发挥的同时，还会考虑学校体育对其他相关领域的辅助作用。毕竟，学校体育不是孤立存在的，而是一个与上位系统（这里主要指教育系统和体育系统）中不同子系统不断发生互助性联系的系统。

在实践中，学校体育的派生功能主要体现在两个方面：① 对学校教育中其他各育的辅助有用性。如对智育的辅助有用性、德育的辅助有用性、美育的辅助有用性、心理教育的辅助有用性等。② 对其他形态体育的辅助有用性。如对群众体育的辅助有用性、竞技体育的辅助有用性等。需要说明的是，这里之所以在有用性前均加“辅助”二字进行限制，是因为这些系统本身也有着独特的本质功能，它们的独立存在和发展不是依靠学校体育对其所具备的有用性来支撑的；同时，学校体育也不能把对这些系统所具有的有用性当成自己的本质功能，否则，学校体育在发展中就会偏离正常的轨道，失去自身的主体性地位。换句话说，学校体育在其功能的发挥过程中，始终要把对自身本质功能的发挥放在第一位。一般来讲，学校体育的本质功能发挥充分了，其派生功能自然会有所体现。

三、学校体育的代偿功能

除以上两种形态的功能外，在一些特定的历史条件下，学校体育还有可能为了自己本质工作以外的某种特殊目的而发挥第三种形态的功能。如抗日战争时期，我国学校体育强调的是军事功能，在社会动荡时期强调学校体育的政治功能。由于学校体育在发挥这些功能时已经改变了自身系统结构的内在规定性，因此，它已不是真正意义上的学校体育，而是贯以“学校体育”之名的“军事训练”或“政治运动”。因此，可以把学校体育这种形态的功能称为“代偿功能”。在实践中，对学校体育代偿功能的发挥必须慎重，因为，在不正当目的的引导下，必然会损害学校体育的发展。

需要特别指出的是，在正常情况下，学校体育的本质功能、派生功能和代偿功能对其发展的重要性依次递减。但是，在一些特殊情况下，后两种功能对学校体育的重要性可能会超过其本质功能。例如，抗日战争时期强调学校体育的“军事功能”，此时学校体育赖以生存的大环境面临着生存危机，强调其“军事功能”，既是其民族责任感的体现，也是学校体育为争取生存权而采取的一种理智行动。

第三节　学校体育的功能实现

明晰学校体育的功能形态只是认识学校体育功能问题的第一步，接下来还需要对学校体育功能的实现过程与条件做进一步的认识，从而推进学校体育在实践中更好地发挥自身功能。一般来讲，事物的功能实现通常会经历4个阶段，即功能取向的确立、功能行动的发生、功能效应的产生以及功能效应的延伸。当然，这4个阶段并非总是线性发展，有时会因为其中一个环节出现问题而重新回到上一个阶段。因此，本节对学校体育功能进行的分阶段阐述并非指学校体育的功能实现必然会一成不变地按照这个逻辑进行。

一、学校体育功能取向的确立

学校体育功能取向的确立过程实际上是学校体育系统在对来自不同社会阶层的功能期待进行理解与判断的基础上，决定如何回应这些期待的过程。制约这一过程的因素有三个：①社会统治阶层的功能期待；②学校教育管理层的体育态度；③其他社会群体的功能期待（图2–1）。

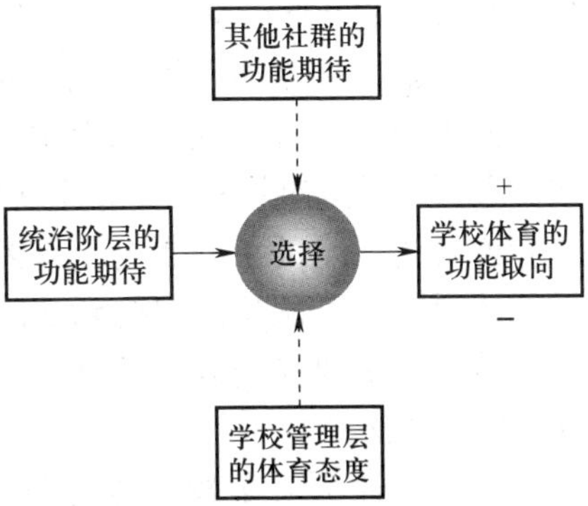

图2–1　学校体育功能取向的确立

从“教育必然为特定的统治阶层服务”的观点来看，社会统治阶层的功能期待应当是三个影响因素中最重要的因素。但是，社会统治阶层的功能期待能在多大程度上影响学校体育功能取向的确立，却还要取决于其他社群的功能期待和学校管理层的体育态度。在这两者之中，学校管理层的体育态度又显得尤为重要。因为社会统治阶层的功能期待需要通过学校这个“中介”传递给学校体育。而学校在传递社会统治阶层的功能期待的同时，又常常会根据自身的利益需要或其他因素对社会统治阶层的功能期待进行选择。选择的结果是既可能确立与统治阶层期待相符的“正向”功能取向（图 2–1 中用“+”表示），也可能确立形式上与统治阶层的期待相符，而实际上与之相悖的“负向”功能取向（图 2–1 中用“–”表示）。后一种取向在现实中的典型表现就是“有上级检查”或“参与赛课”时表现为相符，而在日常工作中就表现为相悖。这说明在学校体育运行的初始阶段，导致其产生负向社会功能产生的某些因素便可能存在。而这些因素的主要起因是学校管理层的体育态度。现实中的许多情况也表明，一所学校的体育开展状况往往与校长或领导层对体育的态度关联性很强。

二、学校体育功能行动的发生

从功能取向的确立到功能行动的发生，是学校体育功能形成过程的第二个环节。此处所说的“功能行动”泛指可能导致产生一定功能效应的与学校体育实践相关的各种行动。它包括发生在学校体育实践过程之前，但与该过程有紧密联系的一些行为，如有关学校体育制度的建立、目标的设定等以及发生在学校体育实践活动过程之中的行动，如对体育课的执行、课外体育活动的开展、学校体育评估等。由于功能取向在本质上属于观念的范畴，而观念并不总是能转化为相应的实际行动，它需要一定的条件支撑，或者说要受一定的条件制约。具体到学校体育来说，从功能取向到功能行动的转化至少要受到以下两方面的条件制约（图 2–2）。

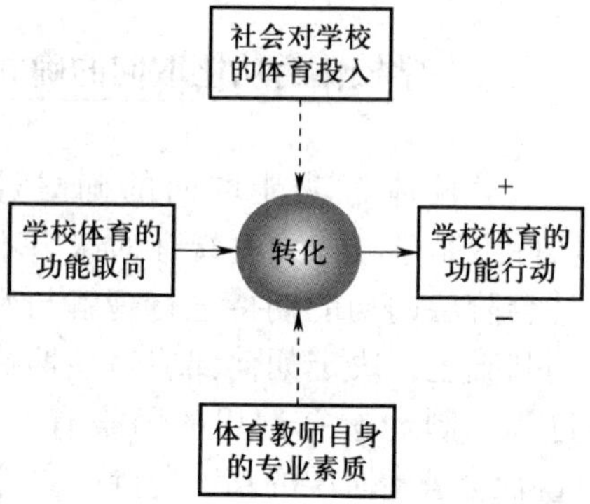

图 2–2 学校体育功能行动的发生

第一，社会对学校的体育投入，特别是物质投入。这是因为学校体育对物质有着极大的依赖性。例如，在学校的体育教学中，尽管很多硬件

（如各种体育器材）是学生课堂学习的必需品，但器材设施基本上要靠学校来配备。然而，部分学校体育投入经费十分有限。因此，很多时候要依赖社会的投入。于是，社会的物质投入必然成为制约学校体育实践运行的重要因素。在学校体育实践中，因缺乏必需的物质条件而使功能取向无法转化为相应功能行动的现象广泛存在。

第二，体育教师自身的专业素质，包括体育教师所持有的具体的体育观念以及专门的知识与技能。从体育观念来看，它与学校体育的功能取向之间既可能是和谐的，也可能是矛盾或冲突的。例如，在学校的体育教学实践中，较为普遍地存在“指令—服从”这一具体的师生交往观与“培养学生的创造性”这一功能取向之间的矛盾。学校体育实践过程中的功能取向与体育观念之间的矛盾实为学校体育运行中经常出现的现象。这样，具体的体育观念便成了学校体育在功能取向与功能行动之间进行转化的一道“屏障”。

从体育教师自身所持有的专门知识与技能来看，它是功能取向转化为相应功能行动时十分关键的支撑条件。缺乏一定的专门知识与技能，相应的功能行动也就难以产生。在学校体育实践中，因为体育教师自身在专业素质方面的缺陷而无法顺利推进学校体育工作的情况并不少见。例如，在体育课程改革过程中，一些体育教师之所以把“自主教学”演变成“新式放羊教学”，就在于他们对“自主教学”的相关知识缺乏必要的了解和把握。

三、学校体育功能效应的产生

从功能行动的发生到功能效应的产生是学校体育功能形成过程中的第三个环节。在这一环节中，学校体育通过其功能行动对学生的体育行为进行引导和规范，从而影响其体育素养的养成。学校体育的功能行动对学生的体育素养形成起着重要作用，但同时学生的体育素养还受到另外两重因素的影响（图 2–3）。

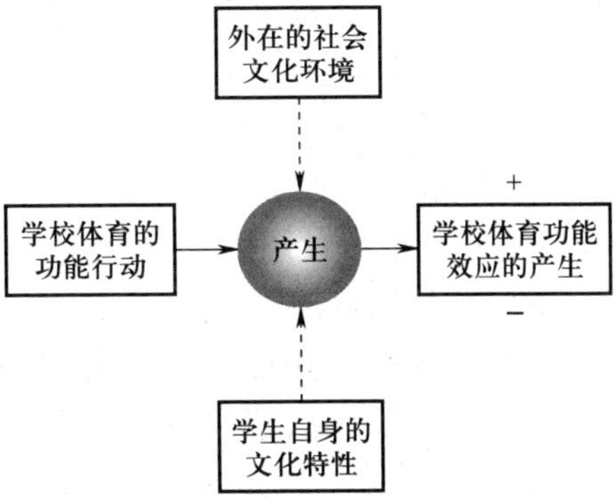

图 2–3　学校体育功能效应的产生

第一重因素是学校体育系统外在的社会文化环境，包括家庭文化、社区文化、同辈群体文化等。一般来说，如果这些文化对体育持积极的态度，那么，它将有助于强化学校体育系统功能行动的作用，反之，则可能起到弱化的作用。

第二重因素是学生自身已有的文化特性。通常情况下，任何一个学生在进入学校接受正规的教育之前，总会受到一定的文化熏陶，从而表现出一定的文化特性。而且，随着年龄的增长、交往范围与交往对象的扩大，其身上的文化特性会越来越明显。一般来说，如果学生自身已有的文化特性中含有较多的对体育的肯定成分，那么，学校体育的功能行动就容易产生正向的功能结果，反之则容易产生负向的功能结果。

学校体育因其功能效应的强弱，将学生区分成三类群体：① 形成具有较高体育素养的群体；② 虽未形成较高体育素养但对体育并不持消极态度的群体；③ 既未形成较高体育素养又对体育持消极态度的群体。三类群体中，如果第一类群体所占比例较大，则表明学校体育工作的开展效果良好。如果第三类群体所占比例高于前两类，则表明学校体育的工作开展出现较大问题。如果第二类群体所占比例高于其他两种，则表明学校体育的发展可能遇到了瓶颈。

四、学校体育功能效应的延伸

功能效应的延伸是学校体育功能形成过程中的最后一个环节。学校体育通过其功能行动使学生养成一定的体育素养，学生也因其体育素养的高低被分化成不同的体育群体，当这些群体在各自的社会生活中运用或发展已有的体育素养并对社会生活产生一定的影响时，学校体育的功能效应就开始得到延伸。不过，这种功能效应的延伸并非与已有的体育素养水平必然成正比关系。原因在于，学生已有的体育素养是否对其以后的社会生活产生影响以及产生什么样的影响，还要受学校体育自身因素与外部社会因素的双重制约（图 2-4）。

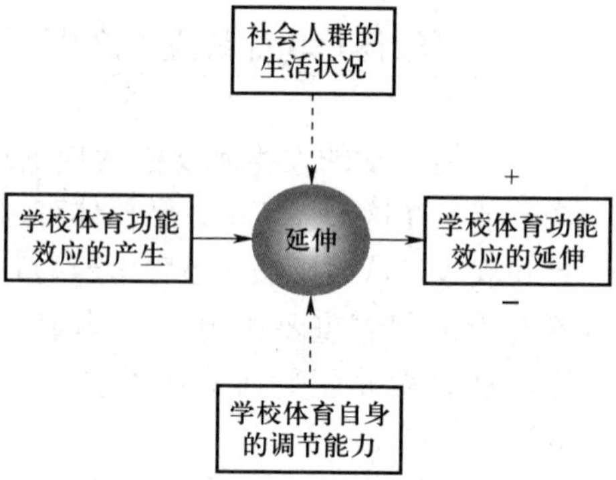

图 2-4 学校体育功能效应的延伸

学校体育自身因素主要是指学校体育对外部社会发展的适应性调节能力。具体表现为对社会的体育发展和教育发展的适应性调节能力。总体来看，社会的体育发展是希望通过最大限度的“体育社会化”，使体育在人们的日常生活中产生积极的作用；社会的教育发展则希望通过教育最大限度地促进人们的身心健康，进而推动社会进步。尽管两者各自发展的侧重点有所不同，但都能在未来社会成员（学生）的体育素养形成方面找到共同着力点。因为学生的体育素养水平越高，他们在社会生活中利用体育促进身心健康的“内部动机”就越稳固，在社会中积极参与体育的可能性就越大。

外部社会因素主要是指社会人群的总体生活状况，包括物质生活的丰富程度、具体的生活环境、余暇时间在生活中所占的比例等。一般来讲，物质生活越丰富、生活中可自由支配的余暇时间越多、生活环境中可供利用的体育设施越便利，那么，其参与“体育事务”（包括参与体育锻炼、社区体育活动的组织、社会体育文化的建设等）的可能性就越大。此时，在他们身上经由学校体育形成的体育素养才可能进一步发挥作用。如此看来，学校体育功能效应的延伸绝非是自然而然的，而是在其自身适应性调节能力和社会人群总体生活状况综合影响下的产物。从这个意义上来说，学校体育对学生终身体育的促进必然需要社会多方力量的支持。

五、学校体育功能的实现机制

将以上学校体育功能实现过程的各个环节加以连接贯通，便可以较为清晰地发现学校体育功能的实现机制（图 2-5）。

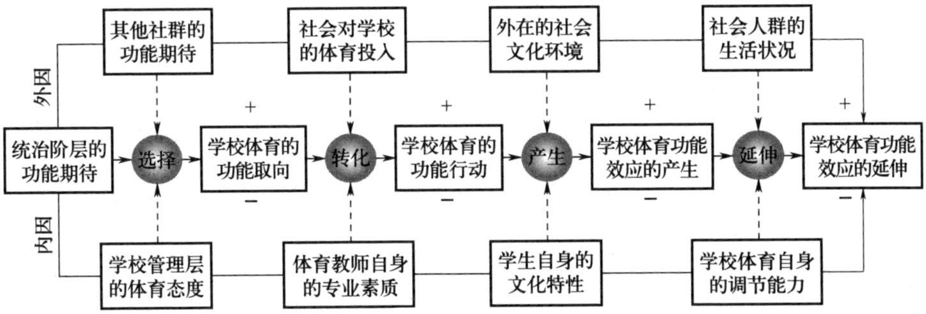

图 2-5 学校体育功能的实现机制

从图 2-5 可以看出，“社会统治阶层的功能期待”是影响学校体育功能最终实现的源头因素，这也是为什么我国学校体育最终选择了“健康第一”作为指导思想，并在 2001 年开始的第八次基础教育课程改革中将“体育课”更名为“体育与健康”课的根本原因。不过，良好的功能期待并不总能导致良好的功能效应，因为，从功能期待到功能效应延伸的各个环节，都要受到内外多重因素的制约，任何一个环节处理不好，都可能导致功能期待与功能效应之间的不相吻合。我国长时期以来学生体质堪忧的状况，就是其功能期待与功能效应不相吻合的典型表现。

复习思考题

1. 请对学校体育结构、学校体育功能的含义进行解释。

2. 分别阐述学前教育、初等教育、中等教育阶段学校体育活动开展的主要内容及其注意事项。

3. 学校体育功能的表现形态有几种？每一种功能形态的含义是什么？

4. 确定学校体育本质功能的依据是什么？学校体育本质功能的具体表现有哪些方面？

5. 学校体育功能的实现分为哪几个阶段？每个阶段的主要制约因素有哪些？

6. 在学校体育的实践过程中，为什么始终要把对本质功能的发挥放到十分重要的位置？

7. 结合本章有关学校体育功能的内容，试对“学生喜欢体育而不喜欢体育课”的现象进行评述。

即测即练

第三章

学校体育的地位与目标

▶ 本章导读：

本章从学校体育与多种教育形态和多种体育形态之间的关系分析中，揭示学校体育在教育系统和体育系统中的地位。总体而言，学校体育是国民体育的基础，在我国体育事业发展中具有基础性的重要地位。同时学校体育也是现代教育的重要组成部分，完整的教育必须以体育为基石。本章还对学校体育的目标体系、确定学校体育目标的依据、当前我国学校体育目标的现实定位和实现学校体育目标的基本要求进行了阐述。所谓学校体育的目标，是学校体育系统运行所要达到的预期结果，它是学校体育一切实践的出发点和归宿。确定学校体育目标，应当依据学校体育自身的功能、环境条件、学生的身心发展特征和社会发展的需要来进行。增强学生体质水平、夯实身体健康基石；培养学生运动兴趣、养成终身体育习惯；教会学生运动技能、推动体育全面发展；锤炼学生意志品质、健全学生良好人格是我国学校体育目标的现实定位。

▶ 学习目标：

明确学校体育与德育、智育、美育、心理教育之间的关系，并能从这些关系归纳出学校体育在教育系统中的地位；了解学校体育对竞技体育、社会体育和体育文化发展的作用，并从这些作用中理解学校体育是国民体育基础的含义；理解学校体育目标的结构体系并知道该体系中各结构要素之间的关系；明确学校体育目标的依据以及我国学校体育目标的现实定位，明确实现学校体育目标的基本要求。

第一节 学校体育在教育中的地位

学校体育是教育的重要组成部分，是教育促进人全面发展的目标实现的重要基础。早在100年前，毛泽东在《体育之研究》中就写道："体育一道，配德育与智育，而德智皆寄体。无体是无德智也。"这说明身体是品德和智慧的物质基础，体育是促进身体发展的主要教育形式。缺乏体育，身体得不到发展，品德与智慧也没有生长的土壤。因此，完整的教育必须以体育为基石。那么，在学校教育中，体育又应当如何与德育、智育等其他教育形式相适应，进而实现促进学生身心全面发展的育人目标？要回答这个问题，就需要对学校体育与学校其他教育之间的关系做进一步分析。

一、学校体育与德育

在我国，德育有广义和狭义之分。广义的德育包含"对学生进行政治、思想、道德和心理品质教育"，狭义的德育专指"道德教育"。本章采用狭义德育的概念。一般而言，道德是指人们在共同生活中应当遵守的行为准则与规范。道德教育，则是帮助受教育者养成这些行为准则和规范的学习过程。

那么，在学校体育的实践范畴内，学习者经常能体验到的行为准则和规范有哪些？这是分析学校体育与德育的关系时需要首先了解的内容。大致来说，这些规范主要有以下几种（表3-1）：

▶ 表3-1 学校体育实践中常见的道德规范

道德规范的类型	规范的具体表现
练习表现规范	遵守游戏活动的约定规则 遵守运动项目的比赛规则 遵守活动练习的纪律要求
同伴交往规范	与同伴竞争时遵守公平原则 与同伴合作时体现协作精神 与同伴交流时体现文明原则

续表

道德规范的类型	规范的具体表现
情感表达规范	面对失败时不垂头丧气 面对胜利时不骄傲自大 面对弱者时不趾高气扬 面对强者时不盲目崇拜

从表 3-1 可以看出，在学校体育的实践活动中，学习者在动作技术的表达、与同伴的学习交往、个人情感的宣泄等场景中，都会面临行为的抉择问题。这种行为抉择本身就是一种道德实践，而所有这些在学校体育场域中的道德实践都会在学习者以后的社会生活中经常出现。换句话说，学习者在学校体育实践中形成的道德经验对其之后在社会中的道德表现具有十分重要的支持作用。对于这种作用，英国著名的伊顿公学曾发布过这样一段话：“学会赢，也学会输；学会去领导，也学会被领导；学会做极致的自己，也学会做团队的一员；学会什么时候去奋争，也学会什么时候去承认失败。这些，都是人之为人的必修课。”

学校体育本身就是一座含有丰富德育要素的“富矿”，开展好学校体育工作，本身就含有德育的要求。也正因如此，《普通高中体育与健康课程标准（2017 年版）》在强调“学科核心素养是学科育人价值的集中体现”时，才把“体育品德”作为体育学科核心素养的重要维度之一。不过，学校体育德育作用的发挥并不是自然而然的，而是需要学校体育工作者有意识地通过恰当的活动设计来完成。那么，设计这样的活动需要注意哪些问题？

3-1：体育学科素养的维度及其内容

首先，了解体育技能及其表现形式中所蕴含的德育要素。例如，进行某项活动时是否需要同伴合作来完成，是否存在同伴或团队之间的竞争，是否有专门的参赛礼仪要求等。只有把准了体育技能的德育要素点，才能避免在学校体育实践中的德育实施生搬硬套，从而实现技能学习和道德提升的有机融合。

第二，要结合学生道德发展的关键期确定体育活动中实施德育的重点。学生是成长中的人，其认知发展是有阶段特征的。在不同的认知阶段，学生对道德行为的判别是有差异的。只有找准与学生认知水平相符合的德育要点，学生才能切实地理解道德对行为的意义。

第三，要预判学生在学校体育实践中可能出现的道德问题，并根据问题做好应对预案。凡事预则立，不预则废。做好预案，才能在道德问题发生时，及时采取有效的引导方式帮助学生认识问题以及该问题可能产生的不良后果。教师也才能有效地抓住学校体育实践中的德育契机，进而实施道德教育。

二、学校体育与智育

智育是教导个体有关知识、技能的学习以及心智能力的陶冶或锻炼的一种教育活动，大众对智育的认识较为狭隘，通常认为智育就是文化科学的教育。在学校中，体育和智育（文化科学的教育）的冲突情况时有发生。然而，学校体育与智育从来都不是彼此对立、水火不容的关系，实际上，学校体育与智育之间彼此相辅相成、相互联系，这种联系具体体现在以下几方面：

1. 学校体育能够有效促进个体智力的发展

经常参加体育锻炼可以促进学生大脑的发育，改善神经系统的工作能力，提高学生认知水平，为智育奠定生物学基础。大脑是人体的最高指挥部，人体一切活动的指令都由大脑发出，参加体育活动可以改善大脑供血、供氧情况，促使大脑皮层兴奋性增强，对体外刺激的反应更加迅速、准确，使人头脑清醒、思维敏捷、分析综合能力加强。运动可以让“脑细胞养料”（脑源性神经营养因子）增多，对人认知能力的提高有深远影响。当学生在做复杂的运动时，同时也是在锻炼一整套与认知功能密切相关的大脑区域，这些锻炼能促使大脑发出的信号沿着相同的神经细胞网络传导，巩固神经细胞之间的联系。许多老师、家长甚至学生自己错误地认为，体育锻炼会使学习分心，其实不然，体育锻炼非但对青少年的学业没有负面影响，还能帮助学生改善认知能力，提升学业表现。美国的研究人员对内波维尔 203 区的 1.9 万名学生进行了“零点体育课”的教学实验，实验的主要内容是让学生在上文化课之前先进行体育锻炼。研究显示，参与这项实验的学生的阅读和理解能力提高了 17%。研究认为，运动锻炼给身体提供了特殊的刺激，这种刺激为大脑创造了良好的环境，使大脑能够做好准备，以更好的状态去迎接学习。

2. 学校体育中蕴含着丰富的智育要素

苏联教育学家苏霍姆林斯基提出：智育并不等于知识量的累计，只有当知识转变为个人信念，从而影响到他生活的思想方向、他的劳动和行为时，知识的获取过程及其质的深化过程才是智育的要素。从这个意义上来看，学校体育的各项活动本身也蕴含着丰富的智育要素。例如，学生学习某项运动技能，必须在思想上深入理解该技能的结构要点，并在实践中通过脑力与体力的结合练习，经过泛化、分化、巩固、自动化4个阶段才能掌握。具体而言，学生若想学习单手肩上投篮的技能，在泛化阶段必须首先理解该技能的基础要点——持球姿势、持球手型、投篮动作、出手动作；分化阶段初步建立了动作定型后，每次投篮后大脑会对此次出手的优缺点进行总结，反思此次动作的不足并在下次练习前给出修正意见；巩固阶段，为保证更高的投篮命中率，出手前大脑会依据当前的状态，判断应该是打板入篮还是空心入篮，打板入篮则要思考打板的位置和出手的力度；最后自动化阶段，在反复的练习中，通过大脑不断的判断、反思、思考，修正自身动作，改进技术，从而完全掌握该技能。因此，学校体育中运动技能的学习，实际上是智育与体育相结合的过程。

3. 学校体育能够提高学生文化课学习效率

长时间的室内文化课学习令学生大脑持续工作而用脑过度，致使注意力分散，思维欠灵敏，长时间久坐还会导致一系列健康问题。学校体育的内容（体育课、早操、课间操、跑操等）可以帮助学生释放紧张的学习压力，使学生陶冶心情，舒展筋骨，进而提高学生在文化课上的学习效率。

三、学校体育与美育

美育，又称美感教育或审美教育。即通过培养人们认识美、体验美、感受美、欣赏美和创造美的能力，从而使人们具有美的理想、美的情操、美的品格和美的素养。由此可见，美育是一种关于人格养成和灵魂塑造的教育，并且渗透于学校教育的各个学科。学校体育作为学校教育系统的重要组成部分，在其实践当中必然也包含着众多的美育元素。但学校体育因其自身所具有的特性，又与其他学科的美育形式不尽相同。它不像美术，是通过图画中的线条、色彩和形状来发展受教育者的视觉，提高他们辨别各种不同色彩的变化美和统一美以及观察造型的庄重美和优雅美等方面的能力；也不像音乐，是通过音调、节奏和旋律来塑造音乐形象，发展受教育者的听觉，启迪他们的思想和陶冶他们的感情；更不像文学那样用生动的语言艺术形象，唤起受教育者的美感。

那么，学校体育与美育到底是一种什么样的关系？学校体育是以何种形式来表达美育之义的？概括起来，主要有以下几种形式（表3–2）。

▶ **表 3-2 学校体育实践中常见的美育类型及表现形式**

美育的类型	美育的具体表现形式
身体形态美	身材协调、比例匀称的形体美 威武挺拔、优雅端庄的姿态美 协调灵敏、灵动舒展的身体素质美
身体运动美	悬念重生、紧张刺激的游戏竞技美 娱乐放松、愉悦身心的休闲娱乐美 训练有素、运用娴熟的运动技术美 变化多端、出其不意的运动战术美
心灵行为美	宁失一球、不伤对手的道德情操美 团结协作、拼搏到底的集体荣誉美 诚实礼貌、公平竞争的体育风尚美 刻苦顽强、坚毅勇敢的意志品质美

通过表 3-2 可知，学生在参与学校体育的实践过程中会体验和感受到不同形式的美。而这些美的体验与感受，很大程度上也是一种美的教育，不仅能提升人的审美素养，还能潜移默化地影响人的情感、趣味、气质、胸襟，激励人的精神，温润人的心灵。这对培养学生未来认识美、爱好美和创造美的能力具有潜移默化的作用。由此可见，美育蕴藏于学校体育的实践之中，学校体育也是实施美育的重要途径，二者是一种相辅相成、相互联结的关系。对于这种关系，中国近代教育学家蔡元培早有论述，他说："体操者，一方以健康为目的，一方实以身体为美的形式之发展，希腊雕像所以空前绝美，即由于此。"

3-2:《掷铁饼者》的美学价值及艺术鉴赏

综上所述，学校体育中渗透着大量的美育元素，在学校体育中注意加强审美教育，既是提高美育效果的重要手段，也是促进学校体育发展的良好途径，更是提高学生审美与人文素养、促进学生全面发展的重要抓手。正因如此，国务院办公厅印发的《关于全面加强和改进学校美育工作的意见》中强调，要加强美育的渗透与融合，将美育贯穿在学校教育的全过程各方面，渗透在各个学科之中。加强美育与德育、智育、体育相融合，与各学科教学和社会实践活动相结合，挖掘不同学科所蕴涵的丰富美育资源。但作为以身体教育为主的学校体育，其育人方式与其他学科存在较大的差异。那么，在学校体育教学和运动训练实践中如何进行审美教育？

第一，体育教师注重自身体态、仪表和神情举止，力求教态美，以给学生树立人体美的形象。因为，在体育教学和运动训练中，学生直接感知的对象是教师，而青少年学生正处于长身体、长知识的时期，求知欲望和模仿能力较强，所以，体育教师的体态、仪表、举止、精神和教态对学生都有着潜移默化的影响。

第二，体育教师要注意语言讲解和动作示范美，让学生在听觉和视觉上感受体育的魅力。在体育教学和运动训练中，教师的讲解应当力求形象生动、洪亮清晰和富有节奏，动作示范则要力求准确娴熟、干净利落和生动优美。这样可以提高学生中枢神经系统的兴奋性，有效地激发学生的学练兴趣，使学生在动作学练的过程中加深美感教育。

第三，体育教师要灵活运用不同教学方法，讲究教学方法美。正所谓“教无定法，贵在得法”。在体育教学实践中，体育教师在教学方法、学练方式的设计时要注意形式的新颖多样，要有针对性、艺术性和趣味性。例如，在跑步教学中，可以通过追逐跑、让距跑、多人合作同步跑等学练形式设计让学生进行练习。这样学生练习起来就会感到练而不厌、学而不倦，从而达到感受美、欣赏美和表现美的目的。

第四，体育教师要根据教学内容，合理选用体育器材设备，力求场地器材布置美。由于体育教学环境的开放性，充分利用和合理布置场地器材不仅是实现教学目标的保证，还能让学生感受到环境与美的教育。例如，体育教师依据教学内容，将运动场地布置得干净美观、标记清晰，运动器材排列得井然有序、简单实用。这样可使学生受到美的熏陶，激发体育学习热情。

四、学校体育与心理教育

心理教育是指教育者通过科学的方法对学生的心理活动施加积极的影响，以促进其心理健康发展的教育活动。心理教育的方法手段多种多样，体育是其中最重要的手段之一。毛泽东在《体育之研究》中写道：“夫体育非他，养乎吾生，乐乎吾心而已。”这里的“乐乎吾心”就表明了体育积极的心理教育价值。2001 年，体育新课程改革以来，心理健康也一直作为体育课程的学习目标，贯穿于整个学校体育课程体系之中。这些事实表明，学校体育不仅是进行心理教育的重要手段，其自身也蕴含着极其重要的心理教育价值（表 3–3）。

▶ **表 3-3 学校体育实践中常见的心理教育类型及其表现**

心理教育的类型	心理教育的具体表现
个体意志品质	在陌生环境中能独立自信 在危险困境中能果断抉择 在强大诱惑前能保持自制 在身处逆境时能坚持不懈
团队合作意识	参与活动时，同伴间彼此协作 面对困难时，同伴间相互帮助 遇到问题时，同伴间共同讨论 团队活动时，同伴间相互配合
情绪调节能力	在体育比赛中承受失败压力 在复杂活动中克制焦虑情绪 在擅长活动中避免骄傲自满

当然，学校体育中蕴含的心理教育价值并不是自然而然就能发挥作用的，它需要教育者有意识地发现身体活动与心理教育的关联点，并为此设计适合心理教育价值展现的活动形式。因此，通过学校体育来实施心理教育，需要注意以下问题。

第一，要了解不同学段学生心理发展的普遍特征。学校体育面向的对象是从学前教育阶段到高等教育阶段的所有学生，每个学段的学生都有其特有的心理特征。因此，通过学校体育实施心理教育，务必要了解各学段学生心理发展的普遍特征，进而有针对性地促进不同学段学生心理健康的成长。比如，学前和初等教育阶段应多发展学生自尊自信、不怕困难等心理品质，中高等教育阶段要注重培育学生团结协作、社会责任感等心理品质。

第二，要熟悉不同技能促进心理发展的独特价值。学校体育中每项运动技能及相应的练习形式都具有独特的心理教育价值。教师作为学校体育工作的具体实施者，不仅要熟悉自身掌握的运动技能独有的心理教育价值，同时还可依据学生心理发展的需要，采用科学合理的方法教授学生相应的运动技能。比如，发展小学生勇敢顽强、自尊自信的心理品质，体操项目相对较为合适；发展中学生团结协作、公平正义的心理品质，篮球等集体项目更为合理。

第三，要清楚不同情境对心理发展作用的特殊性。学校体育活动大多具有情境性，在不同的情境中，学生的心理体验会有所不同，心理品质得到的锻炼也有所区别。因此，在学校体育实践中实施心理教育，需要结合具体的情境来进行。比如，在个体活动情境中，要注重学生自信、自律与坦然面对挫折等心理品质的培育，在团队情境中要注重发展学生团结协作、遵守规则等心理品质。

第二节 学校体育在体育中的地位

从体育的实践形态分类，现代体育一般分为学校体育、竞技体育和社会体育三种实践形态。其中，学校体育以全体儿童青少年为参与主体，突出教育性；竞技体育以具有高水平竞技能力的运动员为参与主体，突出竞争性；社会体育以全体民众为参与主体，突出锻炼性。三种参与主体在儿童青少年这个群体上形成一个交汇点，也就是说，儿童青少年既是产生运动员的潜在人群，也是成长中的社会民众。把握好儿童青少年体育这个关键点，竞技体育和社会体育的发展也就有了重要的人群基础。众所周知，体育是学校教育的法定内容，为儿童青少年的体育开展分配专门的时间、提供专门的场地、配备专门的师资是学校的基本职责。因此，学校体育又是儿童青少年体育开展的主要阵地。从这个意义上来说，开展好学校体育对竞技体育和社会体育的健康发展具有十分重要的支持作用。事实上，早在 1983 年，我国第一本《学校体育学》的编者就明确提出："学校体育从一个侧面反映了我国体育运动的发展水平和状况，是我国国民体育的基础。"本节将对学校体育的这种基础作用再做进一步阐述。

一、学校体育与竞技体育

学校体育是国民体育的基础，而竞技体育是国民体育的重要组成部分。因此，学校体育对国民体育的基础性作用必然会在竞技体育的发展中得到体现。具体而言，这种作用体现在三个方面：

1. 能够为竞技体育提供教练人才

在我国，传统的竞技体育训练以具有行政属性的"专业队"为组织体系。在这种组织体系下，高水平训练很难走出体育行政系统。这导致在体育行政系统以外，有相当一部分竞技体育人才，特别是教练员人才被浪费。事实上，在学校系统中，有不少体育教师经过了多年系统的专业训练，也具有较为丰富的训练经验，他们所具备的知识和水平至少在基础训练中完全不存在问题。如果能将这部分体育教师的训练才能进行有效激发，那么竞技体育在教练方面就能得到极大地丰富。

2. 能够有效解决运动员的就业出路问题

在“专业队”体制下，运动员退役后的就业问题一直困扰着个人和组织，一定程度上也成为一种社会问题。如果能够主动把学校体育对竞技体育发展所具备的能动性发挥出来，那么，运动员就能利用学校丰富的教育资源，在进行专业训练的同时掌握一定的体育专业之外的理论知识和操作技能，在他们的运动生涯结束后，能在更多领域施展发挥他们的才能，进而很好地适应社会。

3. 能够提高运动员队伍的文化知识水平

“专业队”体制另一个不可避免的问题就是运动员文化知识水平难以得到有效提升。运动员群体在文化素养上的欠缺，一方面会带来就业出路问题，另一方面也会在一定程度上影响该群体整体的社会形象。解决这个问题最好的选择就是运动员培养途径的学校化。因为通过学校来培养运动员，可以使运动员有更多的学习机会和条件，更重要的是可以使运动员在层层选拔中进行自然分流，并在分流后可以较快地适应新的学习任务。其实，运动员自身文化知识水平的提高，对竞技能力的提升也大有益处。

任何事物之间的作用都是互相的，在学校体育对竞技体育产生作用的过程中，竞技体育也在为学校体育的发展发挥着重要作用，主要体现在三个方面：

1. 竞技体育运动员对青少年积极参与学校体育活动起着重要的激发作用

青少年的一种常见心理特征就是容易产生偶像崇拜，而竞技体育中的明星运动员恰恰易成为青少年学生的崇拜对象，他们高超的技艺、精彩绝伦的比赛常激发青少年对体育的强烈兴趣。如 20 世纪 80 年代，中国女排在校园中掀起的“排球热”、姚明进军 NBA 后在校园中掀起的“篮球热”、刘翔雅典夺冠后在校园中掀起的“田径热”等。不仅仅是竞技体育精英的激发作用，竞技体育本身的魅力也对青少年学生有着强烈的吸引力。一个明显的例证就是，学生在课外非正式的竞技比赛中（如半场的篮球赛、小场地的足球赛等）常常会表现出强烈的激情，他们不需要谁的指点，也不需要谁来安排，自然地投入激情的运动中。如果学校体育的目的是为学生发展服务，那么，作为学校体育工作者，就应该重视学生这种正常的心理倾向，并且应该利用好这种心理倾向更好地开展学校体育活动。

2. 竞技体育为学校体育活动的开展提供不可或缺的素材

在我国100多年的学校体育发展史中，除早期军国民主义的学校体育主要采用“兵操”作为活动内容外，其余各时期学校体育的主要内容都包含着大量的竞技体育项目。很明显，学校体育在发展中的确不能像竞技体育那样走精英化的道路——以培养竞技精英、追求比赛奖牌为目的。但是，也不能否认竞技体育对学校体育强大的支持作用。竞技体育不仅仅向学校体育提供了项目素材，同时还提供了方法素材。在学校体育教学方法体系中，有不少的方法本身就来源于竞技体育。例如，循环练习法、分解练习法、完整练习法、比赛法等。因此，学校体育在发展中要根据学校教育的目标进行，要积极主动地从竞技体育中汲取营养从而为学校体育的发展服务。

3. 竞技体育为校园体育文化的建设起着核心的支撑作用

校园文化是一所学校气质性格的核心，它体现着学校的精神面貌。在校园文化中，体育文化无疑是其中最富活力的文化要素。那么，在校园体育文化中，什么样的文化要素最富活力？答案是竞技体育文化要素。在学校体育活动中，体育教学活动虽然是其最主要的构成，但由于体育教学对传递知识的相对严肃性，其活动主体学生不论是在活动内容的选择上，还是在活动方式的选择上，都缺乏较大的主动性。这也是体育教学中学生活动激情相对缺乏的重要原因。相反，在自由度相对较大的校园竞技体育活动中，学生的主动性得到较大发挥，活动激情也容易迸发，因此，校园竞技体育也常常成为校园活力迸发的源泉。学校运动会之所以为学生所期盼、校园体育文化节之所以为学生所吸引、学生体育社团之所以为学校所支持，其原因皆在于此。因此，在学校体育中合理地融合竞技体育要素，对校园文化的建设来说至关重要，同时，学校体育也因此能得到更好的发展。

二、学校体育与社会体育

学校体育与社会体育在发展中具有极强的关联性，这种关联首先体现在学校体育对社会体育的基础性支撑作用上，主要表现在以下三个方面：

1. 学校体育对培养体育意识具有重要作用

体育意识主要包括三点：① 人们对体育的认知。主要包括体育是什么和体育有什么功效，实际上就是人们对体育的理解以及如何看待体育的价值。② 人们对体育的情感。也就是人们对体育的喜好、兴趣、态度、感受。③ 人们对体育的意志。主要表现为人们在追求某种体育目的时所表现出来的自我克制、毅力、信心、忍耐、顽强等精神状态。按照心理学的观点，人的意识对某种行为的发生具有激发、导向、支配等作用，因此，大众体育行为的发生、表现、持续有赖于体育意识的养成。在这方面，学校体育具有十分明显的作用。

首先，学校体育能够促进青少年形成正确的体育认知。学校体育是学校教育的重要组成部分，它是在教育目的的引领和教育规范的约束下进行的。青少年通过学校体育学习所认知的体育现象、体育价值都具有正面的、积极的教育意义，这非常有利于青少年建立正确的体育认知。此外，当青少年体会到学校体育学习的正向效果后，会更深刻地理解体育与身心健康之间的关系，理解体育对人生的意义，这将进一步强化青少年对体育价值的认知，为终身体育奠定坚实的认知基础。其次，学校体育能够促进青少年建立浓厚的体育情感。学校体育的重要作用之一是娱乐作用，娱乐是青少年的天性，也是他们的基本心理需要。青少年参与学校体育能够产生运动的快感、战胜自我的成就感、团队合作的荣誉感、获得胜利的自豪感等愉悦体验，这些体验能够不断刺激、激发、诱导青少年对体育活动产生兴趣，发展爱好甚至成为一种习惯，由此使个体与体育建立浓厚的情感，把体育作为生活中不可缺少的一部分。最后，学校体育能够促进青少年养成优良的意志品质。学校体育与其他学校教育活动的一个重要区别是学生要承受身心负荷，在参与学校体育活动的过程中，青少年要不断地克服身体的惰性、感受心理的压力，在不断挑战自我、战胜自我的过程中进行学校体育学习。这一心理过程充满了坚持、忍耐、拼搏、顽强，青少年反复体验这些身心感受，能使个人意志品质得到锤炼和增强。

2. 学校体育对体育知识、技能的学习具有奠基作用

一个人掌握了必要的体育知识、技能才能够进行体育活动，或者说体育技能是产生体育行为的必要条件。体育知识是人们通过对体育现象、经验的概括、总结、解释而形成的，个体具备了必要的体育知识才能更好地理解体育，才能更好地掌握体育技能。体育知识和体育技能两者之间是相辅相成的，体育技能主要解决的是人们进行体育活动的手段和方法问题，解决的是“知其然”的问题，而体育知识解决的是体育活动的原理、道理问题，主要解决的是“知其所以然”的问题。在体育活动中，只有知其然并知其所以然，才能产生更合理的体育行为，更科学地运动，更好地实现体育目的。学校体育作为学校的体育教育活动，是每个人学习体育知识，掌握体育技能的重要途径和重要阶段。从途径上来看，体育课、课外体育活动是青少年在学校学习体育知识、技能的专门途径，尤其体育课作为教育的一门学科课程，

是系统地传授体育知识和技能的最主要途径。从人生的学习阶段上看，小学到大学这十几年是人生求得知识、习得技能的最重要阶段，这一阶段所获取的知识不仅占据一个人知识总量的大部分，而且也是个体走向社会后持续学习的重要基础。所以，无论是从途径还是从时间的角度，学校体育都对大众掌握体育知识、技能具有重要的支撑作用。

3. 学校体育能够为社会体育提供场地支持

体育场地是社会体育开展的必要条件，基于我国人口数量大的现实国情和过去体育场地建设偏向于满足竞技体育比赛需要的现实，社会体育场地不足，社会大众无处健身的问题一直是制约我国社会体育发展的主要因素。这种不足不仅体现在数量上，而且体现在结构上。根据第六次国家体育场地普查报告数据显示，我国有 55.26% 的体育场地（馆）属于教育系统，也就是各级各类的学校体育场地。为了缓解社会体育场地不足这一问题，国家出台了学校场地向社会开放的相关政策，要求学校体育场地向社会开放，供社会大众使用。近些年，随着这项政策实施力度的加大，不少学校的体育场地因地制宜、因时制宜地实行了开放，这为缓解场地不足的现状发挥了积极作用，也为推进社会体育发展提供了重要支持。

3-3：学校体育场地向社会开放的政策要求

当然，作为互为关联的发展系统，社会体育对学校体育的发展也有着很强的辅助作用。这种辅助作用主要表现在以下几个方面：

1. 社会体育为青少年体育学习效果的延伸提供了支持

青少年在学校期间的体育学习效果主要表现为体育知识、技能的掌握，体育兴趣、习惯的养成以及通过体育学习对身心健康的促进等方面。当青少年离开学校走向社会，在学校期间的体育学习效果是否能够延续、是否能得到巩固，就需要社会体育的支持，这种支持作用主要表现在：① 组织上的支持。各种社会体育团体、协会为大众开展体育活动提供了组织保障，尤其是单位、街道、社区等体育组织对促进大众参与体育活动起着非常重要的作用。② 信息上的支持。各类体育媒体为大众获取体育知识、传播体育信息提供了平台，这将非常有利于个体体育知识的更新，不断丰富个人的体育素养。③ 场地设施的支持。各类性质的体育场地设施，如健身路径、健身俱乐部、公共体育场馆、公园绿地健身步道等为大众体育活动的参与提供了硬件支持，尤其是近些年国家大力提倡社会力量兴建体育场地设施，这为弥补我国人均体育场地不足，解决广大群众无处健身的问题发挥了积极作用。④ 赛事的支持。各类性质的体育比赛对大众体育参与起到了重要的引领和激励作用，近些年最具代表性的就是城市马拉松比赛，动辄几万人甚至是十几万人参赛，极大地带动了全民健身的潮流，对于促进广大群众身心健康发挥了积极作用。

2. 社会体育为学校体育内容的革新提供丰富的资源与素材

学校体育的内容不是一成不变的，而是随着社会发展需要、国家发展需要、教育发展需要等多种因素的变化而变化。社会体育具有参与对象的广泛性、活动内容的丰富性、活动形式的多样性等特点，是学校体育内容革新最为主要的来源渠道。我国实施第 8 次体育课程改革以来，体育课程被分为国家课程、地方课程、校本课程三个层次，各级各类学校体育教学内容的选择有了一定的自主选择权，为了使体育教学内容更能满足学生的体育兴趣需要，更好地提高教学质量，大量的新兴体育项目、民族特色体育项目进入了体育课堂，这些内容都是来源于社会体育领域。此外，在课外体育方面，随着大课间体育活动的兴起，集趣味、表演、舞蹈、音乐、健身于一体的各类集体舞开展在许多学校兴起，这些集体舞的创编也离不开社会体育的影响。

3. 社会性质的青少年体育培训是学校体育的有益补充

学校体育作为一种正规的教育活动，虽然能够做到系统传授知识、技能的目的，但是往往无法满足青少年体育发展的多样化需要，这就需要社会体育来弥补。近些年，社会性质的青少年体育培训是社会体育发展的一个重要方面，它一般是一种商业化形式的培训，由专门的培训机构、培训师资以独立或合作的方式展开。目前青少年体育培训已经成为学校体育之外的有益补充。这种补充主要体现在两个方面：一是弥补了青少年学校之外身体活动不足的问题。从时间角度看，青少年身体活动不足主要是离开学校之后，由于缺乏组织、课业负担、网络娱乐等多种原因而没有从事体育活动而导致的。社会性质的青少年体育培训主要是在放学、周末、节假日等课外时间，并且有专门的培训机构组织，这在一定程度上增加了青少年课外体育时间，对于弥补身体活动不足发挥了积极作用。二是弥补了部分学校体育师资不足的问题。近些年，学校的课外训练、竞赛日益丰富，也更加受到学校的重视，课外训练、竞赛不仅是提高学生体育素养的手段之一，而且也是体现学校办学特色的重要途径，是素质教育的内在要求。但是，不少学校面临的问题是体育师资的匮乏，这种匮乏一方面体现在数量、结构上，另一方面也体现在水平上。在这种情况下，许多培训机构以与学校合作的方式，派驻专业的师资为学校开展课外训练和竞赛，这为弥补学校体育原有师资的不足，提高学校课外体育的质量发挥了积极作用。

4. 社会体育文化氛围的营造对学校体育具有带动作用

任何一件事，一旦形成一种文化、一种氛围、一种认同，就会带动、引领更多的人参与其中。为了使全社会形成崇尚运动、崇尚健康的良好风气，近些年国家通过实施全面健身计划大力宣传健身知识、弘扬健身理念，努力营造人人爱锻炼、会锻炼、勤锻炼、重规则、讲诚信、争贡献、乐分享的良好社会风尚，体育锻炼已经逐渐成为人们生活方式的一部分，“健康第一”的理念已经深入人心，并不断体现在个人日常的行动中。在这样一种浓郁的社会体育文化氛围下，学校体育更加重视青少年体育素养的培养，通过提高青少年的体育综合素质、能力切实落实“健康第一”的指导思想。此外，在浓厚的社会体育文化氛围中，青少年每天耳濡目染，感受的都是健康、健身的理念与行为，这对于确立他们的终身体育意识、终身体育行为有着重要的作用。

三、学校体育与体育文化

从广义的文化视角而言，体育本身就是一种文化现象。在这个意义上，体育和体育文化是对等的概念。由于体育具有多种社会身份，扮演着多种社会角色，作为一种社会性事物，体育既有经济、政治、教育的身份，也有文化的身份。在体育领域，将这种特定身份的体育称为体育经济、体育政治、体育教育和体育文化。

体育文化，或者说以文化身份存在着的体育，并不是先天自然的存在，而是需要人的创造、提炼和传播，才能够不断发展。在这个过程中，学校体育始终起着极为重要的作用。

1. 学校体育是体育文化生产的重要动力

所谓体育文化生产是指人类创造体育的物质财富、精神财富的活动和过程。人类进行体育文化生产活动不是盲目的，而是带有目的性的，这种目的性往往取决于各类体育发展的需要。青少年是祖国的未来，学校体育始终承载着促进青少年身心健康发展的重要使命，所以学校体育需求对于体育文化生产具有极强的推动作用，许多体育文化的物质产品、精神产品的生产都源于解决学校体育发展的问题或满足发展的需要。例如，为了增强青少年在运动中的乐趣体验，2017 年，加拿大科技公司 SAGA 开发了名为“LÜ”的交互式产品，通过投影空间创设运动场景，让体育课与电子游戏结合在一起，形成具有高科技含量的体育新学习方式。为了实时监测学生在体育课上的心率，以便准确把握学生的运动负荷，近几年国内一些科技公司开发了可穿戴便携式设备，结合大数据创设了智慧课堂，改变了过去人工监测心率的旧方式。为了能够提高学生健康意识、改善学生健康行为、学会健身方法，促进青少年终身体育的发展，美国的课程研发团队针对小学体育开设了

3-4：SPEM 课程介绍

SPEM（Science，Physical Education & Me）课程，创造了融健康知识、健康行为和健身方法于一体的全新课程。这些事实都有力地说明了学校体育对推动体育文化生产的重要作用。

2. 学校体育是体育文化提纯的重要枢纽

所谓体育文化提纯是指一些专门性的人员经过严格的程序、科学的手段，从丰富多样的体育文化中提取出满足某种需要的体育知识、体育器物、体育观念等，对体育文化进行去伪存真、去粗取精的活动和过程。把学校体育看作体育文化提纯的重要枢纽，主要是因为学校体育在体育文化提纯的过程中具有关键性的作用，它是体育文化提纯的中心环节。作为学校教育的重要组成部分，学校体育对青少年的教育追求是求真、求善，不断教育青少年成长为一个健全、完善的人。这就要求学校体育教育过程中的各类要素应该具有科学性、先进性、教育性，在实施学校体育教育之前，必须要对学校体育所使用的体育文化进行筛选和提纯。学校体育对体育文化提纯的方式主要体现在体育知识的筛选和体育知识的有效性验证上。体育课教学内容、课外体育活动内容、课余体育训练内容都不是随心所欲地选择的，而是体育学术研究人员、体育教研人员、体育教师等专业人员根据学校体育教育需求专门筛选出来的，这些体育知识必须要满足科学性、先进性和教育性要求。科学性是指传授给学生的体育知识应该是正确的，是通过科学的手段和方式方法创造出来的。先进性是指传授给学生的体育知识应该是符合时代发展需要的，是当下有用的知识，而不是落后的、陈旧的、被淘汰了的知识。教育性是指传授的体育知识应该有利于学生建立进取的人生观、世界观、价值观，应该有利于学生成为德行端正、积极向上的人。进入到学校体育教育活动的体育知识、文化还需要经过教育教学活动的实施进一步检验，通过教学效果的评价、反馈判断知识的有效性、有用性，不断对知识进行更迭，最终实现体育文化的提纯。

3. 学校体育是体育文化传播的重要途径

体育文化传播是指在两个以上相对独立的个体或群体之间，借助一定的媒介和途径所进行的有目的的体育文化传递、流通活动。体育文化价值实现的前提就是传播，传播的范围越广、影响的人越多、体育文化产生的价值就越大。学校体育作为体育文化传播的媒介和途径，其重要性主要体现在以下几个方面：首先，庞大的青少年群体影响体育文化传播的广度。所有适龄青少年都要接受学校的教育，获得体育学习的机会。体育文化经由课程教材、体育教师传播给每一个青少年，又通过他们的认识、交流向更为广阔的范围传播出去，有效地扩大了体育文化传播的覆盖面。其次，学校体育学习的长期性影响体育文化传播的深度。学校体育作为一种法定的学校教育活动，从小学到大学，一名青少年要接受十几年的体育教育，这种长期的学习过程能够使青少年不断加深对所学习的体育文化的理解，进而促进体育文化传播的有效性，促进体育文化价值的产生。最后，学校体育知识的系统性促进了体育文化传播的完整。通过学校体育学习的知识是一个具有完整结构和相互关联的知识体系，而不是零散的、个别的知识，尤其是作为学科课程的体育课，其知识的系统性更高。因此，青少年通过学校体育掌握较为系统的体育知识，这一特点决定了学校体育能够较全面、完整地传播某种体育文化。

第三节　学校体育目标体系

目标反映的是事物运行所要达到的境地或标准，规定着事物运行的前进方向和效果要求。根据目标一词的含义，可以把学校体育目标定义为学校体育系统运行所要达到的预期结果。对学校体育的实践而言，预期结果一旦确定，其运行过程中的方向确立、行动选择、效果评价也就有了基本的规定。因此，学校体育目标是学校体育一切实践的出发点和归宿，对学校体育实践的全过程起着导向和调适作用。

一、学校体育目标的结构体系

由于学校体育的实践在时间上具有阶段性、在路径上具有类型化、在效果上具有多维性的特征，因此，其目标在结构上也具有特定的体系化特征（图 3-1）。了解学校体育目标的结构体系，对深入把握学校体育目标的内涵，落实学校体育目标的达成具有重要作用。

从图 3-1 可以看出，对学校体育目标的结构分析可以从三个维度进行。在效果维度上，学校体育的目标指向学生运动能力的获得、健康行为的养成和体育品德的塑造。在路径维度上，学校体育的目标又分为课堂教学目标、课外锻炼目标、课外训练目标和课外竞赛目标。在学段维度上，学校体育的目标又分为学前教育阶段的体育目标、初等教育阶段的体育目标、中等教育阶段的体育目标和高等教育阶段的体育目标。需要说明的是，通常在使用“学校体育目标”一词时，如无特别说明，其含义就指效果维度上的学校体育目标。图 3-1 中之所以把“路径维度”和“学段维度”纳入学校体育的目标体系，主要有以下三个原因：

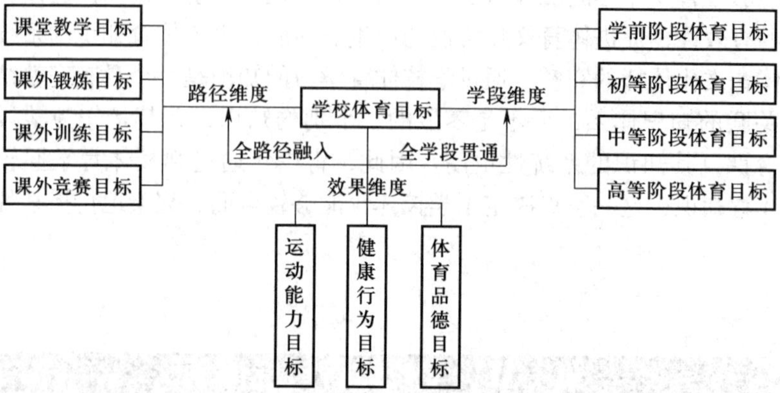

图 3-1 学校体育目标结构体系示意图

1. 学校体育的效果目标不是凭空产生的

它必须要通过不同学段学校体育的实践来逐步落实，也必须通过多种学校体育的实践路径来支撑。如果不把学校体育的效果目标分解到各个学段、落实到各条路径，学校体育目标就只是一个空洞的概念，对实践难以发挥指导价值。

2. 不同路径对学校体育各效果目标的侧重点有所不同

例如，根据《普通高中体育与健康课程标准（2017 年版）》的描述，健康行为的具体表现形式分为体育锻炼意识与习惯、体育健康知识掌握与运用、情绪调控和环境适应。显然，对体育锻炼意识与习惯的养成、体育健康知识的掌握与运用来说，体育课堂教学与课外锻炼就应当比课外训练和课外竞赛发挥更大的作用；而对于情绪调控和环境适应能力的养成来说，课外训练和课外竞赛则比另外两条路径更具胜任力。

3. 学校体育各效果目标在不同学段的实现程度有着明显的区别

例如，就运动能力这一效果目标来说，受制于学生身体发育水平的影响，不同学段学生在同一种运动能力上的表现存在明显的差异。理解学校体育效果目标的学段区别，是做好学校体育实践工作的科学前提。

二、确定学校体育目标的依据

学校体育的健康发展离不开合适的目标引导。如何才能保证学校体育目标的恰当性？这是在讨论学校体育目标问题时必须加以关注的问题。目标的制定不是凭空想象出来的，而是在充分结合实践需要的基础上制定出来的。因此，学校体育目标的恰当性必须取决于目标制定依据的有效性。通常而言，学校体育目标的制定应当依据：

（一）学校体育自身的功能

确定学校体育目标，首先要明确学校体育有哪些功能。当然，在以功能作为目标确定的依据时，还需要注意功能的层次性。一般来讲，在正常情况下首先应以本质功能为主，即在学校体育目标的确定过程中，应从增强学生体质和传承体育文化两个角度来进行目标的表达。

（二）学校体育的环境条件

如果说学校体育的功能是学校体育目标的基因，那么，若想对目标进行顺利表述，还需有基本条件的保障，这个基本条件就是学校体育环境条件。缺乏基本的环境条件，学校体育的目标行动就没有依托，所谓“巧妇难为无米之炊”。在现实社会中，由于我国基本国情、地域差异以及学校条件等其他因素的综合影响，不同地方学校的体育环境会存在一定程度的差异，这决定了学校体育目标的确定要因地、因校制宜。

（三）学生身心发展的特征

学校体育是学校教育的组成部分，作为教育必须要以培养人为己任。从学生这个角度来讲，学校体育的目标最终也可归结为培养什么人的问题。做好学生的培养工作必须首先了解学生。从体育与学生的成长关联来看，学校体育的任何行动都必须以准确把握学生的身心特征为前提，否则，行动就可能因违背身心发展规律而使结果南辕北辙。

（四）社会发展的需要

学校体育是社会发展的产物，也是社会大系统中的一个子系统，学校体育的生存与发展必须要与社会大系统的发展需要相适应，因而确定学校体育目标不能脱离社会发展的需要。在学校体育目标的确定中，社会需要体现在两个方面：一是社会发展对学校体育工作提出了哪些明确的诉求；二是在所有的社会发展诉求中，哪些是最急迫的诉求。一般来说，那些要求明确且急迫的社会诉求就是学校体育目标的可选项。事实上，学校体育也只有在适应社会发展需要的情况下，才能得到认可进而获得发展的空间。

三、我国学校体育目标的现实定位

基于学校体育目标确定的依据，结合我国教育强国、体育强国和健康中国的现实情况及长远战略的发展需要，本节将我国学校体育目标归纳为以下 4 个方面。

（一）增强学生体质水平，夯实身体健康基石

把提升学生体质健康水平作为我国学校体育的目标，既是对学校体育本质工作——健身功能的反映，又是当下国家发展的现实诉求。近 30 年来，我国学生体质健康水平一直处于低位徘徊，多个体质指标呈现连续下降趋势，学生体质健康水平不容乐观。学生体质健康水平长期低下的问题已成为我国实现民族伟大复兴的隐忧。正所谓“少年强则国强”。因此，增强学生体质健康水平应当是学校体育的恒久目标。

（二）培养学生运动兴趣，养成终身体育习惯

学校体育是以身体练习为手段的教育实践活动，其一切目标的实现均需在身体练习的过程中进行。所谓身体练习，其实是运动参与的另外一种表达。也就是说，学校体育一切目标实现的前提建立在学生积极的运动参与之上。积极参与运动的前提是对运动本身感兴趣。缺乏兴趣，参与很难持续。参与一旦中断，学校体育一切目标的实现均失去路径和依托。在这个意义上，培养学生的运动兴趣是学校体育实践应当追求的目标。通过运动兴趣的建立，学生才能真正享受运动的乐趣，通过运动乐趣的享受，学生才能感受到体育的魅力和价值，其终身体育习惯的养成才会实现。当学生具有了终身体育的习惯，学校体育的价值就可能得以产生。

（三）教会学生运动技能，推动体育全面发展

运动技能是支撑体育独立存在于各门类学科中的主体性知识，同时也是学校体育区别于其他教育的重要内容标识。衡量学校体育工作的得失，学生技能水平是一个重要的窗口。没有学生技能的增长，学校体育的“身份”就得不到彰显。此外，运动技能也是学校体育与竞技体育、大众体育产生关联的重要连接点。通过对学生运动技能的持续培养，一部分技能水平出众的学生就可能成为竞技体育的后备力量，学校体育就能推动竞技体育发展。此外，当学生普遍拥有了较高的运动技能水平，在未来走向社会时参与体育锻炼的可能性就会增加，大众体育也就可能发展得更好。因此，把教会学生运

动技能作为学校体育的目标，既是学校体育自身发展的内在要求，也是学校体育展现外部价值的需要。

（四）锤炼学生意志品质，健全学生良好人格

人在参与体育锻炼时，不仅身体上要承受运动负荷的不断挑战，心理上也时常感受到多种复杂的心理体验。因此，体育是一种外能增强体质，内可发展心理的优质教育。这正如毛泽东在《体育之研究》所说："体育之效，至于强筋骨，因而增知识，因而调感情，因而强意志。"显然，学校体育本身就是锤炼学生意志品质的天然手段。习近平在全国教育大会上提出"四位一体"的学校体育发展目标，要求学校应帮助学生在体育锻炼中"享受乐趣、增强体质、健全人格、锤炼意志"，十分清楚地表达了学校体育应当把锤炼学生意志、健全学生人格作为重要目标。只有在这方面努力推动，学校体育作为学校教育的价值才能得到充分体现。

四、实现学校体育目标的基本要求

体育课堂教学与学校课外体育是实现学校体育目标的两条基本途径，它们共同担负着实现学校体育目标的重要任务。这两条途径在时间方面相互协调、内容方面相互补充、实施方面相互作用，共同推动学校体育目标的实现。当然，在学校体育目标的实现过程中，还有一些基本要求需要遵循。

（一）坚持立德树人根本任务

学校体育作为我国教育的重要组成部分，其本身不仅包含大量的体育健康知识与技能，同时还蕴藏着丰富的德育价值，如学生在参与体育时所展现出的勇敢顽强、遵守规则、团结协作等道德品质，便是体育中德育价值的体现。与此同时，我国体育领域也极为重视德育对运动技能学习的规范和引导作用。"习武先习德，学艺先学礼"，便是通过体育"立育人之德，树有德之人"的直接反映。因此，学校体育应充分结合自身的德育优势，把立德树人的根本任务贯穿于工作的全过程之中。

（二）始终坚持面向全体学生

作为学校教育的重要组成部分，学校体育是面向全体学生的"普惠"教育，而不是面向少数对象的"特长"教育。因此，学校体育目标的实现，必须把面向全体学生作为根本性的要求。1990 年国务院颁布的《学校体育

工作条例》中明确提出学校体育工作应当面向全体学生。所谓面向全体学生，是指学校体育应当为每一位学生提供同等接受体育教育的机会，在此基础上，尽可能让学生依据自身的需要享受到应有的体育教育。换言之，面向全体学生不仅是一种数量上的规定，更是对学校体育服务质量的一种高要求。

（三）做到课内与课外相结合

体育课堂教学与学校课外体育作为实现学校体育目标的两个抓手，共同确保学校体育目标的实现。在实践中，课内与课外相结合，一要做到时间上的整体协调，即课内外体育时间安排有利于学校体育整体任务的落实；二要做到形式上的互补，即课内外的体育实践活动形式各有特色但互为补充；三要做到内容上的互通，即课内外的体育活动内容相互交融、互为支持；四要做到要求上的同等，即课内外体育工作均是学校体育的有机组成部分，需要用同等要求予以对待。

（四）创建良好学校体育环境

学校体育环境可分为硬环境和软环境两类。硬环境以场地、器材等为主；软环境由制度、氛围等构成。硬环境决定了学校体育能否存在，软环境则决定了学校体育存在的质量。因此，对于高质量的学校体育实践要求来说，两类环境不可或缺。对硬环境的建设，毫无疑问需要外部资源的投入。当然，在外部资源并非总是充足而及时，在投入不足或不及时的情况下，也可以因地制宜、因陋就简地开展建设。对软环境的建设，重点是要为学校体育发展创设良好的氛围，使学校体育能在尽可能广的范围内得到尽可能多的人的支持。

（五）加强体育师资队伍建设

体育教师是学校体育工作的具体实施者，学校体育的所有资源因体育教师才具有活力，因此，体育师资队伍是学校体育目标能否有效落实的关键。加强体育师资队伍建设，一要解决体育教师数量不足的问题，二要破解体育教师质量堪忧的困境。数量不足的问题，要从根本上提高体育学科地位、优化体育教师从业环境、改善体育教师福利待遇，吸引更多的人才投身学校体育工作中。质量的问题，一要改进高校体育教育专业的培养方案，从源头上做好体育教师职前培养工作；二要完善在职教师培训体系，在过程中提高体育教师的专业能力。

（六）强化学校体育科学研究

改革源于创新，创新始于研究。因此，要推动学校体育改革发展，实现学校体育目标，必须要强化学校体育科学研究。高等院校及科研机构中科研人员与一线体育教师是学校体育科学研究的两大主要群体。其中，高等院校科研人员更倾向于从中观、宏观层面探索学校体育改革途径、制定学校体育课程标准、揭示学校体育工作规律等；而一线体育教师的研究多关注课堂优化教学设计、创新教学方法、开发校本课程等实践性强的问题。随着学校体育工作的范畴越来越广，工作越来越复杂，在未来的学校体育研究中，两种研究群体在保持自身研究特色的基础上加强融合，是学校体育科学研究的趋势。

（七）调动家庭和社区积极性

家庭和社区是学校体育工作的重要支持系统，学生的成长受家庭的影响巨大，家庭的体育态度和体育资源对学生的体育意识具有很强的影响作用。同时，社区是学生重要的生活空间，学生在学校中学到的体育知识和技能需要有展示和巩固的空间。大量的研究表明，家庭越重视和支持孩子的体育，社区越重视体育资源提供，学生的体育参与就越积极，学校体育的效果延伸就越有保证。因此，实现学校体育的目标，不能简单地就事论事，要从系统论的角度，将学校体育工作开展的问题放到更广阔的空间思考、探索与实践。

复习思考题

1. 请对学校体育与德育、智育、美育、心理教育之间的关系进行分析，阐述学校体育为什么是现代教育的基石。
2. 请对学校体育与竞技体育、社会体育、体育文化之间的关系进行分析，阐述学校体育为什么是国民体育的基础。
3. 学校体育目标的含义是什么？在结构上体现了什么样的特征？为什么要把“路径维度”和“学段维度”纳入学校体育的目标结构体系之中？
4. 确定学校体育目标的依据有哪些？除了教材中提到的依据，是否还有其他的依据？
5. 现阶段，我国学校体育的目标定位是什么？
6. 实现学校体育目标的基本要求有哪些？为什么要有这些要求？

即测即练

第四章

体育课程

▶ 本章导读：

本章从性质、基本理念、标准、编制与资源 5 个方面对体育课程的相关内容进行了阐述。作为学校独具特色的必修课程，体育课程具有基础性、实践性、健身性、选择性和综合性 5 大特征。体育课程的基本理念包括：注重育人效益，落实立德树人；坚持健康第一，培养健康行为；关注运动兴趣，培养运动习惯；面向全体学生，关注地区差异；改革课程内容，培养核心素养；注重运动专长，促进终身锻炼。为了帮助理解和运用国家课程标准，本章从课程目标、课程内容、实施建议三个角度，对《义务教育体育与健康课程标准（2011 年版）》和《普通高中体育与健康课程标准（2017 年版）》的核心内容进行梳理和简要分析。具备一定的课程编制能力和课程资源开发能力，是体育教师做好课程实施的重要条件，本章分别对地方体育课程实施方案和学校体育课程实施计划的编制进行了提纲挈领的介绍，对常见课程资源的开发利用进行了阐述。

▶ 学习目标：

准确掌握体育课程的性质，知晓体育课程与学校体育其他课程的不同之处。熟悉体育课程的六大基本理念并能对这些理念的含义进行合理解释。熟悉《义务教育体育与健康课程标准（2011 年版）》和《普通高中体育与健康课程标准（2017 年版）》中的核心内容，明确“标准”的主体内容结构以及对课程编制和实施的关键性建议。了解体育课程编制的基本要求和课程资源开发的注意事项。

第一节 体育课程的性质和基本理念

课程是学校育人取向的根本体现。学校的育人目标必须通过各类课程的具体实施来实现。作为学校课程门类之一的体育课程，要与德育课程、智育课程、美育课程相互协同配合，共同实现对人才的培养。体育课程因其特色鲜明的知识体系和实施方式，在课程性质和基本理念方面有其自身的特殊性。了解这些特殊性，是做好体育课程构建、实施和评价的基本前提。

一、体育课程的性质

体育课程是以身体练习为主要手段，以体育与健康知识、技能和方法为主要学习内容，以提升学生体育素养水平、增进学生身心健康为主要目标的课程。体育课程是各级各类学校课程体系的重要组成部分，对落实学校教育立德树人的根本任务具有重要的支撑作用。它具有基础性、实践性、健身性、选择性和综合性等特征。

（一）基础性

体育课程的基础性是基于课程学习与学生未来生活之间的联系而言的。学校生活只是人生成长的一个阶段，任何人最终都要从学校生活走向社会生活。在很大程度上，学生在学校生活中习得的知识与积累的经验都是在为今后适应社会生活做准备。在这个意义上，体育课程为学生在未来社会生活中的体育参与起到了打基础的作用。在教育部颁布的《义务教育体育与健康课程标准（2011 年版）》和《普通高中体育与健康课程标准（2017 年版）》中，都对体育课程的这一性质进行了强调，分别具体表达为：义务教育体育与健康课程“强调培养学生掌握必要的体育与健康知识、技能和方法，养成体育锻炼习惯和健康的生活习惯，为学生终身体育学习和健康生活奠定良好的基础”。高中体育与健康课程“强调在义务教育基础上进一步全面提高学生的学科核心素养，为学生终身体育锻炼和保持健康奠定坚实的基础”。理解体育课程的基础性，有助于从个体成长周期的全过程去思考学生对体育课程的需要问题，进而为制定出更符合学生成长需要的体育课程提供导向。

（二）实践性

体育课程的实践性是基于其学习方式与学校其他课程特别是智育课程的区别而言的。众所周知，在诸如语文、数学等典型的智育课程学习中，学生主要是以内隐的理论性思维为学习手段，其参与过程不需要有对身体产生较强刺激的身体活动。体育课程则不同，其学习过程主要是在身体练习的场景下进行的。身体练习不仅是掌握体育课程的特有知识——运动技能的学习途径，也是支撑课程的健康目标达成、体育品德养成的学习途径。体育课中的身体练习实际上就是对各种体育动作形式的实践过程。可以说，没有明显的基于体育动作的身体练习实践，体育课程就不可能真实地存在。因此，在国家颁布的课程标准中明确指出，体育与健康课程“强调以身体练习为主要手段，关注学生通过适宜的运动负荷和方法进行体能练习和运动技能学习”（《普通高中体育与健康课程标准（2017 年版）》），“通过体育与健康学习、体育锻炼以及行为养成，提高学生的体育与健康实践能力”（《义务教育体育与健康课程标准（2011 年版）》）。对于学校体育工作者来说，理解体育课程的实践性十分重要，否则，体育课程在具体实施中就很可能失去“体育”的意蕴。

（三）健身性

体育是人类进行身体完善、身体发展的重要教育形式，体育课程为生命发展提供能量支持，通过一系列有规律的身体运动方式，对人的身体施加运动负荷，使个体对自身生命潜能的认识逐渐走向新的阶段，进而实现身体从“有序”到“混沌”再到新的“有序”状态。体育课程对人身体的这一作用过程就是其“健身性”的体现。从价值层面来说，体育课程的健身性是其独特育人价值的集中体现。此外，体育课程的健身性也是对其实践性的进一步规定。体育课程在突出以身体练习为手段的同时，还要考虑身体练习具有一定的负荷要求。在《义务教育体育与健康课程标准（2011 年版）》中，这一要求表达为：“课程强调在学习体育与健康知识、技能和方法的过程中，通过适宜负荷的身体练习，提高体能和运动技能水平，促进学生健康成长。”需要说明的是，对义务教育阶段体育课程的这一规定其实是适用于大、中、小学所有学段体育课程的。理解体育课程的健身性，对于在体育课程的构建与实施中，切实体现“健康第一”的学校体育指导思想具有重要的引导作用。

（四）选择性

作为一种知识形态，运动技能是体育课程知识体系中特有的知识，这种知识因其所关联的项目不同，又具有多种自成体系的类别。比如，田径运动技能、体操运动技能、游泳运动技能、篮球运动技能等。根据国家体育总局 2006 年印发的《关于我国正式开展的体育运动项目的通知》，目前我国正式开展的体育运动项目除棋类和电子竞技外，有 73 个大类。很显然，在有限的课程时间内，学生是不可能对每一项运动技能都进行学习的。事实上，在《普通高中体育与健康课程标准（2017 年版）》中，也只要求高中阶段学生系统学习 1~3 个运动项目即可。那么，作为学生个体，应当如何选择系统学习运动项目？这主要取决于两方面因素：一是学生所在学校能够开设出的项目范围；二是在学校开设的范围内学生最感兴趣的项目。由此来看，所谓体育课程的选择性实际上是基于对学生作为学习主体地位的尊重而言。在体育课程的构建与实施中，应当把尊重学生的兴趣爱好作为一条重要的原则来对待。因此，正确理解体育课程的选择性，要求学校体育工作者始终从学生主体需要出发去规划课程。

4-1：关于我国正式开展的体育运动项目的通知

（五）综合性

体育课程的综合性反映在三个方面：一是课程自身的知识结构体系。众所周知，自 2001 年体育新课程改革后，原来的“体育课”就逐步更名为“体育与健康课”。这一名称的改变，使得传统以运动技能为单一主线的课程知识体系变为以“运动技能”和“健康”两条主线的课程知识体系。体育课程的知识范围由此得以扩容，课程知识本身的综合性得到增强。二是课程对学习者的参与要求。体育课程的学习必须以具有一定负荷的身体练习为途径，这决定了体育课程的学习必须要有积极的身体参与。同时，运动技能及其相关知识的身体练习过程也始终伴随着思维判断和情绪体验。因此，对学习者来说，体育课程的学习参与是一种身心并行的综合性参与。三是课程的育人效益。课程的育人效益与课程自身的知识体系和实施途径密切相关。正因为体育课程在知识体系和实施途径上都具有很强的综合性特征，所以学生的身体、心理和社会适应能力都能在体育课程的学习中同时得到锻炼和发展。对学校体育工作者来说，正确理解体育课程的综合性对于从事体育课程的内容整合、途径选择和效果评价都具有十分重要的指引作用。

二、体育课程的基本理念

所谓理念是指通过理性论证过程形成的共识性观念。在实施体育新课程改革以前，我国学校体育的话语体系中少有“体育课程”的概念，多为

“体育教学”。随着体育新课程改革的逐步推进，体育课程概念的理论地位越来越得到巩固，有关体育课程的认识越来越清晰，共识性观念越来越明确。这些共识性观念集中体现在《义务教育体育与健康课程标准（2011 年版）》和《普通高中体育与健康课程标准（2017 年版）》中。

（一）注重育人效益，落实立德树人

《普通高中体育与健康课程标准（2017 年版）》指出：要将爱国主义、团队精神、拼搏精神、规则意识、意志品质、社会适应等贯穿整个教学过程，使学生在获得运动知识和技能的过程中意志更坚定、精神更顽强、性格更开朗、道德更高尚。教育发展的历史表明，“任何一个政府所推行的教育改革，都首先表现为国家利益的维护与改善”。因此，体育课程在改革实施中，应当充分挖掘课程所蕴含的德育要素，将立德树人的教育宗旨贯穿于改革实施的全过程。

（二）坚持健康第一，培养健康行为

促进青少年学生健康成长是学校体育的出发点和落脚点，强化体育课是学校体育的着力点，开齐开足体育课是当前体育课程的基本点。《义务教育体育与健康课程标准（2011 年版）》指出“健康体魄是青少年为祖国和人民服务的前提，是中华民族旺盛生命力的体现”。《普通高中体育与健康课程标准（2017 年版）》也强调“仍要坚持‘健康第一’指导思想”。体育课程就是要遵循青少年身体形态生长发育规律、身体机能生长发育规律、身体素质生长发育规律，引导学生努力学习和锻炼，全面发展体能，提高适应环境变化的能力，形成关注自身健康的意识和行为，最大限度地促进青少年体质健康水平。

（三）关注运动兴趣，培养运动习惯

兴趣是最好的老师。乐享体育要基于兴趣，在课程学习过程中满足兴趣、激发兴趣和培养兴趣成为体育课程设计的出发点。通过丰富多样的教学手段和方法，激发学生的学习兴趣，提高学生对体育课程学习的动机水平，使学生感受到学习体育、参与运动的乐趣，促进学生由被动体育向主动体育转变，并逐步形成终身体育意识，最终养成参与运动的习惯。学生运动习惯的养成与否很大程度上是衡量体育课程育人效果的关键参照。

（四）面向全体学生，关注地区差异

面向全体学生是“以学生发展为中心”课程理念的具体体现。面向全体学生，就是关注每一位学生的发展与进步，在体育教学过程中要因材施教、区别对待，使每一位学生得到更精的技能提高、更多的机能改善和更好的体能发展。由于我国幅员辽阔，地区差异较大，不同地区在面向全体学生的过程中，也要避免“千校一面”“千人一面”的大一统做法。各地区和学校应在充分关注城乡之间、区域之间、校际之间、学生之间差异的基础上，因地制宜，努力使每一位学生都能接受基本的体育教育，促进学生不断进步和发展。

（五）改革课程内容，培养核心素养

《普通高中体育与健康课程标准（2017 年版）》明确提出：“学科核心素养是学科育人价值的集中体现，是学生通过学科学习而逐步形成的正确价值观念、必备品格与关键能力。”内容的“选择”要围绕学科核心素养中的运动能力、健康行为和体育品德三个方面来设置，实施的过程要围绕运动能力的培养、健康行为的养成和体育品德的铸造来进行课程设计和课堂教学，帮助学生掌握体育技术技能、战术能力，培养健康的行为规范，并最终实现健全人格和锻炼意志。

（六）注重运动专长，促进终身锻炼

运动专长是指熟练掌握某一运动项目知识和运动技能，进而在进行自觉体育活动时所表现出的持续、精湛的运动能力。使学生掌握一两项体育运动技能，培养和发展学生运动专长，要仔细研究“教什么运动技术最有价值”，“教到什么程度、学到什么程度等”，让学生对体育运动产生积极的情感体验，促进学生主动锻炼和学习，保证持续锻炼，确保全面发展体能和提高所学的运动技能水平，为终身体育锻炼奠定良好的基础。

第二节　体育课程标准的理解与运用

课程标准是课程实施体育课教学的权威性文件，集中和系统地反映了国家和社会对体育教育的诉求，具有很强的理论指导与实践解释力。加强对体育课程标准的理解与应用，有利于全面掌握体育课程内涵与特征，有助于全面提升对学校体育工作使命的认识，有益于不断增强体育课程标准对学校体育实践工作的指导力。

一、《义务教育体育与健康课程标准（2011 年版）》

《义务教育体育与健康课程标准（2011 年版）》（以下简称《标准（2011）》）以“目标体系”为引领构建了体育课程体系，坚持“健康第一”指导思想，规定了体育与健康课程的性质、课程基本理念、课程设计思路、课程目标和课程内容、课程实施建议等内容，为中小学体育与健康课程的实践行动指明了方向。

4-2:《义务教育体育与健康课程标准(2011 年版)》

（一）课程目标

《标准（2011）》提出：“通过课程学习，学生将掌握体育与健康的基础知识、基本技能和方法，增强体能；学会学习和锻炼，发展体育与健康实践和创新能力；体验运动的乐趣和成功，养成体育锻炼的习惯；发展良好的心理品质、合作和交往能力；提高自觉维护健康的意识，基本形成健康的生活方式和积极进取、乐观开朗的人生态度。”这是《标准（2011）》对课程目标的总体描述，同时，《标准（2011）》还从运动参与、运动技能、身体健康、心理健康与社会适应 4 个学习方面对目标进行了细化（表 4-1）。

表 4-1 《标准（2011）》中关于课程目标的具体表述

目标领域	运动参与	运动技能	身体健康	心理健康与社会适应
目标要点	1. 参与体育学习和锻炼 2. 体验运动乐趣与成功	1. 学习体育运动知识 2. 掌握运动技能和方法 3. 增强安全意识和防范能力	1. 掌握基本保健知识和方法 2. 塑造良好体形和身体姿态 3. 全面发展体能和健身能力 4. 提高适应自然环境的能力	1. 培养坚强的意志品质 2. 学习调控情绪的方法 3. 形成合作意识与能力 4. 具有良好的体育道德

《标准（2011）》对课程目标的总体描述以及对各领域目标要点的细化，展现了清晰的课程目标的图景。然而，课程的实践是一种动态生成的过程，课程目标的达成也是一个不断调适的过程。因此，对于《标准（2011）》中

课程目标的理解和运用，还需要注意以下几个问题：

1. 要从整体的观念出发去理解和运用课程目标

运动参与、运动技能、身体健康、心理健康与社会适应4个方面是一个相互联系的整体，在课程的具体实践中，不能将各目标的达成割裂开来。

2. 要清楚身体练习是课程各领域目标发生整体联系的纽带

运动参与、运动技能、身体健康、心理健康与社会适应4个方面之所以是一个相互联系的整体，在于它们都必须通过身体练习这个途径来实现，离开身体练习这个途径，目标即便达成，也不是体育课程的功劳。

3. 要避免把目标的整体联系理解为对目标达成的平均用力

4个方面目标虽然是一个整体，但并不是指在具体的课程实践中所有目标实践都要齐头并进，而是要根据课程实践的实际情况，在兼顾的基础上有所侧重。

4. 要清楚课程目标随着学习水平上升所形成的递进关系

运动参与、运动技能、身体健康、心理健康与社会适应4个方面的目标贯穿于义务教育阶段的4个学习水平。随着学习水平的提升，每项目标要求也在提高。理解这种递进关系，是确保目标达成的前提。

（二）课程内容

不同于以往的教学大纲，《标准（2011）》并没有对课程内容进行具体的规划和直接的呈现，而是采用“目标统领内容”的思路，以各领域目标为纲，结合学习水平的划分，对不同学习水平应达到的学习效果、评价要点和评价方法进行描述。因此，《标准（2011）》的课程内容实质上是对课程目标的具体细化（表4–2）。

这种课程内容的呈现方式保证了课程目标的体系化，体现了各领域目标随着学习水平上升应具有的发展性，有利于课程目标的层层落实。不过，这种呈现方式的确没有正面回答“课程内容是什么”的问题。对于习惯根据教学大纲规定来开展课程实施的教师来说，这的确是一个不小的挑战。显然，从《标准（2011）》关于课程内容的变革来看，体育教师的角色必须要从课程内容的执行者向课程内容的创编者转变。也就是说，体育教师在课程实施过程中，需要首先对课程目标的含义进行准确把握，在此基础上，结合课程实施的环境条件，选择或者创编出那些能够支持目标达成的课程内容。

▶　表 4-2 《标准（2011）》课程内容的呈现方式（以“运动参与”为例）

	水平一 （1—2 年级）	水平二 （3—4 年级）	水平三 （5—6 年级）	水平四 （7—9 年级）
学习目标	上好体育与健康课并积极参加课外体育活动。	积极参加多种体育活动。	学会通过体育活动进行积极性休息。	A. 初步形成体育锻炼的习惯。 B. 初步形成积极的体育态度。
效果标准	积极、愉快地上体育与健康课和参加课外体育活动。主动积极地完成学习任务。	乐于参加新式体育活动、体育游戏和比赛。如创新设计并参加新的情景类、角色扮演类、竞赛类等体育游戏和体育活动。	认识到适当的体育活动是一种积极有效的休息方式并付诸实践。如在学习疲倦时主动进行体育锻炼。	A. 自觉上好体育与健康课，经常参加课外体育锻炼。如制订简单的体育锻炼计划，并付诸实施等。 B. 在体验运动乐趣的过程中，初步形成积极的体育态度。如认识体育学习和锻炼的重要意义，对提高体育学习和锻炼的效果表达自己的观点，认真上好体育与健康课，积极参与课外体育锻炼等。
评价要点	上课出勤率、参加课内外体育与健康学习与活动的表现。	学习新的体育活动和体育游戏时的表现。	运用体育活动进行积极性休息的表现。	A. 参加课外体育锻炼的情况。 B. 对体育学习和锻炼的意义及价值的理解程度。
评价方法举例	让学生汇报自己参加课外体育活动和体育游戏的情况。	评价学生在“钻山洞”体育游戏活动中的积极表现。	让学生列举在学习疲倦时，主动通过体育锻炼进行积极性休息的事例。	A. 让学生汇报过去一周参加体育锻炼的次数和时间，并进行自我评价。 B. 让学生说出体育学习和锻炼的意义及价值，并相互评价课内和课外锻炼的表现。

（三）课程实施建议

1. 对教学的建议

《标准（2011）》指出："体育与健康课程的教学质量和效果主要体现在学生体育与健康知识的掌握、运动技能的习得、体能的增强和学习行为的变化等方面。"为了保证教学的有效实施、不断提高教学质量，《标准（2011）》对教学提出了具体的建议（表 4–3）。

▶ **表 4–3 《标准（2011）》对教学建议的要点**

建议的范畴	建议的要点
设置学习目标	（1）目标多元的基础上有所侧重；（2）细化标准提出的课程目标；（3）目标难度适宜。
选择和设计教学内容	（1）体现"目标引领内容"的思想；（2）符合学生身心发展特点；（3）充分考虑学生的运动兴趣与需求；（4）适合教学实际条件；（5）重视健康教育。
选择与运用教学方法	（1）应有利于促进学生体育与健康的知识与技能、过程与方法、情感态度与价值观的整体发展，充分发挥体育促进学生全面发展的重要作用；（2）应针对不同水平学生的身心发展特点，遵循不同内容的教学规律与要求，进行更有针对性和实效性的教法与学法创新，调动学生体育与健康学习的积极性；（3）应创设民主、和谐的体育与健康教学情境，有效运用多种方法，引导学生通过体验、思考、探索、交流等方式获得体育与健康的知识、技能与方法。（4）应在运动技能教学中安排一定的时间有效地发展学生的体能。（5）应高度重视个体差异，实施因材施教，促进每一位学生发展。

2. 对学习评价的建议

《标准（2011）》指出："体育与健康学习评价是促进学生达成学习目标的重要手段。在学习评价中，倡导体育与健康学习评价以多元的内容、多样的方法、多元的评价标准和评价主体，构成科学的体育与健康学习评价体系，多方面收集评价信息，准确反映学生的学习情况，充分发挥评价的诊断、反馈、激励与发展功能，挖掘每一位学生的体育与健康学习潜力，调动学生的体育与健康学习的积极性，促进学生更好地'学'和教师更好地'教'。"为此，《标准（2011）》对学习评价提出以下建议（表 4–4）。

▶　表 4-4 《标准（2011）》对学习评价建议的要点

建议的范畴	建议的要点
学习评价的目标	（1）通过评价了解学生的学习情况，为制定下一步教学计划做准备；（2）通过判断学生学习中存在的不足及其原因，为改进教学提供依据；（3）通过发现学生学习潜能，为学生提供能力、水平和个性展示机会，鼓励和促进学生进步与发展；（4）培养与提高学生自我认识、自我教育和自我发展的能力。
学习评价的内容	（1）体能水平；（2）知识与技能的掌握程度与应用能力；（3）学习态度与体育参与行为表现；（4）体育学习和锻炼中的情谊与合作。
学习评价的方法	（1）定性评价与定量评价相结合；（2）形成性评价与终结性评价相结合；（3）相对性评价与绝对性评价相结合。
学习评价的主体	（1）教师评价（主导作用）；（2）学生评价（自评、互评和小组内评）；（3）其他人员评价（班主任、家长等）
评价结果的运用	判断学生学习目标的达成程度；分析学生的进步与不足；帮助改进学生的学习；促进学生的进步；避免“应试”对正常教学的干扰和冲击。

3. 对教材编写的建议

《标准（2011）》指出：“体育与健康课程的教材分为教科书、教师教学参考书和挂图、卡片、图片、音像资料等。水平一至水平四均要编写体育与健康教师教学参考书；水平一至水平三（小学）不编写教科书（学生用书），水平四（初中）可编写 1 册教科书。”教材编写中，应根据《标准（2011）》的教学要求，将相应的健康教学内容编写进教材。同时，在教科书编写时，应从教育性、科学性、实用性、可读性、发展性和差异性 6 个方面进行内容设置和形式呈现。

4. 对课程资源开发与利用的建议

《标准（2011）》指出：“体育与课程资源是不断提高体育健康教学质量，开展体育与健康的校本课程，形成各地、各校体育与健康课程特色的重要前提和条件。”课程资源的开发与利用可以从以下 6 个方面进行：① 人力资源，包括体育教师自身，学生、班主任、活动课教师、校医、团干部、少先队辅导员、有体育特长的其他课程教师、社会体育人才、社区医生和学生家长等。② 设施和器材资源，包括校内外场地和设施，如墙面、食堂、走廊、空地以及社区体育场馆设施等，同时要注意体育器材多种功能的发挥。③ 课程内容资源，包括对现有运动项目的改造，对新兴运动项目的开发与利用，对民族民间传统体育活动项目的开展与利用。④ 自然地理资源，包括依据地理性自然资源，如学校附近的山地、水域、山林、沙滩等；季节性自然资源，如春节的踏青、冬季的冰雪等。⑤ 信息资源，包括图书馆、阅览室、宣传栏以及各种媒体（如广播、电视、互联网等）。⑥ 时间资源，主要包括课余时间的合理利用和课程时间的合理安排。

二、《普通高中体育与健康课程标准（2017年版）》

4-3:《普通高中体育与健康课程标准(2017版)》

《普通高中体育与健康课程标准（2017年版）》(以下简称《标准（2017）》) 是在2003年教育部印发的《普通高中课程方案和课程标准（实验稿）》基础上修订而成的。《标准（2017）》总结了21世纪以来我国普通高中课程改革的宝贵经验，充分借鉴国际课程改革的优秀成果，是一份兼具国情关照和国际视野的纲领性教学文件，是我国高中体育与健康课程实施的行动指南。

（一）课程目标

《标准（2017）》将课程目标分为总目标和分目标两个层次。其中总目标表述为:“通过本课程的学习，学生喜爱运动，积极主动地参与运动；学会体育与健康学习和锻炼，增强科学精神、创新意识和体育实践能力；树立健康观念，形成健康文明生活方式；遵守体育道德规范和行为准则，塑造良好的体育品格，发扬体育精神，增强社会责任感和规则意识。运动能力、健康行为和体育品德三个方面的学科核心素养协调和全面发展，培养学生在未来发展中应具备的体育与健康的正确价值观念、必备品格与关键能力，形成乐观开朗、积极进取、充满活力的人生态度，身心健康、体魄强健，为新时代健康文明生活做好准备。”分目标以学科核心素养的三个维度为纲，分别从目标的重点以及目标的达成效果两方面进行了阐述（表4-5）。

表 4-5 《标准（2017）》对于课程分目标的表述

目标维度	运动能力	健康行为	体育品德
目标重点	发展体能、运用技能和提高运动认知	锻炼习惯、情绪调控和适应能力	积极进取、遵守规则和社会责任感
目标效果	1. 能够运用所学的运动知识、技能和方法，参加与组织体育展示和比赛活动，显著提高体能与运动技能水平，掌握和运用选学运动项目的裁判知识和规则，增强发现问题、分析问题和解决问题的能力； 2. 能够独立或合作制定和实施体能锻炼计划，并对练习效果做出合理评价； 3. 了解和分析国内外的重大体育赛事和重大体育事件，具有运动欣赏能力。	1. 能够积极主动地参与校内外的体育锻炼，掌握科学锻炼方法，养成良好锻炼习惯，形成基本健康技能，学会自我健康管理； 2. 情绪稳定、包容豁达、乐观开朗，善于交往与合作，适应环境的能力强； 3. 关注健康，珍爱生命，热爱生活，养成健康文明生活方式，改善身心健康状况，提高生存和生活的能力。	1. 能够自尊自强，主动克服内外困难，具有勇敢顽强、积极进取、挑战自我、追求卓越的精神； 2. 正确对待比赛的胜负，胜不骄、败不馁； 3. 胜任不同的运动角色，表现出团队合作与负责任的行为； 4. 遵守规则、文明礼貌、尊重他人，具有公平竞争的意识和行为。

（二）课程内容

《标准（2017）》将课程内容分为必修必学和必修选学两个部分。必修必学的内容包括“体能”和“健康”两个部分（模块），共 2 个学分。必修选学内容为运动技能系列内容，包括球类运动、田径类运动、体操类运动、水上或冰雪类运动、武术与民族民间传统体育类运动、新兴体育类运动 6 个系列，每个系列由若干个运动项目组成，每个运动项目由包含相对完整内容的 10 个学习模块组成，每个学习模块 1 学分。学生在高中阶段可以选择一个运动项目持续学习，也可以在不同的学年选择不同的项目进行学习，但高中阶段最多不能超过 3 个项目，运动技能系列学习的学分总分为 10 学分。

《标准（2017）》还从知识范畴、内容要求、教学提示和学业要求 4 个方面，通过举例的方式对课程内容进行了具体规定（表 4-6）。

▶ 表 4-6 《标准（2017）》关于课程内容具体规定的示例（跳远模块）

知识范畴	跳远运动的基本知识与技能、技战术运用、专项体能与一般体能、展示与比赛、规则与裁判方法、观赏与评价等。
内容要求	1. 了解跳远运动的发展史、文化价值和技术原理等，掌握和运用跳远运动的安全知识和防护技能。 2. 利用踏板起跳，做出助跑与起跳、腾空与落地等组合动作。 3. 短、中距离助跑，利用踏板起跳，做出蹲踞式或挺身式跳远完整动作。 4. 积极参与跳远运动的一般体能和专项体能的练习。 5. 参加跳远教学比赛，能将所学的动作技术运用在短、中距离助跑的比赛中。 6. 了解并初步运用跳远比赛的基本规则。 7. 观看高水平的跳远比赛并作出简要评价。
教学提示	1. 综合运用讲授、讨论以及观看跳远动作技术视频、图片、比赛录像等多种手段和方法，提高学生对跳远运动发展简史、文化价值与技术原理的理解和认识。 2. 合理运用多种教学方法引导学生学习组合动作技术，掌握好动作技术之间的衔接和连贯，如助跑最后几步的动作与起跳动作的衔接要连贯；起跳动作与腾空动作的衔接，应尽可能使起跳后有一个腾空步的过程，再衔接其他动作技术，并反复练习和强化这些衔接动作的技术，不断提高学生组合动作技术的熟练程度。 3. 在学生初步掌握动作技术的基础上，引导学生在比赛情景中反复运用所学动作技术，在实战中提高动作技术水平，培养学生运用综合知识和技能解决复杂问题的能力、心理调控能力和挑战自我的精神。 4. 重视学生参与一般体能和专项体能的练习，如指导学生进行 30 米、50 米计时跑等，立定跳远、立定五级跳、跨步跳比远、台阶或高物上双脚上下交换跳比次数、引体向上等练习，促进学生体能水平的提高。 5. 指导学生学习跳远运动的保健知识，学会处理跳远运动中常见的运动损伤。
学业要求	学生能够掌握所学跳远运动的基本动作技术和组合动作技术，并在比赛情景中予以运用，初步形成解决跳远学练和比赛情景中问题的能力；一般体能和专项体能的水平明显提高（素养 1）；学会安全地参加跳远运动，能预防和简单处理跳远运动中常见的运动损伤；具有合作精神和竞争意识，能够调控跳远比赛中的情绪，自尊自信、积极进取、相互尊重（素养 2、素养 3）。

说明：① 表中“知识范畴”涵盖了整个跳远模块。其他范畴是“跳远模块 2”的内容；② 表中的“素养 1”是指学科核心素养中的“运动能力”；“素养 2、素养 3”分别指学科核心素养中的“健康行为”和“体育品德”。

从表 5-6 可以看出,《标准(2017)》对课程内容的呈现比较具体,操作性强,对于学校进行课程实施具有很好的指导性。不过,需要注意的是,《标准(2017)》仅对"体能"和"健康教育"的内容进行了完整地呈现,对运动技能系列的课程内容,只通过项目举例呈现了 10 个学习模块中的 3 个模块。也就是说,各学校在具体执行《标准(2017)》的过程中,还需要根据标准精神和范例,结合学校的实际,对所开设的运动项目进行学习模块的完善或重新构建。此外,《标准(2017)》还对所举例的课程内容进行了学业质量水平的等级描述。《标准(2017)》把每一个学习模块的学业质量分为 5 个水平,并规定"水平 2"是合格要求。同样,《标准(2017)》中的学业质量水平也是举例性质的内容,也需要各学校在课程实施中进一步完善或重新构建。

(三)课程实施建议

1. 对教学的建议

《标准(2017)》从教学组织形式、教学计划制订、课堂教学执行三个方面对教学提出了具体的建议。在教学组织形式方面,《标准(2017)》建议要结合学校实际条件和情况,选择和创造出适合本校的选项教学的组织形式,开展与实施选项教学。具体的教学组织形式如表 4-7 所示。

表 4-7 《标准(2017)》关于教学组织形式的建议

组织形式的名称	组织形式的含义
年级内选项教学	打破年级原有的教学行政班界限,以学生的运动兴趣、爱好和运动基础为依据,将选择同一项目的学生重新编班,由不同教师教授不同运动项目,这是高中阶段的主要教学形式。
班内选项教学	在班内根据学生情况适当安排几个运动项目,并由同一教师实施教学的组织形式。适用于学校规模小、同年级班级数少、大班额等情况。
年级内与班内选项相结合教学	这是年级内和班内选项教学的有机结合。将几个班级组合起来进行选项,由这几个班级的任课教师分别对学生所选的不同项目进行教学。
跨年级的选项教学	该教学组织形式打破了高中的年级界限,以学生选择的运动项目为依据,重新编班进行教学,适用于班数较少的学校。

在教学计划制订方面,《标准(2017)》指出:"学校和教师应当依据国家课程标准、地方课程标准实施方案和学校课程实施计划,从学段、模块和

课时三个层面开展教学计划的制订。”《标准（2017）》要求，在制订学段教学计划时，体能模块原则上安排在高中一年级第一学期的上半学期进行，健康教育模块分散在高中三年中进行。在制订运动技能模块教学计划时，要求每一个模块的内容在5~10条，主要强调学什么、学到什么程度、在何种情景中教、如何锻炼学科核心素养。同时，要注意与义务教育阶段已教学的内容相衔接；注意同一运动项目模块之间的有机联系；注意对运动项目在培养学生学科核心素养方面的价值挖掘；注意同类运动技能系列中不同项目学习模块的有机搭配。在制订课时教学计划时，要注意与模块教学计划的衔接，要从学习目标、教学内容、教法步骤、学法与教法、运动负荷、安全防范措施和教学后记等几个方面进行制订，课时教学计划的体现形式可以多种多样，不必千篇一律。

在课堂教学实施方面，《标准（2017）》强调教师应根据课程标准的精神，以培养学科核心素养为基本追求，有效地实施体育与健康课程教学。具体建议包括：（1）强化目标意识，将学科核心素养完整地渗透到学习目标中；（2）树立创新意识，从注重单个知识点和技术教学向注重学科核心素养培养转变；（3）改变教学方式，促进学生积极主动地学习；（4）线上线下学习深度融合，提高学生的信息素养；（5）重视区别对待，关注每个学生的进步和发展；（6）保证一定的运动负荷，提高学生课堂学习效果；（7）根据运动技能的特点，采用有针对性的教学策略；（8）课内外有机结合，培养学生参与课外体育活动的习惯；（9）关注地区和学校差异，努力形成学校教学特色；（10）重视健康教育课的教学，运用灵活多样的教学形式；处理好体育与健康课程与国家相关政策要求和活动的关系，共同促进学生健康、全面发展。

2. 对学习评价的建议

《标准（2017）》强调，学习评价要依据课程标准进行，对于课程标准中现有的评价指标可以直接运用，当然，也可以针对学生实际情况对现有评价指标进行调整和修改。对于课程标准中没有现成评价指标的内容，教师应当尝试制订相应的评价指标。同时，《标准（2017）》还从学习评价的目标设置、内容和方法、信息收集、结果反馈与解释等方面对学习评价进行了建议。

在设置学习评价目标方面，《标准（2017）》认为，开展学习评价一是了解学生体育与健康学习和发展过程，包括学生学科核心素养的形成情况；二是分析、判断学生在体育与健康学习中存在的困难和不足，进而帮助改进教学；三是挖掘学生的体育与健康学习潜能，为学生提供展示自己能力、水平和个性的机会，促进学生的体育与健康学习；四是培养与提高学生自我认知、自我教育和自我发展的能力，促进其学科核心素养的养成。总而言之，学习评价既要为学生的学习进步和成长服务，也要为教师的教学改进和提高服务。

在选择学习评价内容和方法方面，《标准（2017）》强调应围绕学科核心素养，依据学业质量标准开展学习评价。评价内容的选择要关注学生通过不同模块学习之后的收获与变化。评价方法选择要注意多种评价方法的有机结合，注重过程性评价与终结性评价、定量评价与定性评价、相对性评价与绝对性评价的结合。

在收集学习评价信息方面，《标准（2017）》建议应通过不同方式，从达到程度和进步幅度两个方面收集学生在运动技能、运动认知、体能、锻炼习惯、心理状态、适应能力、体育品格、体育精神和体育道德等方面的表现信息。对于运动知识和技能，评价信息的收集既要注重掌握程度，更要关注运用能力。此外，《标准（2017）》十分强调要在实践情景中收集学生的相关学习和活动信息。

在学习评价结果的反馈与解释方面，《标准（2017）》强调应充分发挥学习评价的反馈、导向、激励和改进等教育功能，注重激发和强化学生的体育与健康学习兴趣，引导学生把体育与健康学习和日常生活有机融合，鼓励学生运用所学的体育与健康知识和技能来促进自身的健康发展。

3. 对教材编写的建议

《标准（2017）》从落实立德树人根本任务、培养学生学以致用能力、体现以学生发展为中心等 6 个方面提出了教材编写的基本要求。在教材内容方面指出了内容的具体范畴（表 4–8），并明确了教材内容与体育实践课的关系，即教材内容编排应主要呈现体育实践课上不宜教与学的内容。这也就是说，高中体育教材的编写不是直接呈现体育实践课的具体内容（有关运动技能的操作性知识），而是呈现对实践课有支撑作用但又不方便在实践课中直接进行教与学的内容。同时，《标准（2017）》倡导教材内容的编排要以问题解决为导向，启发学生运用结构化的科学知识和原理解决实际问题。

▶ **表 4–8 《标准（2017）》关于教材内容的建议**

内容名称	内容的主要范畴
体能知识	体能发展的基本原理与方法、体能锻炼计划的制定、体能水平的测量和评价、有效控制体质和改善体形的基本原理和方法等。
体育文化	体育运动的演变与发展、中国优秀传统体育文化、奥林匹克文化、运动健身文化和文明观赛等。

续表

内容名称	内容的主要范畴
运动原理	体育锻炼的基本原则、运动技能形成的基本规律和方法、运动与心理调控、运动安全、运动保健和运动处方等。
健康教育	科学的健康观、健康管理、营养与食品安全、常见疾病预防、环境与健康、安全与避险、心理健康和社会适应能力等。

4. 对地方和学校实施课程的建议

《标准（2017）》是国家层面的纲领性文件，其具体落实还需要地方和学校结合自身实际，制定切实有效的实施办法，创设相应的环境和条件。为此，《标准（2017）》建议在地方教育行政部门和教研机构层面要注意4点：① 建立地方实施课程标准的组织机构，负责本地区课程实施的指导、评价和督导工作；② 制定地方实施课程标准的政策与措施，做到政策与措施符合本地实际、科学合理、特色鲜明、可操作、可检查；③ 制订地方体育与健康课程实施方案，并以此作为地方执行课程标准的组织管理和实施的依据；④ 为实施课程标准提供必需的条件保障，确保课程标准中的要求得到贯彻。对于学校层面，《标准（2017）》提出了三条建议：① 加强对体育与健康课程实施的指导。学校应落实专人分管，成立课程教学指导机构，负责学校体育与健康课程的全过程实施与指导；② 制订学校体育与健康课程实施计划。要充分发挥体育教研组长在学校实施计划的带头作用，保证计划的完善性和操作性；③ 提供体育与健康课程实施的人力、时间和物质条件保障。

第三节 体育课程的编制和资源开发

体育课程编制是指依据国家体育课程标准的要求，选择和组织课程内容、指导和规定课程实施、进行有效课程评价等具体方案的形成过程。随着课程改革的不断深入，体育教师已不仅是课程标准的忠诚执行者、努力实践者，更是体育课程方案的设计者和课程资源的开发者，尤其是通过对现有既定内容的加工和整合，更好地满足学生不断丰富和变化的体育需求，正成为体育教师执教能力的重要组成部分。

一、体育课程的编制

体育课程的编制主要呈现为国家《体育与健康课程标准》、地方《体育与健康课程实施方案》和学校《体育与健康课程实施计划》三种方式。其中地方《体育与健康课程实施方案》和学校《体育与健康课程实施计划》编制是依据学生身心特征、教育教学环境、师资队伍特点和体育文化传统等具体情况，设定可操作性的课程目标与要求，有针对性地选择和组织课程内容，合理有效地开展课程教学与评价，推进和落实体育课程标准的方案形成过程。

（一）体育课程编制的总体要求

1. 体育课程目标编制的“三结合”

课程目标编制要面向全体学生，以增进健康、促进每位学生的终身发展为目标。一要结合学生的身体机能状况；二要结合运动能力、健康行为、体育品德的学科核心素养；三要结合学生的体育需求。

2. 体育课程内容编制的“三结合”

课程内容编制是基于体育学习基础、身体特征、体能发展敏感期和心理发展特点等所进行的内容选择、排列、搭配和组合。一是要注意结合基本运动能力，围绕终身化、生活化进行课程内容选择；二是结合学生和学校教育的传统和特点，围绕项目、频次和时间三个维度选择课程内容；三是结合大中小学体质健康标准，选择有针对性、督促和评价体育锻炼成效的课程内容。

3. 体育课程实施编制的“三结合”

课程实施过程的编制要注意教学方法的创新，丰富学生运动体验，加强课堂的师生互动与对话。一是要结合各地、各校的具体情况，加强教学方式的转变，丰富课堂教学模式；二是结合体育学科核心素养，创新教学方法，提高体育学习的积极性和有效性；三是结合学生身心特征，优化教学过程，强化运动体验，培养运动兴趣。

4. 课程评价体系编制“三结合”

课程评价体系编制要强化体育课程多元评价方式和方法，激励体育学习热情，甄别体育学习的进步程度，记录体育学习前后的各种变化数据，为运动能力、健康行为和体育品德的形成提供更多信息反馈。一是依托国家的体育与健康标准，结合“一校一品”设定评价目标；二是采取定量与定性相结合评价方式，对体质健康、运动技能、情感态度等情况进行量的规定和质的判断；三是阶段性评价与发展性评价相结合，把短期的体质达标和兴趣满足、长期的健康行为与锻炼习惯养成有机结合。

（二）地方体育课程实施方案的编制

1. 明确课程编制的目标定位

依据国家体育课程标准的基础性、实践性、健身性、选择性和综合性等基本特征，充分结合本地区学生、学校特点，围绕教学目标、教学内容、教学过程与教学评价等重点问题和关键问题，突出发展体能、增强体质、激发兴趣、掌握技能、健全人格、锤炼意志等维度，采用分层、分类、分步的方式进行课程目标编制，提高课程的针对性和有效性。

2. 明确课程内容的性质与排列

充分体现课程的规定性、约束性与灵活性，规定各学习水平的内容范围与教学要求，并规定落实到学校“学年”和“学期”教学计划之中。设置必学、限学和选学的项目，设定课程学习类别、规定各水平目标的学习内容和比重；对课程内容的科学性、有效性、教育性、合理性、连续性、适应性做出具体要求。

3. 规定内容编制的原则与要求

对课程内容的编制要做到“三保证”和“三坚持”。即保证基础性、保留差异性、保持针对性；坚持教育性、坚定规范性、坚守文化性；对于课程内容的实施要有具体的标准要求，具体包括运动技术规范、课的密度科学、运动负荷适宜、运动参与有兴趣、理论知识体系科学，符合体育生活方式需要。

4. 规定课程评价的范围与方法

课程评价的编制要依据课程目标及学业质量水平的要求进行。对体质健康水平的评价要注意与《国家学生体质健康标准》相结合；对运动技能水平评价要注意与《青少年运动技能等级标准》相结合；对情感态度价值观的评价要注意与运动参与的过程相结合。在评价方法层面，应注意定量评价与定性评价、结果评价与过程评价、自我评价与他人评价相结合。

5. 明确课程实施的条件保障

在课程实施方案中，要明确课程实施的师资、场地、器材、时间等条件保障，要明确各种条件保障的责任主体以及条件保障的具体措施，确保课程实施的条件充分。

（三）学校体育课程实施计划的编制

1. 明确学校体育课程实施的目标

在学校体育课程实施计划中，首先要明确课程实施的目标定位。目标定位要从效果目标、过程目标和条件目标三个维度进行拟定。效果目标是指通过课程实施在学生发展方面应达到的效果；过程目标是指课程实施过程中的阶段性目标；条件目标是指为实现效果目标应在课程建设方面所要开展的工作及其标准。

2. 制订学校体育课程实施计划与策略

学校体育课程的实施计划与策略要围绕体育课堂设计、课外体育活动开展、特色体育活动等核心工作，对师资培训、课堂教学、课后研讨、资源开发等重点工作环节进行研究，明确各环节工作开展的步骤、形式与要求。特别要明确学校体育教研组在具体执行这些工作环节中的组织策略和计划安排。

3. 确定各水平和年级的具体学习目标

依据国家课程标准和地方体育课程实施方案，结合学校和学生发展的实际，从各水平的学习领域目标和内容标准要求出发，分别确定所在水平体育教学的目标，明确水平目标与课程目标之间的关系。对小学、初中及高中三个阶段的教学目标进行分析，明确自己所教的水平阶段的教学目标在整个水平目标中的地位与作用，厘清各学习水平之间的层次关系，保证目标的递进性。

4. 确定各水平和年级的教学内容与课时数分配

根据各项教学内容的难易程度、数量多少、考核与否等因素，合理分配教学时数。在排列内容与进行学时分配时，要注意各教学内容之间的纵、横联系，处理好教学内容的先后顺序，保证教学内容的整体性和连贯性，达到技能学习与身体发展的有机统一。考虑到体育教学受环境影响较大，一般在学时分配时要注意适当留出一定的机动时间。

5. 提出教法运用与学习指导的基本要求

课堂是执行学校课程实施计划的主渠道，对于课程实施计划中的每一项内容，都应明确教师教授该内容的主要方法和学生学练该项内容的学练方式。同时，要对教授方法运用的目的性、规范性以及学练方式的组织手段、过程控制等进行明确要求，保证学校体育课程实施计划在课堂中得到有效的落实。

6. 确定学生体育学业成绩评价方案

学校体育课程实施计划直接面向学生的体育学习，学生的学习效果也是检验课程实施计划恰当与否的重要参照。在课程实施计划中，要结合学生学科核心素养的发展水平，确定学业成绩评价的标准、信息收集方式、评价结果的呈现形式以及评价结果的应用去向。

二、体育课程资源的开发

体育课程资源是指有利于体育课程实施与生成的各种因素和条件，根据其性质，一般可分为条件性体育资源和素材性体育课程资源。随着体育课程改革的不断深入，特别是国家课程标准将课程内容权力下放以后，课程资源开发与利用的问题显得越来越重要。在很大程度上，一所学校的体育课程资源的开发与利用水平能直接反映其体育课程建设的水平。因此，重视体育课程资源的开发与利用，是学校体育走向深化发展的重要议题。

当前我国学校的主要矛盾是学校体育高质量发展需求与体育资源供给不均衡不充分之间的问题，既包含条件性体育资源的数量问题，如场地设施资源、运动器材、自然地理环境等数量满足程度；同时也包含素材性体育课程资源的质量问题，如竞技运动项目、新兴运动项目、民间民族传统体育项目的合理布局和使用效率问题。其中，场地器材资源保障的有效性和课程内容资源的适切性是决定体育课程质量水平的关键，也是体育课程资源开发的重点。

（一）体育场地与器材资源的开发

体育场地、设施资源是增进学生健康的物质保证。国家已制订了各级学校体育器材设施配备目录，并在原有的基础上逐步改善。对现有体育设施应充分发挥应有的作用，同时要努力开发它的潜在功能。根据各校的具体情况与特点，合理布局学校体育场地设施。学校运动场地的改造应注意扩大学生的运动场地面积，既要满足教学的需要，还要满足课外体育活动和校内比赛的需要，提高使用效率；同时学校运动场地的改造必须保证学生运动的安全性和便利性，既要防止伤害事故的发生，又要方便组织教学活动。在体育器材的开发与利用方面，主要内容包括调整器材形状、大小、重量等规格，调节场地长度、高度、厚度等尺寸，调配场地器材的色彩、质地、功能等。例如，在标准篮球场边线外安装多个不同高度的篮球架，降低篮球架高度，供不同年龄、性别的学生选用。

4-4：《普通高等学校体育场馆设施、器材配备目录》

（二）竞技运动项目资源的开发

竞技运动项目是一种具有竞争性、挑战性、规则性、娱乐性和结果不确定性的身体活动，在育人方面具有很多潜在的功能。学校体育课程应根据学生身心发展特点、课程目标、办学条件、学生体育基础等诸多因素，尤其要按照增强体能，增进健康的课程目标要求，对竞技运动进行科学的选择和必要的加工改造，使之符合学生发展的需要。在对竞技运动项目资源进行开发与利用时，一般通过以下几种方式进行：① 降低运动难度，简化技术结构。如通过降低运动负荷或对抗程度、缩短运动时间、降低运动速度、调整器械规格、改变器械功能等方式。② 简化运动规则，保持运动连贯性，满足学生的兴趣和需求。如排球可以将 3 次传球增加至 4 次，降低网高等方式。③ 增加项目技术练习中的游戏性，提高对技术学练的兴趣。

（三）新兴体育资源的开发

时代性是体育发展的重要特征，追求时尚和身体锻炼相结合是体育课程的必然选择。加强户外运动，增加室外运动项目是体育课程发展趋势。如野外生存、定向运动、攀岩、滑板、拓展运动正在步入校园，对学生积极参与体育产生了很大的吸引力，激发了学生运动兴趣。但这些运动项目的育人价值和学练形式还需要结合校园的实际情况和学生的发展需要做适当改造与加工。改造与加工的方式应注意两点：① 结合课程标准强调运动学习过程中对健康教育知识的融入，尤其是对环境适应、安全运动、敬畏生命知识的融入；② 教师能力培训要先行。在对新兴体育资源开发与利用过程中，应当把教师的能力提升放到优先的位置，只有教师具备了对这些资源的技术能力和教学能力，才能将资源有效开发与利用，为教学服务。

（四）民族传统体育资源的开发

我国是一个多民族国家，民族体育文化源远流长、内涵丰富、形式多样、场地器材要求不高。体育与健康课程应大力开发和利用宝贵的民族传统体育资源，积极传承和弘扬民族传统体育。民族传统体育是指特定的民族在一定的范围内开展的、从传统社会沿袭下来的、具有浓厚民族文化色彩的各种身体活动的总称。近年来，竹竿舞、抖空竹、荡秋千、抢花炮、舞龙舞狮、毽球、珍珠球、踩高跷等项目越来越多地走进了体育课堂，对课程内容资源的丰富起到积极作用。在对民族传统体育资源进行开发利用时，要特别注意资源中文化要素的提炼，使课程实施成为融文化传承与运动学习于一体的实践活动，进而增强体育课程的文化传承功能。

复习思考题

1. 简述体育课程有哪些特征。各项特征是如何提炼出来的?

2. 简要说明“理解体育课程的实践性”对体育课程实施的重要性。

3. 体育课程的综合性是从哪几个方面反映出来的?

4. 试论体育课程的基本理念。

5. 义务教育阶段体育与健康课程标准是如何进行课程内容呈现的? 这种呈现方式的优缺点是什么?

6. 在理解与运用义务教育阶段体育与健康课程标准的课程目标时需注意什么问题?

7. 高中体育与健康课程中提出的学科核心素养包括哪几个维度? 各维度的具体测量指标有哪些?

8. 举例说明高中体育与健康课程标准是如何进行运动技能方面的课程内容呈现的。

即测即练

第五章

体育教学要素、过程与原则

▶ 本章导读：

本章从体育教学的含义入手，对体育教学的要素、过程及原则进行了阐述。体育教学是指体育教师指导学生进行体育学习的活动。这一活动包含学生、体育教师、体育教学内容、体育教学目标、体育教学方法、体育教学反馈和体育教学环境 7 个基本要素。体育教学过程一般分为设计、实施和评价三个阶段，具有技能学习重复性、承受负荷双重性、人际互动多边性、教学组织复杂性和教学效果多元性 5 大特征。在实施体育教学过程中，需要遵循合理安排运动负荷、有效提高运动技能、促进身心全面发展、针对学生因材施教和保证教学安全 5 大原则。

▶ 学习目标：

理解体育教学、体育教学过程、体育教学原则的含义；知晓体育教学的构成要素及其相互关系以及各要素在维持教学系统运行中的作用；了解体育教学过程的阶段结构以及各阶段的主要任务，熟悉体育教学过程的基本特征以及各特征的具体含义；掌握实施体育教学的基本原则以及在教学中贯彻各原则的基本要求。

第一节 体育教学的要素构成

体育教学是“教学”的学科化表达。根据一般教学论的解释，教学是指教授者指导学习者进行学习的活动。在学校体育的语境内，“教授者”主要是指体育教师，“学习者”指学生。由此，可以把体育教学解释为体育教师指导学生进行体育学习的活动。作为一种学习活动的体育教学，一定离不开体育教师和学生这两个最基本的要素。如果再进一步分析，教师的指导与学生的学习总是要围绕某种内容进行，而且这种活动的有序进行需要有目标来引导、有方法来支撑、有环境来支持、有反馈来调节，否则，活动就会陷于无序，引起混乱。概括地说，体育教学是一个多要素构成的复杂系统，不同要素在系统运行中发挥的作用各不相同，但又共同推动体育教学的有序运行。正确认识体育教学的构成要素，是合理把握体育教学本质，有效推进体育教学过程的基本前提。

一、体育教学要素的系统分析

体育教学包含了学生、教师、教学目标、教学内容、教学方法、教学反馈和教学环境 7 个要素，各要素相互依存，彼此联系，共同构建了体育教学活动的有机整体。

（一）学生

学生是体育教学活动的出发点和落脚点。在整个体育教学活动中，学生占据着中心地位。学生作为教学对象和学习者存在于整个教学过程中，是体育教学活动中最基本的组成要素。体育教学各要素都以学生的学习与发展为中心，为促进学生的学习与发展服务，体育教学质量与效果也是从学生的学习与发展中体现出来的。

从体育教学活动的培养和服务方面来讲，学生需要遵循体育教学的方案设计，并完成一定的要求，达到一定的体育素养水平。体育教学目标的制定、体育教学内容的选择、体育教学方法的安排等方面，学生都贯穿其中。

从参与体育教学活动的过程方面来讲，学生参与体育教学并不是消极被动的，而是以主体身份积极主动地参与体育教学，在自身知识经验体系和兴趣动机的基础上获取体育知识技能，并经过不断吸收、加工、内化，转化为自我认知结构中的一部分。只有学生以主体身份参与到学校体育教学活动中来，教学的双向反馈机制才能真正建立，体育教学活动才得以真实发生。

（二）体育教师

“师者，传道授业解惑也”。体育教师是体育课程设计的参与者和体育课程的实施者，也是完成体育教学任务的责任者。体育教师是具有较高体育专业知识理论和实践能力的专业人士，是推动体育教学诸要素产生合力的关键。在体育教学中，其他要素对学生的影响作用主要是通过教师来统筹协调完成的。

一方面，体育教师是体育教学的组织者和实施者。体育教学的目的，在于促使学生掌握体育知识与运动技能，形成良好的体育运动意识与健康行为方式，同时也要习得高尚的体育品德。整个体育教学活动中，体育教师作为重要的构成要素，直接影响着体育教学的方向、水平和质量。

另一方面，体育教师是具备较高专业素养的专业技术人员。体育教师不仅仅需要具备承担设计、组织、管理和教授体育知识和运动技能的职责，还要做到使体育教学成为能够帮助学生形成健全人格和正确价值观的重要媒介，这就要求体育教师除了要具备优良的体育专业知识技能外，还需要具备多学科的理论知识体系，其中积极向上的人格形象和完善的价值取向也是不可或缺的部分。

伴随着体育课程改革的不断深化，体育教师的角色也在逐渐发生转型，如从知识技能的传授者转向学生学习的引导者，从体育教学的实施者转向反思性实践者等。体育教师角色的日益丰富，也说明体育教师在体育教学活动中发挥的作用日益多元，对体育教师专业素养的要求也必将日益提升。

（三）体育教学目标

体育教学目标体现了体育教学活动的计划性和方向性，体育教学活动的整个过程既受目标的引导又为了目标的达成，所以说教学目标是体育教学的出发点和归宿。

体育教学目标的制定有助于充分发挥体育学科的教学功能，为体育教学的顺利开展和教学质量的提高提供有力保障。与此同时，体育教学目标是实现教育目的的具体形式，只有明确体育教学方向与结果，才能更好地促进体育教学的发展。体育教学目标通过体育教学活动的实施得以实现，体育教学活动的实施要以体育教学目标为依据，二者紧密联系，相互依存，相互促进，为体育教学质量的提升打下坚实基础。此外，体育教学目标还对教师的教和学生的学具有重要的激励作用，是教师和学生之间的纽带，引导体育教学活动的方向。

（四）体育教学内容

体育教学内容是师生进行体育教学活动中的重要依据，是学生认识和掌握的主要对象，表现为体育学科中的体育知识、运动技术、体育品德、体能练习等。体育教学内容是根据体育教学目标而选取、为教学对象而设计，以多样化的身体练习为主的内容体系。值得注意的是，体育教学内容并非简单地将竞技项目内容直接移植，而是要对其进行必要的改造、组织和加工，从而有助于学生的学习。

从教学内容的形式来看，既包括了具体的身体练习的方式方法，也包含了健康知识和体育品德。从内容设计要求上来看，教学内容是教学目标的具体体现，是教学目标得以完成的重要媒介和保证，也是体育教师满足学生学习与发展的需求、选择教学方法的基本依据。

体育教学内容的选择，一方面要依据于体育与健康课程标准以及各地区中小学体育教材，另一方面也需要体育教师根据各地各校的课程资源、学生发展需要、教师自身优势等，对教学内容进行筛选和创编。

总之，体育教学内容的选择要以教学目标为引领，以教学对象为中心，以教学效益为前提，共同促进学生体育综合能力的养成和提高。

（五）体育教学方法

体育教学方法是体育教学系统的重要因素，它是师生在实现体育教学目标过程中具体的操作方式。人们常常将教学方法与教学手段概念相混淆，虽然两者之间有一定的联系，但教学方法更注重于师生为达到教学目标而采取的教学交互作用的活动方式。而教学手段更偏重于对活动方式中所采用的媒体、设备和技术等工具的描述。

体育教学方法是教师和学生交互过程得以顺利完成的重要载体，它既是教师履行教育教学职责的重要武器，也是教学内容得以转化为学生习得性经验的重要中介。因此，不能简单地将教学方法理解为教师的专属行为，事实上，教学方法既有以教师的“教”为主的教授方法，也有以学生的“学”为主的学练方法。

（六）体育教学反馈

体育教学反馈体现在师生教学交往的全过程之中，它是围绕体育教学目标，对“教”与“学”的过程与结果所进行的信息传递，以便及时发现体育教学中存在的优势与不足，从而为调整或改进体育教学工作提供依据。

教学反馈既包括测验、考试等教学终结性评价，也包括体育教学过程中师生之间借助于语言、眼神以及肢体动作等媒介对学生的学习态度、学习行为、学业质疑或困惑等方面进行的过程性评价。教学反馈是教师与学生之间及时的信息沟通路径，只有对反馈信息进行及时处理，才能够进一步优化教师和学生之间的交互活动，进而帮助教师对教学目标、教学内容、教学方法的及时改进和完善，使体育教学活动更加完整和有效。

（七）体育教学环境

任何体育教学活动都是在一定的教学环境中进行的，良好的体育教学环境有助于教学活动的顺利开展，有利于保障体育教学质量。通过优化和设计教学环境，能够最大限度地调动体育教学环境中各种有利因素，为学生营造良好的体育学习氛围。

根据体育教学环境的性质，可以将其分为三大类：自然环境、物质环境和人文环境。自然环境是指体育教学开展中的天气、风向、日照、空气的湿度等；物质环境是指体育教学所需要的场地、器材、体育设施以及设施的颜色、形状、布局、排列等；人文环境是指师生关系、集体意识、班级风气、规则意识等无形的教学氛围。其中，自然环境和物质环境属于显性环境，是体育教学活动的物质保证；人文环境则属于隐性环境，强调精神文化对体育教学活动的影响。

二、体育教学各要素的相互关系

体育教学诸要素在体育教学中相互联系，缺一不可。在整个体育教学活动中，体育教师是调整和理顺各个要素之间相互关系的“总设计师”，体育教师根据体育课程要求、学生学习特征制定体育教学目标，并依据体育教学目标选择和设计体育教学内容，继而选择恰当有效的体育教学方法，完成体育教学设计。体育教学活动的出发点和落脚点是为了学生顺利完成学习任务，达成体育学习目标。在教与学的互动过程中，教学反馈贯穿于体育教学全部环节，教师需要经常利用教学反馈去观察学生的学习情况，及时调整体育教学设计，主要目的就是为寻找最优教学内容、方法引导学生的体育学习。体育教学反馈在各个要素之间发挥着评价和筛选的功能，是各要素之间相互影响的桥梁和媒介。另外，体育教学环境在一定程度上制约着体育教学过程；同时，体育教师与学生也在一定程度上影响和制约着体育教学环境。体育教师通过对体育教学环境的合理优化和设计，实现对学生体育学习的促进。

体育教学活动由学生、体育教师、体育教学目标、体育教学内容、体育教学方法、体育教学反馈、体育教学环境等要素构成，形成相互关联、彼此依存的整体。各要素之间形成以教师和学生交互知识的闭环结构，闭环结构中要素种类越多，教学形式必然越复杂（图 5-1）。

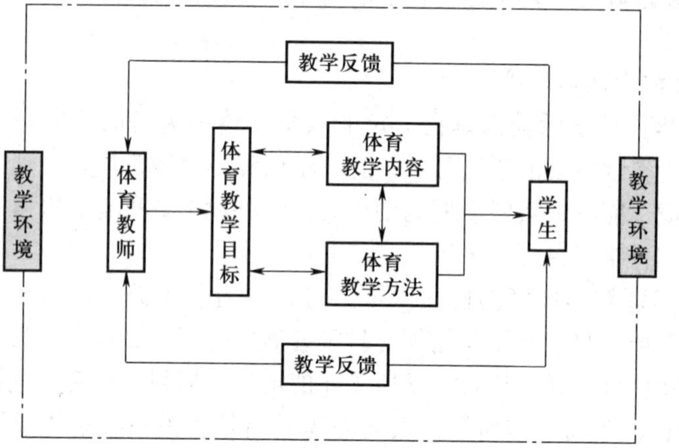

图 5-1 体育教学各要素关系图

第二节 体育教学的过程特征

作为一种学习活动的体育教学，其目标的达成不是一蹴而就，而是在各种要素相互间进行不断调适和协调中逐步达成。因此，体育教学活动必然会以过程的形式存在。如果说对体育教学构成要素的分析偏重于对体育教学结构关系的静态阐释，那么，对体育教学过程的分析则偏重于对体育教学结构关系的动态阐释。静态分析能为我们认识体育教学提供帮助，动态分析则为我们驾驭体育教学提供参考。因此，要完整地理解和把握体育教学的本质和内在规律，进而更有效地开展体育教学活动，实现体育教学的育人效益，就必须对体育教学过程的含义和特征进行领会。需要说明的是，从时间层面来看，体育教学过程虽然有学段、学年、学期、单元和课时等不同时长，但最终要以课时为基础。同时，一个课时的体育教学通常也完整地体现了教学诸要素之间的常见动态联系。因此，本节所指的体育教学过程，在无特别说明的情况下，都是以课时为节点。

一、体育教学过程的含义

体育教学过程是指为达成一定的体育教学目标，通过体育教师与学生等教学构成要素的相互作用而展开的教学活动的进程。体育教学过程是从要素间动态关系的角度对体育教学的一种描述，反映了教学的动态性和实践生成性。对体育教学过程含义的进一步理解，需要从以下 4 个方面进行：

第一，体育教学过程是师生双边统一的活动过程。教学是教与学的统一，具体包括以下两层含义：① 教不同于学。教的活动主要是教师的行为，学的活动主要是学生的行为。教主要是教师作用的外化，学主要是学生成长的内化。这说明教与学互相不可替代。② 教与学互相依赖。教与学之间互为基础、互为方向。在体育教学过程中，教师的教就意味着学生的学，学生的学也内含着教师的教。体育教学过程是师生双方有目的、有计划地以教材为中介，通过教师的教和学生的学共同完成预定任务的统一活动过程。

第二，体育教学过程是一个系统运行的动态过程。完整的体育教学过程是个动态系统，具有不同的发展阶段，各个阶段又具有自己的持续时间和本身发展的规律性。在体育教学过程中，其动态性主要表现在两个方面：① 组成体育教学过程的要素是相互联系、相互作用并处于一种不断变化却有规律可循的运动过程之中。② 体育教学过程总是与学生的身体活动相伴随，体育教学的内容主要以经过优选的大量身体练习为主，教学过程是以运动实践为主并促进学生身心发展的过程。所以在体育教学过程中要以整体观和动态观来分析和解决教学中出现的问题。

第三，体育教学过程是以身体练习为重要媒介的交往实践活动。教学过程是一种特殊的实践交往过程，在这个过程中，教师传授体育知识技能和学生接受体育知识技能不是相互分离，而是相互交融的。并且，师生之间的相互交融始终贯穿在身体练习的活动之中。换句话讲，教师教的行为主要体现在身体练习之中，学生学的行为也主要反映在身体练习之中。尽管体育教学过程中离不开学生的感悟、理解、领会等认知性活动，也离不开学生的情绪变化、角色体验、道德评判等心理活动，但这些认知性和心理性活动都是伴随着身体练习而进行的。总之，身体练习是反映体育教学学科属性的主要标志，是体育教学过程之所以具有体育身份的关键特征，不以身体练习为媒介的教学是虚假的体育教学。

第四，体育教学过程是发展学生体育素养的过程。体育教学过程应立足于体育课程的学科性质，着眼于体育课程目标的实现，在强调运动技能学习的同时，应融合与学生成长相关的健康知识和方法，注重学生健康与安全意识的培养以及良好生活方式的形成，重视培养学生积极进取、不怕困难、挑战自我、顽强拼搏、追求卓越、团结合作、公平竞争和遵守规则等体育品德，通过运动能力、健康行为、体育品德等体育学科核心素养的培养，促进学生身心健康、体魄强健，获得全面发展。

二、体育教学过程的阶段

体育教学过程既然是一个系统运行的动态过程，那么，随着系统要素之间相互作用的关系变化，系统运行的状态也会有所区别。这些区别使得体育教学过程呈现出明显的阶段性特征。一般而言，根据体育教学系统要素相互作用的任务指向，体育教学过程可以分为三个基本阶段，即体育教学的设计阶段、实施阶段和评价阶段。

体育教学的设计阶段是指在体育教师主导下，师生共同对体育教学实施方案的准备过程。体育教学的实施阶段是体育教学过程的主体部分，是各项教与学活动的具体呈现。体育教学的评价阶段既是对前一个体育教学过程质量的总结和分析，又为下一个体育教学过程提供反馈信息，有助于教师修订体育教学目标和计划，重新开始一个新的体育教学过程（图 5–2）。

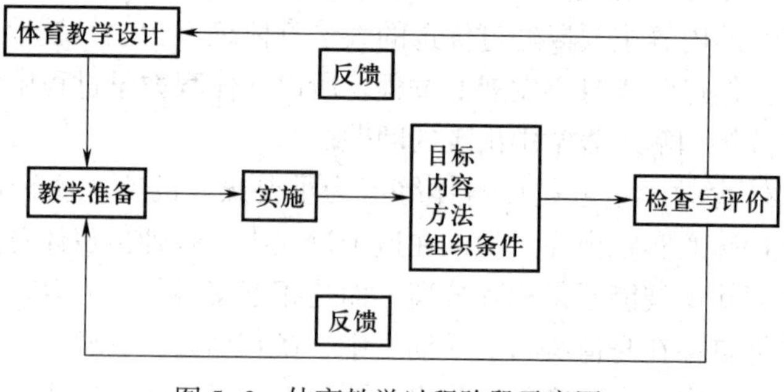

图 5–2 体育教学过程阶段示意图

（一）体育教学的设计

体育教学设计是根据体育学科的特点，从体育教学系统的整体出发，综合考虑体育教师、学生、场地器材、体育教学环境以及要达成的教学目标等各方面的因素，详细分析体育教学可能出现的问题，有针对性地设计出解决这些问题的教学行动方案。简而言之，体育教学设计是指对体育教学系统各要素进行最优化组合，以期达到最佳教学效果的教学准备过程。要做好教学设计，体育教师必须熟悉有关教育教学的相关理论，如课程论、教学论、学习论；要熟悉教学对象的身心特征和学习基础；要透彻理解教学内容的性质和呈现方式；要预判教学中可能出现的问题及应对策略；要对教学环境的状况有明确的把握。此外，体育教师还必须要有较高的文字表达水平，将设计的方案形成简明易懂的文本。

体育教学设计的一般程序包括确立体育教学理念、制定体育教学目标、选择体育教学内容、设计体育教学活动、制定体育教学策略、选择评价方式6个方面。

（二）体育教学的实施

体育教学实施是衔接体育教学设计和体育教学评价的桥梁，它既是体育教学设计的实践体现，又是体育教学评价的客观基础。一般而言，体育教学的实施具体包括体育教学常规的执行、体育教学中队列队形运用、体育教学中场地器材的布置、教学组织形式的选择与运用、体育课密度与运动负荷量的控制、体育课的总结6个方面。需要说明的是，体育教学实施虽然是基于教学设计的方案，但并不是对方案的机械呈现，而是对体育教学设计方案的创造性执行。通常来说，在具体的教学实施过程中，体育教师常常会对既定的设计方案进行微调，以符合教学现场的实际需要。因为，真实的教学场景是千变万化的，场景中任何一个要素的变化，都可能引起要素间关系的变化。作为教学实施者，如果对这些变化不加留意、不做应对，那么教学的实施过程就可能受阻，原定的教学目标就很可能难以实现。总之，要使体育教学有效，设计要周全，实施要灵活。

（三）体育教学的评价

体育教学实施的效果如何，需要通过体育教学评价予以反馈，并为后续体育教学过程的设计提供依据和参照。因此，体育教学评价是体育教学过程不可或缺的重要环节。通过体育教学评价，可以及时了解学生的学业发展水平，及时发现教学实施中出现的问题，及时掌握学生的学习表现，从而确定新一轮体育教学过程的目标起点，修正或调适不合理的教学设计，选择和设计更符合学生学习需求的教学方法和手段，激励和强化有效的教学行为和教学设计等。在进行体育教学评价时，应兼顾对学生的体育知识、运动技能、体能、情感态度和价值观等多维度的评价，评价方法也应以定性评价与定量评价相结合的方式，借助于多元化评价方式，全面客观地反映学生的发展水平。

三、体育教学过程的特征

与其他认知类学科课程的教学相比较，体育教学过程具有明显的差异性。就物理空间而言，体育课堂更具开放性，活动空间不受封闭空间的限制，即使是室内场馆，学生的活动空间范围也要明显大于认知类课程的教学。而体育课程实践性的学科性质和教学手段，又决定了体育教学过程中充满了师生间、生生间多种形式的互动形态，因而其师生角色、教学行为、教学环境等方面，都具有自己独特的学科特征（表 5-1）。

▶ 表 5-1 体育课堂与其他文化课堂的比较

维度	体育课堂	文化课堂
物理空间	开放型空间	封闭型空间
人际空间	流变型空间	凝固型空间
学生角色	复合角色	单一角色
互动向度	师生、生生多向互动	师生单向互动
互动频度	师生与生生之间互动都很频繁	师生之间互动相对频繁，而生生之间互动则很少
课堂行为	学习行为与日常行为并存	通常只有学习行为
外界干扰	来自课堂外的干扰多且难以避免	来自课堂外的干扰少且容易避免

（一）运动技能学习的重复性

体育教学过程是在教师指导下的学生进行运动实践活动的过程，教学内容以身体练习（运动动作）和各种有意义活动（如游戏、协作和竞争）为主，是在运动实践活动中的认识和发展的过程。因此，运动技能学习就成为体育教学过程的一个重要特点。运动技能需要长期的反复练习才能熟练掌握，运动技能的形成也是有阶段性规律的。无论是较复杂的篮球、足球等运动技能的掌握，还是田径中的跑、体操中的滚翻技能的学习，都要经历一个由不会到会、由不熟练到熟练、由简单学习到复杂学习的发展过程。体育教师在指导学生掌握各种运动技能时，必须严格遵守循序渐进的原则，根据不同运动技能的特点，恰当安排练习形式和练习时间，通过反复多次的不同练习，达到掌握、提高运动技能的目的。那么，在体育教学中，就需要通过不同的课程类型设计，通过新授课、复习课等课程类型交叉设计，使学生具有比较充分的巩固强化的学习过程，使学生的学习遵循动作技能形成的规律，最终实现动作技能的自动化。

（二）承受身心负荷的双重性

体育教学是以身体练习为主要形式、以学习运动技能为主要内容的体育实践活动，体育教学不仅要求学生肢体直接参与运动，而且还伴随大量认知活动及多种情感体验。在此过程中，由于身体各器官直接参与，学生不但要承受完成大量身体练习时，肌肉活动引起的疲劳与不适，还要经历不同的心理过程体验和思想意志的磨炼，甚至在学习某项运动技能时，还要感受遭遇挫折失败、团结奋斗、斗智斗勇、坚持和成功的心境。正是因为这一特点，使得体育教学在促进学生掌握技能、发展身体、增强体质的同时，对学生的思维方式和良好的心理品质的培养也具有特殊的价值，能促使学生身心健康协调发展。

（三）人际交流互动的多边性

体育教学组织形式的复杂性，使得体育教学过程中人际交往呈现多边性的特点。在体育教学中，体育教学组织形式在单人、双人、小群体之间不断地进行着转换，并在不同的时间和空间内完成不同的身体运动，学生不断地变换各种角色定位，经历各种不同的人际交往关系。在这一过程中，体育教师可以通过多种方式与学生交换信息、交流情感，使学生间相互协同、相互鼓励、相互评判，在体育课堂中初步体会和感受社会交往。这不仅体现了体育教学人际交往的特点，还有利于培养学生的合作意识和人际交往能力，提高社会适应能力。

（四）教学组织的复杂性

体育教学与学生身心发展的基础水平是直接联系的，但学生身心发展的基础水平又客观地存在个别差异。因此，在体育教学过程中不仅要考虑男女学生性别上的差异，还要考虑到不同学生的个体差异，采取不同的组织形式和方法区别对待，以适应和满足学生的需要。在体育教学过程中，学生多处于不断变化、多种形式的运动中，加上教学易受气候和周围环境的干扰，因而教学中的组织管理工作相当复杂，要精心设计、认真组织，使组织形式、教学步骤、教学手段具有较多的应变性。从某种意义上说，良好的教学组织工作与措施是达到体育教学目标的根本保证。

（五）教学效果的多元性

大中小学的体育教学活动，为实现体育教学的多元目标，分别要完成传授体育与卫生保健知识、增强体质与健康、掌握运动技能和技术、养成健康行为方式、促进学生个性心理的健康发展、培养符合时代精神的道德情操与文明修养以及提高生活适应能力等任务。在体育教学中明显体现出既练体、又学技、又育心的多重教育效应，有“增知识、强体魄、强意志、调感情、调精神”的综合教育作用。

（六）教学环境的开放性

体育课大多在室外进行，教学环境是开放和变化的空间，直接面对大自然的客观环境，受到的干扰因素较多，如光线、温度、空气变化、地面平整与洁净程度、同时上课的其他班级、周围建筑物与噪声等，这就必然对体育课的教学组织提出了不同于室内教学的特殊要求。与其他学科相比，体育课堂上对这些因素的控制难度更大。例如，雨雪、沙尘天气会严重影响体育课的进行，空气污染会影响学生的身体健康，室外各种噪声易分散学生的注意力等，这些教学环境问题在室内课上就不存在，因而体育课教学环境的开放性为正常的体育教学带来了一定的困难。

第三节 体育教学的原则体系

体育教学是一种具有规范性的教育实践活动，其规范性的依据就是体育教学原则。因此，探讨体育教学问题，教学原则是一个重要的理论参照。体育教学原则是人们对长期体育教学实践活动的经验总结，反映了人们对体育教学客观规律的认识。体育教学原则是体现体育教学性质的最基本因素，是实施体育教学活动的最基本要求，是判断体育教学质量的最基本参照。因此，正确理解和贯彻体育教学原则，对体育教师掌握和运用体育教学的客观规律，优化教学过程，提升教学效果均具有重要的指导作用。

一、合理安排运动负荷原则

合理安排运动负荷原则是指在体育教学中必须体现以身体练习为主要形式的课程性质，从增强学生体质和掌握运动技能的需要出发，合理安排体育教学过程学生学练活动的运动负荷。

（一）合理安排运动负荷原则的依据

人体在身体练习过程中承受了一定的运动负荷后，就会呈现疲劳（能量消耗）——恢复——超量恢复的能量变化特点。在运动负荷的合理区间内，负荷刺激越大，机体能量消耗则越多，疲劳程度就会越强烈。负荷解除后，通过积极地休息和放松，能量物质的恢复也就越快，产生超量恢复的水平就会越高。因此，在机体可承受的范围内，逐渐加大负荷，可以更好地促进体质健康与运动技能水平。但倘若不能科学分析练习者承担负荷的最大能力，盲目过大或过快提高负荷，非但不能引起有机体的适应性反应，还会损害练习者的健康。

上述规律为体育课程如何安排运动负荷，有效地提高身体机能水平提供了理论依据。首先，必须明确在体育教学过程中主要依赖于身体大肌肉群活动，无论是锻炼学生身体，还是使学生掌握运动技能，都需要一定的练习密度和练习强度，而这也必然带来一定量的运动负荷，因此，必要的运动负荷是增强学生体质与提高运动技能的前提条件。其次，要客观分析不同学生的身体条件与承受运动负荷的能力，找到合理的运动负荷区间，逐渐加大运动负荷，提高锻炼效应。最后，体育教学中的运动负荷不是越大越好，要与体育教学的目标、体育教学内容和学生的身体发展需要相适宜，避免盲目追求大运动负荷而干扰运动技能的学习或损害学生的身心健康。

（二）贯彻合理安排运动负荷原则的基本要求

1. 合理安排运动负荷要服从体育教学目标

体育教学的最终目的不是运动负荷，而是为了增强学生体质或掌握运动技能，因此一定要分清表里关系，既要考虑运动负荷对实现体育教学目标的基础性作用，也要区分不同课程类型需要，合理安排运动负荷。例如，新授课与复习课的区别；技能学习课与体能发展课的区别；同为技能学习课，对抗性练习与技巧性练习的区别；同为体能发展课，柔韧、灵敏素质练习与速度、耐力素质练习的区别等，都应充分考虑体育教学目标与课程类型的不同，合理安排运动负荷。

5-1：青少年生长发育的敏感期

2. 合理安排运动负荷要遵循学生身体发展的一般规律与个体性差异

要合理地安排运动负荷就必须遵循学生身体发展的一般性规律，也要考虑学生个体身体发展状况。掌握学生身体发展的基本规律，按照身体素质发展的敏感期，合理安排练习内容与运动负荷，可以达到事半功倍的教学效果。与此同时，还要考虑学生的个体性差异，因材施教，有针对性地安排运动负荷，才能更安全、更有效率地开展体育教学活动。

3. 合理安排运动负荷要结合体育教学过程与方法

体育教学过程是一个“学习—练习—发展”的过程，不同阶段有着不同的任务和特点。在运动技能学习的初始阶段，为减少错误动作的出现，往往会安排较小的运动负荷；在运动技能学习的巩固阶段，为加快动作熟练与动作定型，往往需要中等强度、多次重复；在运动技能的发展阶段，为了保证技术动作的对抗性与实战性，往往需要大强度、少次数练习，因此，需要根据运动技能学习阶段的不同，科学安排运动负荷。体育教学方法的采用也是合理安排运动负荷的重要依据，因为体育教学需要全面发展学生知识、技能、能力、情感、态度与价值观，相应地也就形成一个较为庞大的体育教学方法体系，有的教学方法可能带来较大的运动负荷，如比赛教学法，有的教学方法则伴随较小的运动负荷，如探究教学法，根据教学需要合理调整运动负荷是非常必要的。

4. 要逐步提高学生自我控制运动负荷的能力

体育教师要在体育教学中加强学生对锻炼原理、运动负荷调控以及运动处方制订等相关知识与技能的学习，教会学生一些较为简便的运动负荷监测手段、调节运动负荷的常见办法，既授之以鱼，也授之以渔，以便在今后的运动锻炼过程中学生能够合理安排运动负荷，达到科学健身的目的。

二、有效提高运动技能原则

有效提高运动技能原则是指在体育教学过程中，随着学生学习水平的不断提升，体育教学必须要有效地促进学生运动技能水平的不断提升，体现出学生运动技能水平的进阶性。

（一）有效提高运动技能原则的依据

有效提升运动技能原则是依据终身体育的实现机制和体育教学条件下运动技能的形成规律而提出的。掌握运动技能是锻炼学生身体、发展学生运动素质的途径，也是学生体验运动乐趣和掌握体育锻炼方法的前提，更是实现终身体育的重要基础，因此不断提高学生的运动技能是体育教学的最基本要求，是判别体育教学是否有效和高质量的标准，也是判别体育教师教学能力的标准。

（二）贯彻有效提高运动技能原则的基本要求

1. 正确认识有效提高运动技能在体育学习中的重要意义

掌握运动技能既是体育学科“授业”之本职，也是体育学科“解惑”的重要基础，是锻炼学生身体、发展学生运动素质以及体验运动乐趣和掌握体育锻炼方法的前提。体育教师要充分认识提高运动技能在体育学习中的重要意义，遵循运动技能的形成规律，认真钻研运动技能的学程、教程、教法，避免运动技能教学过程中的“蜻蜓点水”和“低级重复”现象，更不能让学生在经过 12 年的体育学习后尚不能真正掌握一项运动技能。

2. 明确运动技能学习的目的，有层次地掌握运动技能

普通学生掌握运动技能和提高技能水平，主要是为了健身和娱乐，因此体育教学中的运动技能传授要树立“健康第一”和为学生终身体育服务的基本指导思想，要围绕“较好地掌握 1~2 项常用的运动技能”“初步掌握多项运动技能”“掌握基本的锻炼身体方法的运动技能”以及“体验一些运动项目”等相关运动技能的学习目标，有层次和分门别类地让学生掌握终身体育所需要的各种运动技能。

3. 钻研“学理”和“教法”，提高教学质量

要提高运动技能的教学效率，就必须准确把握运动技能的学习规律，特别是在体育教学环境下的运动技能学习规律。体育教学的时间相对有限、学生众多、教学场地和器材有限，这些条件与运动员训练和学生课外体育活动的条件、环境不同，因此在体育教学中，运动技能提高的规律和途径也必然不同。这就需要通过相应的“学理”研究和根据“学理规律”的教法研究来加以把握，这也是制订科学的体育课程以及提高体育教学质量的前提和保证。

三、促进身心全面发展原则

促进身心全面发展原则是指体育课程应以促进学生身体、心理和社会适应能力整体水平的提高为目标，构建技能、认知、情感、行为等领域并行推进的课程结构，融合体育、生理、心理、卫生保健环境、社会、安全、营养等诸多学科领域的有关知识，真正关注学生健康意识、锻炼习惯和卫生习

惯的养成，将增进学生的健康贯穿于课程实施的全过程，确保“健康第一”思想落到实处，使学生健康成长。

（一）促进身心全面发展原则的依据

1948 年，世界卫生组织在其成立之初的《宪章》中指出：健康不仅是没有疾病或虚弱，而是身体、心理和社会适应的完好状态。1989 年，世界卫生组织对健康的定义又作了补充：健康不仅是没有疾病，而是包括躯体健康、心理健康、社会适应良好和道德健康。也就是说，一个人在躯体健康、心理健康、社会适应良好和道德健康 4 方面都健全，才被认为是完全健康的人。学校体育坚持以“健康第一”为指导思想，就必须涵盖身心全面发展，因此，在国家体育课程表中，明确从运动参与、运动技能、身体健康、心理健康与社会适应 4 个方面来规定体育学习领域的目标，实现“一维健康观”向“三维健康观”的转变，促进身心全面发展。

5-2：世界卫生组织的健康标准

（二）贯彻促进身心全面发展原则的基本要求

1. 坚持“健康第一”的指导思想，促进学生健康成长

体育课程以“健康第一”为指导思想，努力构建体育与健康的知识与技能、过程与方法、情感态度与价值观有机统一的课程目标和课程结构，在强调体育学科特点的同时，融合与学生健康成长相关的知识。通过体育课程的教学，使学生掌握运动技能，发展体能，逐步形成健康和安全的意识以及良好的生活方式，促进学生身心全面发展。

2. 激发学生的运动兴趣，培养学生体育锻炼的意识和习惯

体育课程强调在课程目标的确定、教学内容和教学方法的选择与运用方面，注重与学生的学习和生活经验相联系，引导学生体验运动乐趣，提高学生体育与健康学习动机水平；重视对学生进行正确的体育价值观和责任感的教育，培养学生刻苦锻炼的精神，促进学生主动参与体育活动，基本形成体育锻炼习惯。

3. 以学生发展为中心，帮助学生学会体育与健康学习

体育课程高度重视学生的发展需要，从课程设计到学习评价，始终以促进学生的身心发展为中心。课程在充分发挥教师教学过程中主导作用的同时，十分重视学生在学习过程中的主体地位，注重培养学生自主学习、合作学习和探究学习的能力，促进学生掌握体育学习的方法，并学会体育学习。

4. 关注地区差异和个体差异，尽可能使每位学生受益

体育课程强调在保证国家课程基本要求的前提下，充分关注不同地区、

学校和学生之间的差异，各地区和学校要根据体育与健康课程目标及课程内容，因地制宜，合理选择和设计课程内容，有效运用教学方法和评价手段，努力使每一位学生都能接受基本的体育与健康教育，促进学生不断进步和发展。

四、针对学生因材施教原则

针对学生因材施教原则是指在体育教学中，从“面向全体学生”的要求出发，根据每一位学生体育学习的具体情况，实施有区别、有针对性的教学活动，使每一位学生的运动技能和身心健康都能在各自的基础上得到更好、更充分的发展。

（一）针对学生因材施教原则依据

因材施教原则是依据体育教学必须符合学生身心发展特征的基本规律提出的。虽然学生身心发展的总体水平在特定的年龄阶段上具有一定的稳定性和普遍性，但由于每位学生的身心发展受遗传、生长环境等多种因素的影响，同一年龄段学生的身心发展又表现出很大的差异性，体育教学必须充分考虑客观存在的个体差异，坚持因材施教的原则，争取使每位学生都得到平等的教育和充分的发展。

（二）贯彻针对学生因材施教原则的基本要求

1. 正确看待和引导学生对待个体差异

在体育教学中不仅要贯彻因材施教的原则，还必须正确看待和引导学生客观对待个体差异。第一，教师不能歧视身体和技能较差的学生；第二，教师不能偏爱身体素质或各方面较好的学生；第三，教师要引导学生坦然面对个体差异，特别是在身体和运动技能方面的个体差异，不要因为这些差异的存在而自满或沮丧；第四，教师要引导学生用发展的眼光看待个体差异，引导学生互相帮助、互相学习、互相评价，从思想认识和学习行为上正确对待彼此间的个体差异。

2. 深入细致地研究和了解学生

充分地了解和研究学生是良好教学的基础和出发点。教师在体育教学中要贯彻因材施教的原则，首先要把握好学生个体的身心发展情况，可通过问卷调查、实地观察、摸底测试等方法对学生进行全面细致的了解，弄清学生在身体条件、兴趣爱好和运动技能等方面存在的个体差异，对产生差异的原因进行全面分析，进而设计有针对性的教学策略。

3. 创造因材施教的条件

在体育教学中，教师要采用不同教学组织形式来贯彻因材施教的原则，对身体条件和运动技能差的同学要单独指导，给予热情关怀和更大的耐心；对身体条件和运动技能较好的学生，要为他们的进一步发展创造条件，提出更高的要求，从而保证全体学生都能体验到学习和成功的乐趣。

4. 把因材施教与统一要求结合起来

统一要求是面向全体学生的硬性规定，因材施教是面向个体学生的差别化教学。统一要求是客观标准，如《国家学生体质健康标准》是全体学生必须强制达到的锻炼目标，具有导向性功能。因材施教是主观行为，是依据学生个体差异设计教学方案，但其根本目的还是为了提高学生的体质健康与运动技能水平，是寻求达成目标的有效途径，因此，统一要求和因材施教可以看作体育教育的目标和手段，两者相辅相成，不可偏废。

五、保证教学安全进行原则

保证教学安全进行原则是指在体育教学中加强有关安全的认识、制度、环境等因素的保障，使学生的体育学习活动始终在安全的环境中进行。

（一）保证教学安全进行原则的依据

保证教学安全进行是对于体育教学评价的根本要求。保证教学安全进行原则是依据体育运动特点和安全保障的基本规律提出的。众所周知，体育活动包含角力活动、非正常体位活动、剧烈身体活动、持器械身体活动等，因此体育运动常常是一种与危险同在的实践活动。体育教学活动必须有严格的安全活动制度，体育教学组织者与参与者也都必须具有安全意识与行为。

（二）贯彻保证教学安全进行原则的基本要求

1. 教师必须对所有可预测的危险因素进行周密思考

经过长期的体育教学实践总结发现，体育教学中的绝大多数危险因素都是可以预测的，主要表现在以下几方面：① 因学生的思想态度产生的危险因素，如莽撞行事、擅自行事、准备活动不充分等；② 因学生身体和活动内容的差异产生的危险因素，如力量不及、动作难度太大、对动作不熟练、缺乏必要的保护与帮助等；③ 因器械的坏损产生的危险因素，如绳索折断、双杠折断、羽毛球拍头脱落飞出等；④ 因场地条件变化产生的危险因素，如雨雪天的滑倒、塑胶地破损的绊倒等；⑤ 因学生身体状况变化产生的危险因素，如在学生伤病期间勉强参加运动引发的危险等；⑥ 因特殊天气产生的危险因素，如酷暑时的长跑、极寒中的体操、暴雨的淋浇等。体育教师对这些可预测的危险因素要做到“心中有数”，在教学过程中做到认真检查、时刻提醒、严格程序，尽可能避免各种潜在危险的发生。

2. 时刻对学生进行安全运动教育

要在体育教学中贯彻保证教学安全进行原则，必须得到全体同学的密切配合。体育教师要加强对学生进行安全运动教育，让每位同学都绷紧“安全弦”，在每学期初或课前专门强调安全运动的要求与方法，在课中教会同学们相互保护与帮助的技能。教师还要可以充分调动体育委员和其他积极分子的作用，共同防范危险，确保全体同学安全运动。

3. 建立相关的运动安全制度和安全设备

对于一些比较危险的教学内容要制定严格的安全制度，限制学生在无人保护时擅自进行练习而出现安全事故，对于一些易发生危险的体育设施要安装必要的保护装置和警示标志，提醒学生在自主性学习时防范危险。

复习思考题

1. 简述体育教学活动的构成要素以及各要素之间关系。

2. 体育教学过程的含义包含哪几个方面？

3. 体育教学过程包括哪几个阶段？结合一堂体育课的实施谈谈各阶段的具体任务。

4. 试论体育教学与文化课教学过程的区别。

5. 体育教学过程的具体特征有哪些？为什么体育教学在效果方面具有多元性？

6. 体育教学原则的含义是什么？实施体育教学需要遵循哪些基本原则？

7. 在体育教学中，贯彻有效提高运动技能原则、针对学生因材施教原则、保证教学安全进行原则的要求分别有哪些？

即测即练

第六章

体育教学目标、内容与方法

▶ 本章导读：

本章主要对体育教学目标、体育教学内容、体育教学方法进行介绍。首先，着眼于体育教学目标的作用、目标体系的构成以及体育教学目标的制定，阐述体育教学目标对教学的引导作用、对教师教学的激励作用以及对教学效果的评价作用，介绍体育教学目标的层次与维度，探讨单元体育教学目标与课时体育教学目标制定的方法。其次，从体育教学内容的含义、教学内容的特征以及教学内容的选配三个层面对体育教学内容进行解析，进而对体育教学方法的来源与类别进行分析，并将常用的体育教学方法划分为讲解法、问答法、示范法、纠错法、分解法与完整法、循环法、比赛法等，系统说明运用这些教学方法时应考虑的问题。

▶ 学习目标：

全面认识体育教学目标的作用和整体框架，掌握在体育实践教学中制定教学目标的方法；了解体育教学内容的概念及特征，并能运用教学内容选配的方法对教学内容进行合理安排；了解体育教学方法的来源与分类，清楚运用各类体育教学法的要点，掌握体育教学方法并能在体育教学实践中有效运用各类方法进行教学。

第一节 体育教学目标

体育教学的本义是指体育教师指导学生进行体育学习的活动。整个学习活动是有计划、有组织、有流程要求的。如何才能保证体育教学的计划性、组织性和流程性？很重要的一点是活动目标要明确。有了明确的目标，体育教学的行进方向、实施步骤和效果评判就有了基本依据。因此，要保证体育教学取得预期效益，首先要制定出明确而切实的目标，并围绕既定目标开展教学活动。体育教学目标也被看作是体育教学活动的出发点和归宿，是体育教学中师生预期达到的学习结果和标准。理解体育教学目标的作用，熟悉体育教学目标的层次结构和制定方法，对于从事体育教学工作来说十分重要。

一、体育教学目标的作用

作为体育教学系统的一个构成要素，体育教学目标对整个系统的运行起着导向和调节的作用，这种作用具体体现在以下三个方面：

（一）对体育教学过程推进的引导作用

体育教学目标是体育教学活动的预期结果，这个预期结果决定了体育教师的教学方向与学生的学习方向。对于体育教师的教学而言，教学目标决定了教学过程中各教学要素的选择与运用。根据教学目标，教师选择对应的教学内容、运用相应的教学方法和手段、使用相匹配的教学组织方式、布置教学所需场地、准备教学过程中所需器材，教学过程中的所有教学元素均指向目标达成。而对于学生的学习而言，明确了学习目标，学习才会有方向感，知道学习过程中应当先做什么、后做什么，从而使学生在学习过程中更主动地思考、分析问题，评价自己的学习效果。

（二）对体育教学中师生行为的激励作用

在心理学理论中，目标与激励是密切相关的。一个既定目标的实现，会激发行为者强烈的动机和兴趣，增强行为者前进的动力，并指向下一个目标。在体育教学中，因教学目标的不断达成，教师会感受到“教”的成功，学生则会体会到“学”的成功。这种成功体验会进一步增加师生对体育教学活动的愉悦感，感受到参与体育教学活动的乐趣，从而激发他们更加持续深入地投身于体育教学。不过，体育教学目标激励作用的发挥，需要目标本身具有合理性，只有为教师与学生所理解并符合他们行为需要的目标，才能够真正体现出激励的作用。

（三）对体育教学效果达成的评价作用

明确的学习目标不仅引领教学方向，而且决定了学生学习效果评价的合理性与科学性。体育教学目标的确立是学生学习效果评价的基础，缺乏了明确的体育教学目标，则无法确定学生学习效果评价的内容与方法。同时，是否能达成既定的教学目标也是测评教学成功与否的重要标准，只有通过比对教学目标，才能准确把握教学前后学生发生的变化，才能了解学生学到了什么，知识掌握到何种程度。从这个角度来看，若要对体育教学进行科学评价，首先要制定出可行、可测的体育教学目标。

二、体育教学目标体系

体育教学是一个持续发生的过程，从时间角度来看，这个过程短则一节课，长则十余年。就我国的一般情况而言，一位学生从小学开始一直到大学二年级结束，都要参加体育教学活动。很显然，在不同的学段和年级，由于学生身心发展的阶段不同，体育课中学习的内容和要求必然会有所区别。这种区别最终会反映到教学目标的确立，进而使得教学目标有了层次的区分。从《体育与健康课程标准》关于学习水平阶段的划分看，体育教学目标在层次上一般分为学段（水平）体育教学目标、学年体育教学目标、学期体育教学目标、单元体育教学目标和课时体育教学目标 5 个层级。其中，上位目标为下位目标的确立提供依据，下位目标则是对上位目标内容的细化，并为上位目标的实现提供前提。各层级目标相互呼应、彼此衔接，引导体育教学活动逐层向前发展。

需要说明的是，层次只是从时间序列上描述了体育教学目标的纵向衔接方式，要完整地理解体育教学目标的体系，还必须从体育促进学生发展的作用维度梳理各层次目标的横向结构。从我国《体育与健康课程标准》的表达来看，义务教育阶段的课程目标包含 4 个维度，即运动参与、运动技能、身体健康、心理健康与社会适应；高中阶段的课程目标包括三个维度，即运动能力、健康行为和体育品德。两种表达虽然表述有所区别，但主要都聚焦在促进学生的身体健康、心理健康、运动技能、道德品质和社会适应等方

6-1：关于体育教学目标层次的探讨

面。教学是课程的实施途径，体育教学目标在内容范畴上自然要与体育课程标准中设定的目标维度保持一致（图 6-1）。

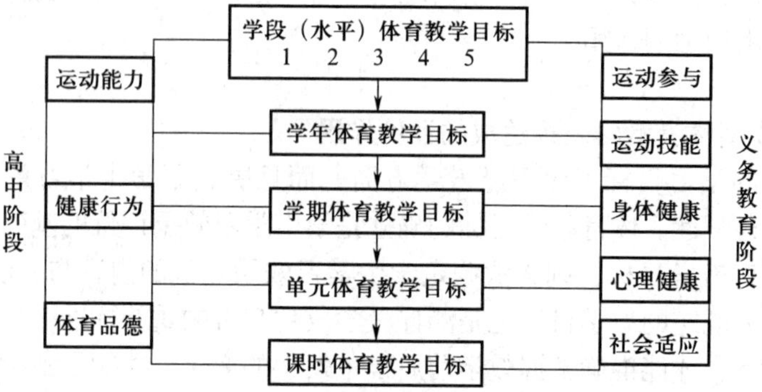

图 6-1 体育教学目标体系

将体育教学目标的纵向层次和横向维度结合起来看，可以发现体育教学目标体系的三个特点：① 体育教学目标纵向上的每一个层次都包含了横向上的全部维度；② 随着学生年级的增长，体育教学目标横向上任一维度都会有新的内涵赋予；③ 体育教学目标的实现情况最终需要其横向维度的达成情况来检验。

三、体育教学目标的制定

制定体育教学目标是体育教学过程的起始环节，目标制定是否清晰、准确，决定了目标的作用是否能正常发挥。因此，在制定体育教学目标时，必须遵循一些基本原则，具体包括：① 整体性原则，即目标横向上的各个维度要统筹兼顾，不可偏废；② 科学性原则，即目标要符合学生的身心发展规律，与学生的身心特征相适应，不可违背；③ 灵活性原则，即目标的重点要根据体育教学的实际情况进行灵活调整，不可一成不变；④ 发展性原则，即目标要引导学生的体育学习不断进步，目标难度要逐步提升，体现学习水平的进阶；⑤ 可测性原则，即目标要能准确客观地反映学生的学习效果，便于客观测量，不可模糊不清。

在各层次的体育教学目标中，与体育教师日常教学工作密切相关的有单元体育教学目标和课时体育教学目标。因此，本节将着重介绍单元体育教学目标及课时体育教学目标的制定。

（一）单元体育教学目标的制定

单元是教学的一种划分单位，是根据课程的内容知识体系或“主题性”教学的需要，对超学时教学过程的规划和逻辑安排。在体育教学实践中，体育教学单元一般是对学期体育教学的规划和逻辑安排。因此，单元体育教学目标上是对学期体育教学目标的进一步细化，同时又是对单元内课时体育教学目标的统领。合理地制定单元体育教学目标，对于贯彻落实学期教学任务，引领体育课堂教学的有效实施具有重要意义。

由于单元是多个课时的集合，其目标在表达上比课时目标更为抽象，在目标维度的涵盖上比课时目标更为宽泛。一般而言，单元体育教学目标要涵盖课程标准中的所有目标维度。比如，义务教育阶段的体育教学单元目标，在制定时就应该包含运动参与目标、运动技能目标、身体健康目标、心理健康与社会适应目标；高中阶段的体育教学单元目标，在制定时就应该包含运动能力目标、健康行为目标和体育品德目标。单元体育教学目标在维度上的要求与学期、学年和学段体育教学目标具有一致性，而在单元目标的具体表达上，各维度目标与具体学习的项目更加紧密，体现出了明显的项目特征。

例如，根据课程内容要求，小学二年级投掷项目通常划分为一个教学单元，其单元教学目标一般表述为：

（1）运动参与目标：能积极参与各种挥动、抛掷、转体等抛掷练习，提高学生对投掷活动的兴趣，进而加强对体育课的兴趣。

（2）运动技能目标：初步学习各种投掷方法，体验肩部带动手臂的甩臂动作，主要练习肩上曲肘的动作，进一步学习和掌握投掷的基础理论知识，增强体育意识，提高体育文化素养。

（3）身体健康目标：发展上下肢力量和腰背力量，提高身体的协调性和灵活性以及身体各部位的协调用力；使肌肉、骨骼得到强有力的锻炼，为下一步学习打下良好的身体基础。

（4）心理健康与社会适应目标：培养学生的参与意识和创造能力，树立吃苦耐劳、拼搏向上的精神；发展个性，培养竞争意识及创新、合作和应变能力。

上述有关投掷单元的目标涵盖了义务教育阶段《体育与健康课程标准》的4个目标维度，在各维度的目标表达中，也能看到“投掷”的项目特征。比如，运动参与目标中的“挥动”“抛掷”“转体”等词语，运动技能目标中的“肩部带动手臂”“肩上曲肘”等短语，身体健康目标中的“上下肢”“腰腹”“协调用力”等词语，都表达出了与投掷项目较为紧密的联系。

当然，由于体育项目大多具有“一项多能”的特征，因此，在心理健康和社会适应目标方面的表达上，单元目标在体现项目特征方面表述相对弱。在一个具体的单元体育教学中，心理健康与社会适应目标具体应当怎样表达，需要结合学生发展的实际需要以及教学的具体组织形式来进行。

（二）课时体育教学目标的制定

课时体育教学目标一般由体育教师在单元教学目标的框架内，依据课程内容的属性，结合学生具体学情和教学环境条件自行制定，它是一堂课的效果预期，也是课中教学行为选择的重要参照。合理的体育课时教学目标能够体现体育课对学生健康发展的实际价值，有利于学生明确体育课学习的重点，能够指导教师科学地进行教学设计。课时教学目标应遵循循序渐进的排列要求，参考技能形成的进阶规律，把单元目标进行科学合理地分解，使每节课的目标既相对独立又彼此影响。

1. 制定课时体育教学目标的观念

通常而言，在制定课时体育教学目标时，要树立 4 种观念：① 准确的时间观念。一堂体育课的时间是相对固定的，制定的目标在课堂中的什么时间点应该实现，教师要有明确的时间意识。② 明确的条件观念。目标的达成需要什么样的条件来支撑，这些条件在一堂课中是否完全具备？如果不具备，补救的方式是什么？这些问题需要教师在制定目标时仔细考虑。③ 适宜的兼顾观念。在有限的体育课时内，不可能把学生发展的所有问题都解决，因此，目标的制定通常会有所侧重，并且要在侧重的基础上兼顾其他目标的达成。④ 清晰的标准观念。目标也是教学效果达成的评判标准，要客观清晰。只有这样，教师才能准确判断教学是否达到预期。

2. 制定课时体育教学目标的步骤

课时体育教学目标的制定通常分为 6 个步骤：① 熟悉单元体育教学目标的总体要求；② 查看本次课在单元规划中所处的课次位置；③ 分析本次课的动作技术要领及学习水平要求；④ 确认与动作技术学练方式联系紧密的德育要素、体能要素、知识要素、行为要素以及各要素可观测的指标和学习水平要求；⑤ 根据单元目标的总体要求确定本次课需要达成的目标类型；⑥ 对各目标内容进行明确表达，要有目标层次。如是“水平一”的教学目标，还是“水平二”的教学目标，然后再列出目标种类。与单元教学目标的制定相似，新课标下体育课的课时教学目标主要按照体育课的学习领域来制定，按照运动参与、运动技能、身体健康、心理健康与社会适应 4 个领域分别进行制定。最后，再确定各目标表述的具体内容。

3. 课时体育教学目标的具体表达

目标只有被清晰、准确地表达出来，才能被执行和落实。因此，课时体育教学目标能否得到清晰、准确的表达是目标制定成功与否的关键。一般情况下，规范的课时教学目标可以用“T-ABCD”模式来进行表达。其中：

“T”代表目标任务（Task）。目标任务有时也称为目标指向，是指承载目标的具体事项。比如，目标是指向学生的技能养成，还是指向学生的身体素质发展，或者指向学生的心理品质发展等。

“A”代表行为主体（Audience）。体育教学本质上是一种学习活动，毫无疑问，学生应是学习活动的主体，教学目标反映的预期结果也是学生的学习结果。因此，在体育教学的目标表达中，通常以“学生……”这样的句式开头。不过，在教学目标的具体撰写中，因学生是行为主体的事实已得到默认，因此，行为主体通常也省略不写，例如，（学生）能离墙 5 米连续垫球 10 次。

“B”代表行为动词（Behavior）。行为动词用以描述学生是通过何种方式完成目标的。根据行为特征，一般又分为模糊性的行为动词和明晰性的行为动词。前者包括“掌握、发展、巩固、提高、培养、促进”等；后者通常包括“知道、了解、讲出、模仿、完成、接受、服从”等。在表述教学目标时，应尽可能选用意义明确、易于观察的行为动词。

“C”代表情景条件（Condition）。这是反映学生在什么情景或条件下完成目标。常见的情景条件包括：① 场地要素，如“在校园自然地形……”；② 器材要素，如“用 2 千克的实心球……”；③ 同伴要素，如“在同伴的保护与帮助下……”；④ 信息要素，如“根据视频演示说出……”。

“D”代表表现程度（Degree）。表现程度是指目标完成的水平要求，用以评定学习应该达到的程度。根据目标的性质，可采用定量或定性的表达。定量表达可以是：① 时间表达，如“在 5 分钟内跑完规定距离”；② 数量表达，如“定点投篮 5 次，至少 3 次进筐”；③ 比例表达，如“80% 的学生能……”。定性表达一般采用程度副词，如“清晰、主动、积极”等。

从表 6-1 中可以看出，根据目标表达的内容不同，目标任务、行为主体、行为动词、情景条件、表现程度之间的表达顺序并不是固定不变的。因此，在撰写课时体育教学目标时，不必固守“T-ABCD”模式的表达顺序，而要根据目标的具体内容选择合适的表达顺序。

▶ 表 6-1 课时体育教学目标表达示例

目标 1	学生（A）在不需要同伴的提示下（C）能清晰（D）说出（B）单手肩上投篮的动作要领（T）。
目标 2	80% 的（D1）男生（A）5 分钟内（D2）能在校园自然地形中（C）跑完（B）1 500 米（T）。
目标 3	学生（A）在基本部分的学练中（C）平均心率（T）能达到（B）135 次 / 分（D）。
目标 4	学生（A）在技巧的成套动作学练中（C）能主动（D）体现出（B）对同伴的鼓励和帮助（T）。

第二节 体育教学内容

作为体育教学系统的一个重要构成要素，体育教学内容决定了在体育教学过程中教师“教什么”和学生“学什么”的问题。因此，作为体育教学过程的主导者，体育教师应当对体育教学内容的含义、特征选配等问题加以熟悉和把握，保证体育教学过程中内容选用的恰当性以及内容与目标的对应性，进而确保体育教学的学科特征得到彰显和体育教学的育人功能得以体现。

一、体育教学内容的含义

众所周知，所有教学活动都是围绕知识进行的交往活动。学校教育中之所以有语文教学、数学教学、体育教学等不同的教学方式，主要是因为知识所属的学科领域不同。凡是能称为学科的领域，其知识都具有体系化的特征。据此，我们将体育教学内容定义为：体育教学内容是依据体育教学目标而选择出来的，在教学过程中供教师教学和学生学习的体系化的体育知识。这一定义包含 4 层基本含义：

1. 体育教学内容首先是一种知识

所谓知识，是指人们在认识世界的过程中形成的具有规律性特征的共识性成果。根据这种成果的表现形式，又可分为内隐的认知性知识和外显的操作性知识。由于体育课程是以身体练习为主要手段的课程，因此，作为体育教学内容的知识是以操作性知识——运动技能为核心的知识体系。确认体育教学内容的知识属性，是保证体育学科独立地位和价值的基本前提。

2. 体育教学内容是一种体系化的知识

尽管运动技能在体育教学内容中处于核心地位，但并不是说体育教学内容就只有运动技能这一类知识。事实上，从《体育与健康课程标准》中对有关课程内容的描述可以看出，体育教学内容还包括体育与身体健康、心理健康、道德品质、社会适应相关的一系列知识。在体育教学实施中，只有把运动技能与这些相关的知识联系起来，教学内容才是完整的，体育教学内容的育人价值才能得到体现。

3. 体育教学内容是一种过程性知识

与教学内容相近的一个概念是“教材”，教材通常是指课本或教科书，是教师选择教学内容的主要依据。在教学的设计与实施中，教师往往会根据课堂的实际情况对课本和教科书中的内容进行删减、增补，或者重新组合，以满足学生学习的实际需要。因此，作为体育教学内容的知识，具有典型的过程性特征。

4. 体育教学内容是具有明确目标指向的知识

在一节具体的体育课中，到底用什么内容来进行教学，这需要根据体育教学目标确定。在体育教学方案的准备阶段，教师要根据目标来选择内容；在体育教学过程的实施阶段，体育教师要根据目标的实现程度来调整内容；在体育教学的评价阶段，教师要根据目标的完成情况来反思内容。总之，选择什么样的知识作为教学内容，始终需要以教学目标为导向。

二、体育教学内容的特征

体育教学作为一种教学形式，与其他学科在分工合作的基础上，共同承担学校人才培养的使命。因此，在教学内容的性质方面，体育教学与其他学科的教学具有一些共同特征，具体包括：① 教育性，即教学内容是有利于促进学生健康成长的知识；② 科学性，即作为教学内容的知识是经过实践检验的正确知识；③ 先进性，即作为教学内容的知识是能代表人类先进文明的知识；④ 系统性，即不同学习阶段的教学内容之间要能有效衔接，保证学生知识水平的逐层递增。其实，这些共同的特征也反映了选择体育教学内容的基本要求。

当然，作为一个以身体练习为主要手段的教学形式，体育教学在内容上也有着自身的独特性。认识体育教学内容的这些独特性，对于加深对体育教学学科特性的理解，进而更有效地选用好体育教学内容具有十分重要的作用。

（一）思维与操作的统一性

思维和操作的统一是体育教学内容知识特性的重要体现。相较于其他学科主要以思维过程来理解知识的方式，体育教学中对知识的理解更注重操作性。通过身体活动来达成教学目标是体育教学的重要途径。亲身参与到活动中，使身体的肌肉群得到锻炼，各内脏器官的机能得到增强，体会体育的乐趣，并受到思想品格的培养和锻炼方法的训练，这些都是体育教学内容操作性的体现。可以说，没有身体的实际参与，体育目标的达成就是一句空话。但不能忽视的是，在体育教学过程中，体育与健康知识的掌握、良好心理品质与社会适应能力的发展等也是其重要目标，这些目标的实现有赖于思维和操作的有机结合。事实上，即使是纯动作技术的学习，也不可能离开思维的参与。体育教学内容的思维性就是要提高学生对体育的认识，促进体育意识的培养，树立正确的体育价值观，形成体育理想，并受到良好的体育道德熏陶。依据这一特性，体育教师在准备教学内容时，不仅要考虑内容如何操作（练习的形式），还要考虑如何引导学生去思考理解内容。

（二）内容结构逻辑的离散性

体育教学内容的来源广泛、体系庞杂，但其核心知识的形式却很统一，均以运动项目为主。每个运动项目都有其自身的特点和发展规律，各自相对独立，这使得项目之间并没有很强的内在逻辑关系，与其他学科的教学内容自成体系或递进或因果的逻辑关系有很大区别。例如，算术只有从基础的加减乘除开始，才可能学习更高级的运算方法，其学科内容自身的逻辑性引导着教师按照这一规律进行教学。体育学科并非如此，足球、篮球和排球，都是球类运动，就篮球而言，先学传球或者先学投篮，没有硬性规定，二者之间不存在谁是基础的问题。这种项目内部和项目之间近乎于并列的逻辑关系，正是体育学科内容最大的特征之一。根据这一特征，体育教师在选择教学内容时，需要更多考虑内容与学生实际之间的联系，而不必机械地根据先后顺序去确定教学内容。

（三）内容效果的多指向性

体育教学内容的这一特征可以从“一项多能”和“多项一能”两个方面来理解。“一项多能”是指一个运动项目可以通过不同的设计完成多个教学目标，如选择耐久跑作为教学内容，既可以提高学生的身体素质、磨炼意志品质，也可以将学生分组，要求每组同学同时达到终点，以培养团队精神。“多项一能”是指同一个教学目标可以通过多个项目来实现。例如，就形成合作意识与能力目标来说，可以选择像篮球、足球这样的集体项目，也可以通过分组进行 50 米跑接力比赛的形式来进行教学。体育教学内容的这一特征为体育教师创造性地组建和实施教学内容提供了广阔的空间。作为体育教师，也要善于探索教学内容与教学目标之间的多种联系，如此，才能够更自如地驾驭体育教学，进而形成教师富有特色的教学风格。

（四）对条件依赖的两极性

体育教学内容中许多身体练习的具体实施，都需要有各自特定的器材在固定的场地上进行，如篮球、乒乓球和游泳等，如果离开特定场地器材的支持，其内容就会产生质的变化，甚至内容本身就不存在了。因此，大多数体育教学内容对场地器材具有很强的依赖性。事实上，场地、器材在很多时候本身也是体育教学内容的重要组成部分。然而，还有一些体育教学内容却并不需要专门的场地器材支持，例如，在耐力跑教学中常被使用的“校园自然地形跑”、体能练习的原地纵跳、俯卧撑等。体育教学内容对条件依赖的两极性表明，从纯粹的健身需要出发，体育教学是可以就地取材、灵活开展的。但从体育教学作为一种文化传承的形式而言，体育教学必须要有基本的物质条件做支撑。加强体育场地、器材的建设是保障体育教学内容得以丰富的关键。

三、体育教学内容的选配

合理地选择和搭配体育教学内容，是体育教师教学能力的重要体现。从体育教学内容是一种知识体系的观点来看，所谓选配体育教学内容绝不仅仅是确定运动项目技术这么简单，而是要以选定的运动项目技术为核心，将其相关联的身心健康知识、体育品德知识、体能发展知识等进行挖掘和整理，然后依据教学目标从这些知识中确定最终需要教学的知识。需要说明的是，传统的体育教学内容选择往往只注重教什么，很少将与运动项目技术相关联的知识进行有机搭配，因此，传统的体育教学通常表现为一种单纯的技能训练，缺少育人的因素，这是必须加以重视的。

6-2：我国中小学体育教学内容选择的历史变迁

当然，合理地选配体育教学内容，除了要在知识结构上明确教学内容是以运动项目技术为核心的知识体系外，还需要遵循以下一些基本要求。

（一）围绕教学目标选择教学内容

体育教学目标是选择组织体育教学内容的依据，体育教学内容是实现体育教学目标的手段。教学目标是体育课程指导思想的直接体现，也是体育教学实施中选择和安排教学内容的首要参照点，即“目标统领内容”。体育与健康课程围绕“健康”与“技能”两条主线制定了课程学习的若干目标，而体育教学又是体育课程实施的具体途径，那么体育教学内容的选择就要紧紧围绕这两条主线来进行。在具体的教学实施中，体育教师应当明确两条主线下各具体目标的达成标准以及各目标之间的联系，科学、合理地选择与之匹配的教学内容，使目标与内容达到协调统一。

（二）符合学生的兴趣和年龄特点

兴趣可以激发学生的运动动机，引导学生主动参与体育活动，帮助学生形成探索体育知识的意愿。因此，把握学生的兴趣所在，根据学生真正的需求选择体育教学内容，切实做到以学生为主体，充分尊重学生的意见，比一味重视内容的系统性、连贯性等具有更加积极的作用。在重视学生兴趣的同时，应根据不同年龄阶段学生身心发育的特点，适当调整体育教学内容，使其与学生身心发展的阶段相适应。教学内容过于简单，会让学生感到枯燥无味，产生厌烦情绪；教学内容过于高难，又会使学生望而生畏，丧失自信，只有教学内容适应了学生的年龄特点，才能让学生体验到运动的乐趣，从而更好地达成教学目标。

（三）发挥教师特长与优势

在具体的教学场景中，体育教师是教学内容的传授者和指导者。体育教师自身在体育知识、运动技能、组织管理等方面的能力和水平以及在长期从事教学活动中形成的具有独特个性的教学风格，都会影响教学内容的实施。作为个体的体育教师，不可能精通所有的体育项目。因此，体育教师应当在实现教学目标的前提下，尽可能安排适应自身各方面能力特长的教学内容。只有这样，体育教师才能够充分发挥自身的特长与优势，更加深入地理解教学内容，有效指导学生。对于教学经验丰富的体育教师，还应当主动提炼自身教学风格并将其融合到教学之中，让学生感受到教师的魅力，对体育课产生浓厚的兴趣，有助于教学内容的圆满完成。

（四）适应学校的场地与器材条件

场地、器材是体育教学内容的物质载体，没有场地、器材的支撑，再好的教学内容也无法具体展现。目前我国经济的发展存在区域发展不平衡，不同地区的教学条件存在较大的差异。各个学校的场地条件和器材、设施情况都制约着体育教学内容的选择。因此体育教师要充分挖掘学校可用的教学设备，积极进行改良和优化利用，并根据客观条件，合理地选择体育教学内容。

（五）注重贴近学生的实际生活场景

教师所选择的体育教学内容在符合上述几点要求的情况下，还应尽可能体现当地的体育教学特色和学校的体育文化。终身体育要求学校要培养学生不间断地进行体育活动的能力。这就要求一方面，教师体育教学内容的选择要贴近学生生活的场景，能在日常生活中得到经常的运用，使课堂中学习到的体育知识得以延伸。另一方面，学校也要做好适应地方特色的校园体育文化建设，在体育设施的配置和体育氛围的营造方面，适应地方、社区、学校一体的文化传承需要。

（六）注意教学内容与季节特征的关系

在体育教学的具体实施中，体育教学内容的选配还要考虑季节特征。一方面，一些体育项目本身就是适应自然环境的季节变化而产生的。比如，适合冬季开展的冰上项目和雪上项目，适合夏季开展的游泳项目。尽管这些项目现在已经可以打破季节的限制全天候开展，但对于大多数常规的学校体育教学而言，还是会受到季节限制。另一方面，即便是相同的教学内容，在不同的季节实施，其内容的具体安排也会有所差别。比如，在体育课中常用于热身的准备活动，随着季节的不同，其活动内容的安排也会有所不同。在寒冷的冬季，用于热身的准备活动时间应当长一些，而在炎热的夏季，则可短一些。因此，在体育教学的准备与实施中，体育教师要养成从季节特征的角度来分析体育教学内容的意识，使教学内容的选配与自然环境的变化相适应，进而更好地保证教学内容的有效实施。

第三节 体育教学方法

在体育教学过程中，当教学目标已经明确，教学内容也已清晰的情况下，体育教师和学生围绕教学内容应当怎样进行活动？大量的体育教学实践表明，如果体育教师只具有精湛的专业知识和技能，却不能运用恰当的方法将这些知识技能在教学中进行展现，那么，他可能成为一名优秀的运动员，但不能真正成为一名优秀的体育教师。因此，探究体育教学方法进而创造发展体育教学方法，既是体育教师贯彻职业生涯始终的重中之重，也是体育教师从“新手教师”向“优秀教师”转化的必备环节，更是体育教师形成独具个人魅力的教学艺术风格的重要前提。

一、体育教学方法的来源与类别

（一）体育教学方法的来源

所谓体育教学方法，是指教师和学生在体育教学过程中为完成教学任务、达成教学目标而采取的教与学相互作用的活动方式的总称。在这个定义中，体育教学方法是一个集合体，是由众多具体方法组成的一个集合。

体育教学方法之所以是多种具体方法的集合，主要在于体育教学方法来源的广泛性。从目前各种相关体育教材中呈现的被大家广泛认同的方法来看，体育教学方法的来源至少有 5 种途径：① 来源于对文化学科教学方法的移植，如讲解法、讨论法；② 来源于对运动训练实践的总结，如循环练习法、完整练习法、分解练习法；③ 来源于对其他活动方法的借鉴，如借鉴团队活动形成的合作教学法、借鉴研究活动形成的探究教学法；④ 来源于对现代科学技术的运用，如多媒体教学法；⑤ 来源于体育教师在教学实践中的经验总结，如发生在体育教学过程中并带有教师个人风格的各种辅助教学法。

体育教学方法来源的广泛性阐明了发展创造体育教学方法应当关注的知识领域。事实上，以上几种体育教学方法的来源途径，本身也是一个不断发展革新的过程，其中产生的新方法仍然可以为体育教学所用。比如，与体育教学关联密切的运动训练，在以往的认识中常常把它们看为两种完全不同的训练方法。然而，在教学实践中，运动训练方法中的许多新元素不断地渗透到体育教学之中。比如，现代体能训练中的新手段、运动训练负荷测评的新工具、以赛代练的训练新理念等都已成为丰富和完善体育教学方法的新元素。因此，对于体育教学方法的认识，应当树立“事物虽有别，但方法可相通”的开放理念。只有这样，体育教学方法的革新才能不断拓展，体育教学方法才会不断丰富和完善。

（二）体育教学方法的类别

在已有的学校体育课程与教学理论与实践中，许多方法已被大家认同并运用，如讲解法、问答法、讨论法、示范法、演示法、完整练习法、分解练习法、循环练习法、游戏法、比赛法、情景法、纠错法、发现法、探究法等。那么，这些方法在具体应用中与教学活动发生着怎样的联系？各种方法又是如何反映方法定义中的“教与学相互作用”的内涵？对这些问题的回答都与体育教学方法的分类有关。

从教学方法与教学活动的关系而言，有些方法主要指向一个相对完整的动作技术，如完整练习法；有的方法则主要指向一个动作技术中的某个技术细节，如纠错法；还有些方法主要指向一个相对独立的学习活动过程，比如情景法。据此，可以区分出体育教学方法的三种层次（表 6–2）。

► **表 6-2　体育教学方法的层次**

方法层次	方法指向	典型方法举例
宏观层次的方法	一个相对独立的教学过程	探究法、情景法
中观层次的方法	一项相对完整的知识技能	完整练习法、分解练习法
微观层次的方法	知识技能中的某个细节	纠错法

需要说明的是，在现有的体育教学方法中，并不是每种方法都具有明确的层次属性。比如，讲解法既可贯穿运用于一个完整的教学过程之中，也可运用于对一项知识技能的单独阐释，还可以是对某个动作技术细节的强调。因此，对于体育教学方法层次属性的理解，需要结合教学实践活动的具体情况。换句话说，不同体育教学方法的层次归属具有动态生成性，而并非一成不变。

从方法反映“教与学相互作用”的角度来看，不同方法所反映的相互作用的主体有所区别。比如，示范法所反映的相互作用的主体更多指向教师，主要阐述教师“教”的行为，同类的还有讲解法、演示法等；而完整练习法所反映的相互作用的主体则更多指向学生，主要阐述学生“学”的行为，同类的还有分解练习法、循环练习法、比赛法、游戏法等；此外，还有一些方法同时指向教师和学生，比如问答法、纠错法等。从这个意义上来看，可以把体育教学方法分为三种类别（表 6–3）。

▶ 表 6-3 体育教学方法的类别

主体的主要指向	行为反映的主要方面	典型方法举例
教师	教师如何教授	讲解法、示范法、演示法
学生	学生如何学练	完整练习法、分解练习法、循环练习法、比赛法、游戏法
师生	师生如何互动	问答法、纠错法

需要注意的是，所有教学方法的存在，其目的都在于促进学生更好地学。因此，在实践中不存在只反映“教师如何教”而不反映“学生如何学”的教学方法。事实上，如果教师的“教”不能促进学生的“学”，那么，体育教学活动就变成了教师的自娱自乐，体育教学也就失去了育人的意义。进而言之，从“相互作用的主体指向”来理解体育教学方法，是希望在方法的具体运用中，能更好地把握方法中矛盾的主要方面，从而使对方法的应用更为合理与恰当。

从以上分析中可以看出，对于实践中众多的体育教学方法，很难找到一个统一的标准把方法的属性完全固定下来。其实，这也表明了体育教学方法的灵活性特征。体育教学方法的属性通常会随着教学实践场景的变化而发生变化，具有典型的动态生成性特征。因此，在具体的体育教学实践中，方法的运用贵在灵活，正所谓教无定法，贵在得法。

二、常见体育教学方法的运用要点

（一）讲解法

讲解法是指体育教师通过口头语言向学生传授各种体育知识的教学方法。在学校的各门学科教学中，讲解法是教师教学中经常使用的方法。教师为学生讲解时，学生主要通过听讲并结合自己的思考来理解学习内容的概念、原理、结构等一系列知识。因此，如何保证讲解得及时、清晰、易懂是使用讲解法特别需要注意的问题。要达到讲解的及时、清晰、易懂，教师需要注意以下几点：

1. 口齿清晰

口齿清晰是信息传达准确性的基本保证，是讲解过程中学生与教师思维能够同步的重要前提。而且，体育课多在室外，经常是几个班级一起上课，容易互相影响。因此，教师讲解时一定要注意声音洪亮、口齿清晰，让学生准确明了地理解教师所讲授的内容。

2. 逻辑严密

如果说口齿清晰是使学生听得清的保证，那么，逻辑严密则是学生听得懂的保证。因此，体育教师在讲解时，应对教学内容的内在逻辑进行分析，找到恰当地表达教学内容的语言形式，使语言具有逻辑性，切记出现前言不搭后语甚至自相矛盾的情况。

3. 内容干练

体育教学是以身体练习为主要特征的教学形式，教师的讲解是为了学生科学、合理地进行练习，如果因为教师的讲解而使学生缺少练习时间，体育课就失去了“体育”的特征。因此，体育课应该“精讲多练”，其中“精讲”就是指讲解的内容要简洁、干练。

6-3：减少“无效讲解”是精讲的重要抓手

4. 语言生动

语言生动是讲解能否对学生产生吸引力的关键。一般来说，生动的语言能够激发学生听讲的热情，能够保证学生在听讲过程中注意力的集中，也容易营造出积极的课堂氛围。这就要求教师讲解时语言类型要丰富，节奏要分明，用词要有适当的幽默感。

5. 时机准确

在体育教学中，除在讲授新学内容及必要的课堂学习要求时需要进行专门的集中讲解外，多数时候讲解是穿插在学生的学练过程之中的。一般情况下，在学生正常练习时不要随意打断学生，但在预判学生可能出现错误时则应及时进行提示，当发现学生出现普遍性错误时，应该果断停止并进行讲解纠正。

（二）问答法

问答法也称谈话法，是教师和学生之间通过提问——回答的方式进行教学的一种方法，这是一种具有悠久历史的教学方法。古希腊哲学家苏格拉底曾用这种方法进行教学，并把它称为“产婆术”。我国古代儒家创始人孔子也经常用这种方法来启发学生思维，传授儒家伦理知识。在体育教学实践中，由于大多数时候是由教师提出问题，因此，以下关于问答法运用的有关内容主要从教师角度进行阐述。

6-4：“产婆术”介绍

体育教师要运用好问答法进行教学，应当注意以下三个问题：

1. 熟悉提问的类型以及不同类型提问的教学意义

美国著名体育教学理论专家西登拓扑（Sidentop）将体育教学中的提问

归纳为以下 4 种类型：

（1）回顾性提问。这是记忆性的问题，一般用“是”和“不是”来回答。这种提问一般用于对所学知识进行回顾和巩固。

（2）归纳性提问。这是对以前提出问题的归纳，回答这类问题往往需要说明理由，通常要求两个以上的记忆内容，而且回答可能是多样性的。这种提问一般用于对学习过程中同类知识的比较，以加深对知识的理解。

（3）演绎性提问。这是运用以前提出的有关知识对新问题进行解决的提问方法，回答要有一定的创造性，但不必都是经过实证性的事实。可以是一种假说，学生在回答这类问题时会有各种各样的回答，一般用于对不同知识的延伸，以拓展对所学知识的运用。

（4）价值判断式的提问。这种提问要求学生进行选择，是一种态度上、认识上的提问和创新，但回答不是“正确”和“不正确”这类绝对性的判断。一般用于对可能的答案做出价值判断，以掌握学习中的主要知识。

2. 知晓提问的时机以及如何提出恰当的问题

根据教学目的的不同，在体育教学过程中主要有三个提问时机：一是教学开始时的提问，主要用于引出教学内容，帮助学生了解课堂将要学习的主要内容和知识要点；二是教学结束时的提问，这其实也是一种教学评价的手段，主要用于检查学生的学习情况，了解学生对知识的掌握程度。除了以上两种常见的提问时机，在体育教学过程中还有很多临时性的提问，这种提问主要用于对学生在学习过程中适时出现的问题进行及时地纠正，从而让学生对所学知识进行巩固和延伸。一般情况下，问题应该是提前准备好的，根据教学内容、教学任务确定所提问题的方向，并根据学生的心理和知识水平确定所提问题的难度，问题难度应该适中，以通过引导后学生可以回答为标准。

3. 明白提问后及时引导和回应的重要性

由于体育课堂主要以身体练习为主，不可能有太长时间让学生进行静态思考。因此，向学生提出问题并让学生思考后，教师应该及时加以引导，使学生能够快速回到身体练习中去。如果学生对教师的提问进行了明确回应，那么，教师应该及时进行简要点评，如果教师经常性不对学生的回答进行点评，那么学生会觉得回答提问是没意义的，久而久之，就会对教师的问题置之不理。此外，当遇到学生的回答不尽如人意时，教师要慎用批评，批评不当或批评过多往往会使学生失去自信。

（三）示范法

示范法是指示范者通过具体动作的展示来指导学生进行学习的方法。

在体育教学中，示范者通常为体育教师，但有时也可以是教师指定的学生。示范法可以使学生了解所学动作的形象、结构、要领和过程，同时也可运用错误动作的演示来帮助学生克服动作缺点，改进技术动作。在实际体育教学活动中，示范法几乎被运用在所有技术的学习中，这也是最能体现体育教师身份特征的教学方法。用好示范法要注意以下几个问题：

1. 熟悉动作示范的基本要素

在体育教学中，任何一次示范都包含了示范面、示范速度和示范位置三个要素。其中，示范面是指示范者做示范时的身体方位，通常包括正面示范、镜面示范、背面示范、侧面示范四种（表 6-4）。教师在使用示范法教学时，示范面通常不是固定不变的，很多情况下需要利用多种示范面进行教学，尤其是对于复杂动作的学习，更需要教师合理组合使用示范面，保证学生从不同角度观察技术动作。

▶ **表 6-4 不同示范面的含义及适用动作**

示范面	含义	适用范围	示例
正面示范	教师以身体正面面对学生，做与实际动作一致的动作	多用于向学生呈现动作技术的细节，适用于大多数技术动作	如篮球的原地运球、排球的上手传球的手型等
镜面示范	教师以身体正面面对学生，做与实际动作方向相反的动作	多用于两侧肢体动静交替的简单技术动作	广播体操
背面示范	教师以身体背面面对学生，做与实际动作一致的动作示范	需要演示动作线路变化的技术动作	武术套路
侧面示范	教师以身体侧面面对学生，做与实际动作一致的动作示范	需要演示身体侧方和前后运动的技术动作	跑步的摆臂动作 跳远的腾空动作

示范速度是指教师或学生在进行动作示范时的节奏快慢，不同速度所产生的示范效果不同，其应用范围也不相同，如表 6-5 所示。

▶ 表 6-5 不同示范速度的效果及适用范围

示范速度	使用效果	适用范围	示例
正常示范	使学生建立完整动作表象	动作的介绍阶段	帮助学生建立足球射门动作的概念
慢速示范	使学生更清楚地看清动作结构、动作过程	动作的学习阶段	帮助学生掌握足球射门中腿部的运动过程
定格示范	使学生明白身体部位的空间位置	动作的提高阶段	帮助学生掌握足球射门脚背与球接触位置

示范位置是指示范者做示范时选择的空间站位。在选择示范位置时，应该保证学生既能看清动作又处于相对安全的位置。在传统体育教学活动中，为使课堂看起来整齐有序，教师示范时会让学生按队列、队形站立，然后在队形的某个位置进行示范，但按这种方法选择示范位置，队伍两侧的学生受影响较大，因此，在教师进行示范时，可以由学生在安全范围内自主选择观察位置。

2. 根据教学需要选择恰当的示范类型

根据教学需要的不同，可将示范法分为认知示范、学法示范、纠错示范三种（表 6-6）。认知示范一般用于新授动作的开始阶段，主要目的在于帮助学生形成对动作技术的初步认知，形成动作结构的整体印象。学法示范一般用于动作技术各环节的具体学习过程中，主要目的在于帮助学生了解动作的关键结构、要领和难点。纠错示范也用于动作技术具体环节的学习过程中，目的是帮助学生了解自身动作的错误所在。需要说明的是，不论使用哪一种示范方法，都应当在示范的同时配合必要的讲解。如此，才能使学生在观摩示范时知道动作技术的要领，明白动作技术的操作原理，从而更好地了解和掌握技术。

▶ 表 6-6 根据使用目的对示范法的分类

类型	所达到的目的
认知示范	为学生建立动作表象，形成大致概念
学法示范	使学生了解动作结构、要领、难点
纠错示范	使学生明白自己完成动作中的错误所在

3. 注意环境要素对示范效果的影响

体育教学活动多在室外进行，其场地具有开放性，这意味着体育教学活动更容易受到环境的影响。如果教师在进行示范讲解时，不对环境要素进行充分的考虑，那么，会使示范效果大打折扣。例如，某学校的体育馆中同时有两个班级在上体育课，分别是羽毛球课和篮球课，两个场地之间只有一网之隔。羽毛球班是技能教授课，篮球班则是教学比赛课。由于羽毛球教师进行动作示范时错误地选择了让学生正面朝向篮球班的学生，使许多学生的注意力被邻班激烈的篮球赛所吸引，未能集中在教师的示范上，教师的示范没有起到应有的效果。上述例子表明，教师在进行动作示范时，忽略了环境要素对教学的干扰，使得学生在观看教师的动作示范过程时无法集中注意力、不能仔细地观察教师的动作示范，因而无法保证示范效果。在实际的体育教学过程中，两个班级在同一个场馆上课的情况比较常见，教师应尽量考虑环境要素的影响，尽可能地避免临近班级的干扰，保证示范效果。

4. 慎让学生进行错误动作展示

在新授动作的学习过程中，学生做出错误的动作是经常发生的事。有时，教师为了让同学们明白所做动作的错误所在，会让某位同学做错误动作的展示。尽管教师的意图是为了学生学习借鉴，但这种做法往往会给“示错”的同学造成心理压力，严重时还会抑制学生学习的积极性。例如，某位小学生一段时间内突然不爱上体育课，只要上体育课就请假，谎称自己肚子疼、头疼等，经了解得知，这名小学生由于动作不规范，经常被体育教师当作错误动作的反面案例，多次被同学嘲笑，进而对体育课产生抗拒心理。以上案例中，虽然教师的初衷是帮助该名学生进行动作改进，同时达到教育其他学生的目的，却忽略了这种做法对学生心理造成的伤害，以致该生对体育课逐渐失去了信心和兴趣。在体育教学活动中，当学生出现错误时，如果是普遍存在的错误，最好由教师来进行对比示范和讲解；如果是个别学生出现的错误，教师可以进行单独示范与讲解。总之，作为学校体育工作者，要牢记方法的运用是为了更好地促进学生发展，如果一种方法的运用促进了一部分学生的发展，而对另一部分学生造成了心理伤害，那么这种方法的运用是得不偿失的。

（四）纠错法

在体育教学中，学生的学习过程贯穿于身体练习之中。由于身体练习是典型的操作性知识，外显性特征明显，因此，学生的学习效果能够及时显现，这决定了在体育教学过程中，教师经常会对学生的错误练习进行纠正。

所谓纠错法，在体育教学中就是指教师为帮助学生改正错误动作时所采用的教学方法。

纠错法从名称上来看，主要是一种功能性表达的教学方法，其手段特征不太明显。在纠错的过程中，根据情况既可采用讲解、示范，也可采用助力、限制或引导等。因此，对于纠错法的应用，重点在于明确学生出现错误动作的原因以及教师在纠错时对待学生的态度。

通常而言，在体育教学中，学生产生错误动作的原因包括四个方面：

1. 学习态度不端正

主观上对学习活动不重视，敷衍了事。

2. 技术概念不清晰

不明白或不理解动作的术语表达，做动作时不知所措。

3. 受其他技能干扰

所学动作与曾经学习过的动作有类似之处，肌肉感觉还停留在原来的动作之中。

4. 身体上出现疲劳

身体疲劳程度较高时，肌肉感觉的灵敏性降低，不能很好地控制动作。

明白学生产生错误动作的原因，可以有效预防和减少错误动作的出现。当然，预防不等于消除，在体育教学中学生出现错误动作是难以避免的。通常来说，学生在出错的情况下本就会比较懊丧和消极，为此，教师在纠错时要特别注意两点：

第一，纠错的同时，要适当肯定学生的进步。当学生出现错误动作时，教师一定要注意态度和方法，在纠正错误时要适当肯定学生的进步，增加学生的信心。即便出现在多次练习中反复出现错误的情况，教师也应肯定学生练习的刻苦精神，切忌讽刺和挖苦。讽刺和挖苦不仅无助于纠正学生的错误动作，还会打击和挫伤学生的自尊心和自信心，使学生对体育课产生逃避和厌恶心理。

第二，错误动作有“连续效应”，要善于发现错误根源。在体育教学过程中，由于技术动作具有连贯性的特征，错误动作也会具有“连续效应”，因此要求教师在动作教学过程中发现错误时，不能只是“头痛医头，脚痛医脚”，而应通过观察、询问等方式寻找错误的根源所在，再根据不同情况及时进行纠正。

（五）分解法与完整法

分解法与完整法的提出，主要是针对学生学习动作技术的步骤而言的。

在以往的《学校体育学》教材中，通常把这种方法分开表述为分解练习法和完整练习法。所谓分解练习，是指将完整的技术动作合理地分成几个部分，逐步进行学练的方法；所谓完整练习，则是不需要将动作技术进行分解，直接按完整动作技术的要求进行学练。本节之所以把两种方法整合为一种表达，是因为在体育教学中不存在“只分解不完整”的教学。事实上，所有对动作技术的分解练习，最终都是为了学生更好地进行完整动作的练习。如果学生没有学会动作技能，体育教学总体上来说是失败的。

要用好分解法与完整法，首先要清楚动作分解的合理方式，在此基础上，明确分解练习与完整练习有机衔接的方式。此外，还有一点要特别注意，即对一些技术复杂但又很难在实践场景下将其进行分解练习的动作，要了解保证其练习效果的常用手段。

1. 动作分解的常见方式

（1）按动作结构进行分解。值得注意的是，不同运动项目的动作结构有顺序和反序之分。例如体操的“低杠挂膝上”是由助跑、挂膝和挂膝上三个主要部分组成，练习该动作时可按动作结构的顺序先练习助跑以加强动力，再练习挂膝以加强动力连贯性，最后将助跑和挂膝上的动作串联，学会动作。而对于像跨栏这类运动则更适合于按照动作结构的反序来练习，如跨栏是由助跑、起跨、过栏摆腿和落地 4 个部分组成，可按动作结构先练习落地和摆腿（无栏或栏侧练习），再练习过栏动作，最后加上栏间助跑，通过串联练习最终学会这个动作。

（2）按学习难度进行分解。如学习蛙泳时，可按难度分为陆上模仿动作、水中局部动作练习和水中完整练习三段，按学习难度先练习陆上模仿，将“划、弯、伸”和“收、翻、蹬”动作练习正确并熟练，再下水做扶池边腿部动作练习和有同伴辅助的手臂练习，待较熟练后再做带漂浮的完整练习，直至完全学会蛙泳。

（3）按身体部位进行分解。如习练武术所涉及的身体部位有：下肢动作、上肢动作、上体姿势和头部动作，有些难度较大的动作如果整体学习有困难，可按身体部位进行分解学习。

2. 分解练习与完整练习衔接的方式

（1）分进式。分进式是将动作的各段按一定顺序逐段教学后，再全部连接起来进行完整的教学，如图 6–2 所示。

（2）连进式。连进式是指先教授第一段，再将第一、第二段进行连接教学，最后将第一、二、三段连贯起来。如此循序渐进，直至全部动作完整教学，如图 6–3 所示。

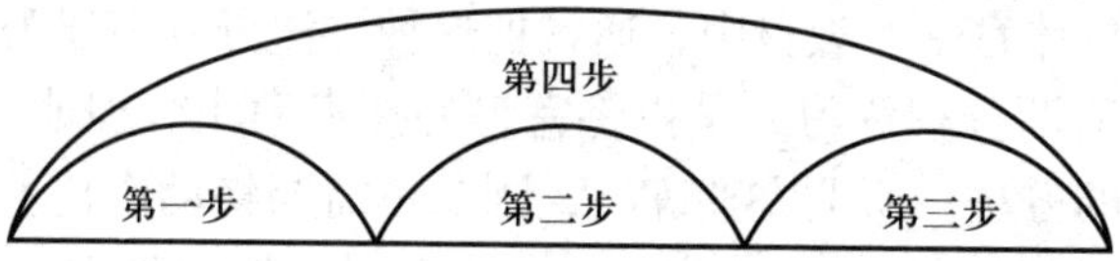

图 6-2 分进式衔接示意图

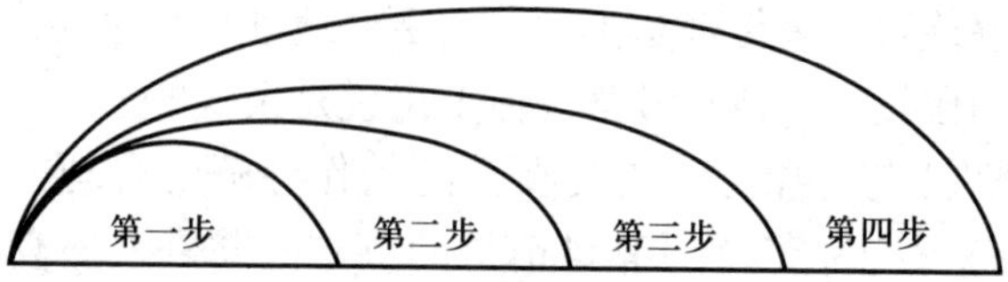

图 6-3 连进式衔接示意图

（3）递进式。递进式教学是指先教授第一段，再教授第二段，将第一、二段连起来教学；接着再教学第三段，最后再将第一、二、三段串联起来，直至全部动作的完整教学，如图 6-4 所示。

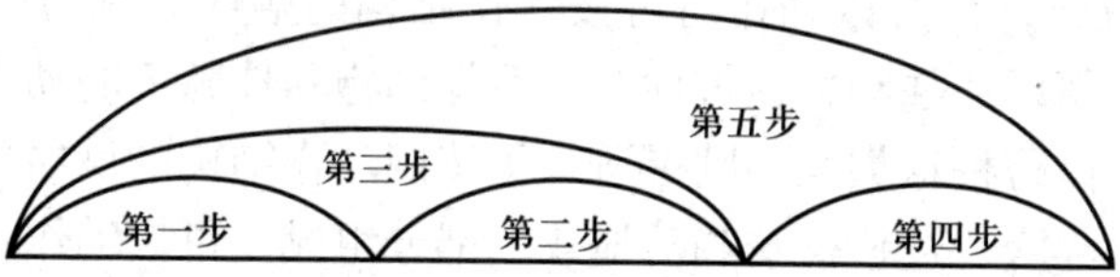

图 6-4 递进式衔接示意图

3. 对技术复杂但又难以分解的动作的教学建议

（1）利用示范和演示来帮助学生建立动作表象。让学生掌握动作的方向、路线、动作节奏、速度等要素，帮助学生对动作有完整的认识。

（2）抓住教学重点进行突破。如体操运动中的翻转动作虽无法分解，但其中的要素，如动力、动作时机和动作要领可以进行分析，找出主要原因和问题所在，有重点地进行练习，切忌不要一开始就拘泥于动作细节。

（3）通过帮助与辅助降低难度。如通过辅助器材的使用和利用教师的各种帮助降低动作难度。

（4）有意识地降低对动作质量的要求。如体操动作的适当分腿、屈膝，武术动作中降低速度，篮球、排球中的近距离投篮、发球等，但降低要求要以不形成明显错误动作为前提。

（5）开发多样的辅助练习和诱导性练习。比如进行挺身式跳远的空中练习时，从起跳到落地的整个动作瞬时结束，很难分段练习。这时可以采用体操踏跳板作为起跳板，以提高起跳的高度和远度，增加学生的腾空时间，从而更从容地体验空中的动作技术。

（六）循环法

循环法是指根据教学目标达成的需要，选择若干练习手段，设置若干的练习站（点），学生按预定的顺序、路线和学练要求，逐站依次练习并循环进行的方法。循环练习的方式包括流水式循环和分组轮换式循环。在分组轮换式循环中，又可分为分组等时轮换、分组不等时轮换、合一分轮换三种，各种循环练习法的适用范围及特点如表 6-7 所示。

▶ 表 6-7 各种循环练习法对比

	流水式循环	分组轮换式循环		
		分组等时轮换	分组不等时轮换	合一分轮换
适用范围	多用于身体素质练习	应用于教学任务中有新授内容和复习内容两个任务，学生人数多的情况	应用于学生对不同教学内容掌握程度不一致的情况	应用于学生有不同课堂学习任务的情况
示例	1. 俯卧撑 2. 原地屈腿跳 3. 哑铃平举 4. 仰卧起坐 5. 杠铃上举	学生分为两组，小组 1 学习上手发球，小组 2 复习垫球，15 分钟后轮换	学生分为两组， 小组 1：4 分钟 A 辅助练习 +12 分钟 A 完整练习 小组 2：16 分钟 B 练习 +12 分钟 A 完整练习	首先全体学生进行新授动作的学习，之后分为两组，小组 1 测试 50 米，小组 2 复习排球垫球，小组 1 测试结束后两组轮换
特点	全面发展学生的身体素质、保持学生的练习兴奋性、增加场地器材的利用率	既能保证教师在新教授内容时为每名学生进行指导，又能保证学生有足够的时间进行旧内容的复习	保证技能基础较差的学生有相对充足的时间进行技能的学练	保证多项课堂教学任务完成的同时，减少学生完成特定任务的等候时间

由于循环法具有多个练习手段，练习过程连续循环，练习内容多种多样，运动量、练习节奏和身体锻炼部位比较容易调整的特点，因此，在体育教学中运用循环法时应注意以下几点：

（1）练习站的设置应服务于具体教学任务。应结合具体的教学任务，设计各个练习站的练习内容、数量、手段、时间和负荷，保证各练习站点能够全面地完成教学内容。

（2）练习站设置数量要适中，一般以5个为宜。一方面，如果练习站过少，学生轮转速度过快，可能会造成学生等待的现象；另一方面，如果练习站过多，学生可能为了求速度走过场，而忽视了练习的强度和动作质量。

（3）选用的练习手段应是学生可以掌握的。应以学生已掌握的和简单易行的身体练习手段为宜，避免因难度较大的练习手段影响动作质量和循环练习的秩序，达不到预计的效果，同时也影响学生完成练习时的自信心和积极性。

（4）练习站的设置应注意功能的交替性。各练习站的内容安排应尽可能做到上、下肢结合，腰、腹肌结合等，使全身得到锻炼；练习顺序也应尽可能使难易程度不同的练习和负荷大小不同的练习交替进行，或渐进安排，相邻练习点的身体练习应具有不同的锻炼性质，这样能够激发学生练习的积极性和挑战性。

（5）选用的练习手段应当具有较高的安全性。应结合学生的身心特点，场地实际情况以及季节、气候等因素选用练习手段，避免脱离实际、凭空想象等对学生产生安全威胁的练习手段，有效地预防和减少伤害事故的发生。

（七）比赛法

比赛法是指让学生在竞争性的情景活动中完成学习任务的一种教学方法。在实践教学中，比赛活动类教学方法又有两种形式，一种是按正式比赛要求进行技能学习的方法，也称运动竞赛法；另一种是借助比赛的竞争性质，但并不按照正式比赛要求进行技能学习的方法，通常也称为运动游戏法。两种方法在表现形式、内容特征和规则要求方面各有不同（表6-8）。

▶ 表6-8 游戏法与比赛法对比

	运动游戏	运动竞赛
表现形式	竞争、合作	偏重竞争
内容的趣味性	强	强
内容的技术性	弱	强
对场地要求	灵活	严格
对规则要求	灵活	严格

在运用比赛法开展体育教学活动时，应遵循以下几点要求：

1. 明确目的，选用恰当的比赛形式

在体育教学活动中，不论是游戏或是竞赛，应该具有明确的目标，没有目标的比赛会使体育教学活动沦为“放羊式”教学。在确立比赛目的时，需要根据教学目的来确立，并在规则中加以体现。在教学比赛中，根据目的不同可以分为尝试性比赛、限制性比赛、总结性比赛三种（表 6–9）。

表 6–9 三种教学比赛区别

	尝试性比赛	限制性比赛	总结性比赛
目的意义	满足欲望、体验特征、激发兴趣	掌握技术细节、提高教学质量	总结进步、发现不足、加深理解
形式要求	运用正式规则、不干预过程、注意发现问题	进行规则限制、不强调比赛结果、重复比赛环节	运用正式规则、关注比赛结果、增强胜负的不确定性
运用时机	教学单元的开始部分	具体技战术的学习阶段	教学单元的结束部分

2. 明确比赛规则，做到简便易行

明确的规则以及对规则的遵守是游戏和比赛有序进行的重要保障。教师在制定体育教学活动中游戏和比赛的规则时应便于记忆、便于理解、便于执行，比较理想的状态是教师简单地讲解后学生就可以理解并开始游戏或比赛。

3. 分组合理，裁判公正

要保持学生参加游戏或比赛的积极性，公平是重要的条件。在游戏或比赛中，保证公平有两个途径，比赛前的分组和比赛中裁判的公正。分组时通过对不同水平学生的合理分配使各小组水平均衡，在比赛中裁判应该做到公平对待每一名学生和每一个小组，这种公平公正会通过比赛和游戏潜移默化地培养学生的思想品质。

4. 加强组织，防止意外伤害

选择安全的场地和器材组织游戏或比赛，在开始之前应该仔细检查场地和器材的质量情况，消除安全隐患，同时应进行安全教育，强调学生遵守规则，对游戏或比赛中可能出现伤害的情况和动作应该明令禁止，培养学生树立良好的安全观念。

5. 控制好运动节奏，保证适宜负荷

在游戏或比赛时，由于学生兴奋性的增加，学生的运动负荷会超过普通练习，这不仅体现在生理负荷上，也体现在心理负荷上。教师应该对比赛的节奏和强度进行控制，防止出现运动过量影响学生健康。

6. 及时总结，指出优缺点

6-5：教学法拓展案例

作为一种教学性的游戏或比赛，其核心目的不在于分出胜负，而在于让学生在一种具有“实战”的情境中达到对知识和技能的掌握。因此，在游戏或比赛结束时应及时进行评价，对学生的优点提出肯定和表扬，同时指出存在的不足并提出改进方法。

三、选用体育教学方法时应考虑的问题

方法本身没有对错之分，只有用对与否。例如，在一些较为复杂的动作技术学习中，当学生对技术环节缺乏基本认知的情况下，老师就急于利用完整练习法让学生进行技术学习，最终的结果很可能是学生虽然能完成动作，但由于缺乏对技术关键环节的理解，使得动作的完成质量不高。在该例子中，完整练习法显然是必须使用的方法，但教师没有考虑到学生学习进度的实际情况，方法的运用时机明显超前。在体育教学实践中，体育教师要保证选用方法的合理性，需要综合考虑以下几个问题：

1. 教学所要达成的主要目标

主要目标不同，教学方法选用就会有所区别。如教学的主要目标是要促进学生身体素质的发展，则多采用循环练习、重复练习等身体练习类的方法；如教学的主要目标是促进学生对技术水平的提升，则多采用分解与完整相结合的练习方法。

2. 教学过程中方法的运用时机

同一种方法，随着教学过程的阶段不同，使用方式也不一样。比如同样使用示范法，在初学阶段为了帮助学生建立动作表象需采用完整示范；在泛化阶段为了帮助学生分清正确动作与错误动作之间的细微区别，则需要采用正误对比示范。

3. 学生身心发展的实际情况

如果要为方法选用的恰当与否选择一条最重要的标准，那么这条标准一定是方法是否能有效地促进学生的学习。因此，在选用体育教学方法时，必须认真考虑学生身心发展的实际情况。比如，同样使用讲解法，对于低年级的学生应该使讲解形象具体，对高年级的学生则可以相对理论化一些。

4. 老师自身的特长与教学风格

教师是方法的运用者，是方法产生实际效果的发起者。教师自身的特

长与教学风格不同，对方法的选用也会产生差异。如有的教师口才好，讲解生动、有趣、易懂，那么讲解法在其方法选用的比重方面可使用多一些。有的教师动作展示能力强，那么示范法在其方法选用时可占比高一些。

5. 体育教学开展的实际条件

方法的运用总是需要一定的物质条件做支撑，缺乏必要的条件，方法使用起来就会产生困难。如在篮球教学中，一个班仅有半个篮球场地供教学用，那么，比赛法就很难实施。再如录像观摩法能对学生了解自身技术的学习过程进行即时反馈，但如果学校不具备多媒体教学的设施，不能为此提供支持，那么该方法也不可得到试用。

复习思考题

1. 试述体育教学目标的定义及作用。
2. 试述体育教学目标构成的层次与维度。
3. 请以一堂行进间低手投篮课为例，运用本章中介绍的 T-ABCD 模式，制定此课的教学目标。
4. 试述体育教学内容的特征。
5. 试述在进行体育教学内容的选配时应遵循的基本原则或要求。
6. 试述体育教学方法中的分类及使用时应注意的问题。
7. 请以蹲踞式跳远为例，结合讲解运用的要点，对此技术动作进行讲解。
8. 请以比赛法来设计一堂初中二年级排球课。

即测即练

第七章

体育教学设计、实施与评价

▶ 本章导读：

本章主要对体育教学设计、教学实施和教学评价的相关内容进行论述。体育教学设计是体育教学过程的起始环节，是为教学活动的具体实施作方案准备，它包含学年、学期、单元和课时教学设计。课时教学设计的具体成果就是教案，这是反映体育教师执教能力的重要文本。体育教学实施就是将教学设计方案付诸实践的过程，涉及教学内容的安排、教学方法的选用、教学组织流程等多个环节。这些问题在其他章节已有阐述，本章主要对实施中的课堂常规、组织形式、密度负荷进行阐述。体育教学评价是评价主体基于教学目标对教学过程及其效果所做出的客观衡量和价值判断的过程。教学评价通常有总结性评价、形成性评价和诊断性评价三类。不管是哪一类评价，其过程均包括制定评价指标体系、确定资料采集工具、采集分析资料、进行结果价值判断 4 个环节。此外，本章对教师教学工作评价和学生体育学业成绩评价的内容和工具进行了介绍。

▶ 学习目标：

熟悉体育教学设计、教学实施、教学评价的含义以及它们对于推进教学过程的重要意义；掌握学期教学设计、单元教学设计和课时教学设计的具体方法并能设计出相应的文本；熟悉体育课堂常规的内容，了解遵守常规对顺利开展体育教学的重要意义；掌握体育课密度和负荷的测量方法；熟悉体育教学评价的方法及其主要用途，了解体育教学评价的一般流程，能对体育教师教学工作和学生学业成绩的评价工具进行运用。

第一节 体育教学设计

从过程视角来看，体育教学设计是体育教学过程的起始环节，是为教学活动的具体实施作方案准备。在时间的维度上，体育教学又是一个由课时成单元、由单元成学期、由学期成学年的系统结构，因此，体育教学设计在对象上有规模大小之分，在最终表达形式上有方案详略之别。通常而言，规模越小的体育教学，其设计方案中包含的要素越多、内容描述越详细、操作性越强。在体育教学实践中，常见的教学设计在最终形式上表现为课时方案（教案）、单元教学计划、学期和学年教学计划的制订。做好这些方案和计划的制订工作，既对促进学校体育教学的管理、提升教学规范的水平、保证教学的质量效果有着重要作用，也是反映体育教师教学能力水平的重要标志。

一、学年体育教学计划的制订

学年体育教学计划是以年级为单位，依据国家课程标准的要求，结合学校实际和学生年龄特点，将课程的目标要求、教材内容、教学时数、考核项目与标准合理地分配到两个学期中的教学安排。学年体育教学工作计划是各年级全年体育教学工作的纲领性文件，是全年教学内容和考核项目的规划安排，是编制学期教学计划的依据。

（一）编制学年体育教学计划的基本要求

1. 根据学习目标的要求来选择和设计教学内容

由于现行的体育课程标准只列出了内容标准，因此，在教学内容的选择安排上，各学校都有相当大的自主性。体育教师必须全面地学习和领会课程标准的精神，理解每个学习领域各水平目标以及达到水平目标的学习要求，切实从学生的实际出发，以学生的发展需要为中心，而不是以运动项目或教师为中心来选择和设计教学内容，这样才能系统、准确地贯彻课程标准的精神。

2. 教学内容的安排应注意其系统性和连贯性

在安排教学内容时，要注意各教学内容之间的纵横联系，处理好教学内容的先后顺序，保证教学内容整体性和连贯性。从知识的结构逻辑来看，体育教学内容虽然不如语文、数学知识的逻辑性强，但学生的身体能力发展却是有关键期的。在学年体育教学内容的选择上，应当把该年龄段学生身体发展的关键能力作为参考要素，这样才能达到技能学习与身体发展的有机统一。

3. 教学内容安排应考虑地域气候及升学考试的影响

我国南北气候差异大，地理条件也不尽相同，如南方夏天天气炎热、北方冬天气候寒冷。教学内容的安排必须要考虑气候的差异，不能强求整齐划一。近年来环境污染逐渐严重，雾霾天锻炼对学生的身心健康影响很大，对于许多没有室内运动场馆的中小学来说，室外课的安排受到干扰，应考虑安排一些室内锻炼的身体活动课内容。此外，初三、高三的学生处于升学季，学习压力大，情绪相对紧张，体育教学内容的安排也应考虑这些因素的影响。

（二）编制学年教学计划的步骤

1. 依据体育课程标准各级目标的含义和要求，选定教学内容

课程标准的各级目标，是统领和选编各学段教学内容的依据。在设计学年教学计划时，要悉心研究领会课程标准的总目标、领域目标和水平目标的含义及目标之间的相互关系；认真分析体育课程标准中属于本年级的教学内容，明确各项教材的性质、作用和教学任务；梳理拟用教材的纵横关系以及与邻近年级教材的关系，并依据本学段各领域和水平目标的规定选择相应的教学内容。

2. 根据学校条件、学生身体心理发展等情况，对本年级的教材做必要的调整或补充

例如，根据教材的难易程度和目标的特定要求，考虑哪些内容适于安排在一年级，哪些内容安排在二年级；根据教材的性质、特点，分清各类教材分别属于哪个目标统领下的内容等。掌握好教材的性质、特点及目标属性，有助于合理地把本学段的教学内容再分配到不同的学年中，做到目标明确、运动量适宜、难易度符合相应年级学生的接受能力。

3. 根据教学计划，结合本学校具体情况，确定本学年每学期实际上课的时数

计算全年体育教学总时数的公式如下：全年体育教学的总时数 = 全年教学总周数 × 周学时数。通常情况下，一学期除节假日外，一般按 16~18 个教学周计算，全年共有 32~36 学周。周学时数根据国家课程标准或地方课程实施指导方案而定，将教学周与周学时相乘，即为全年体育教学的总时数。例如，小学一、二年级全年教学总时数为：18（周）×2（学期）×4（每周课时）= 144（课时）。

4. 根据教材的难易程度和教学需要，确定各项教材的授课时数

在安排各项教材的授课时数时，一定要根据该项教材的难易程度、特点以及学生的特点和教学需要等来确定。例如后滚翻，如果教学对象是初中生，一般需用 1~1.5 学时学习，加上 0.5 学时的过程考核，总共可能需要 2~2.5 个学时。

5. 将选择好的教材，按其教学时数合理地分配到两个学期

在分配时应注意：第一，两个学期的教学内容要大致均等；第二，根据季节和学生的学习实际情况等因素，相同的教学内容也可在两个学期同时安排；第三，两个学期的学时总数计算要考虑节假日因素。

6. 制定年度的考核和评价内容

根据教材性质、任务、作用、学生的情况和季节的特点，安排考查的项目、标准和日期。全年的考核项目一般分为两类项目：一类是体能类，如立定跳远、投掷实心球、800 米跑等，其侧重评价学生的体能水平；另一类是运动技能类，如篮球投篮、鱼跃前滚翻、武术套路等，其侧重评价学生的运动技能。在确定考核内容时，二者要兼顾。此外，还要注意对学生学习态度、进步幅度等方面的考核。

（三）学年体育教学计划编制示例（表 7-1）

▶ **表 7-1 ××× 小学二年级体育学年教学计划**

学习领域	水平目标	教学内容	全学年		第一学期		第二学期	
			时数	课次	时数	课次	时数	课次
运动参与	对体育课表现出学习兴趣	体育基础常识	3	6	1	2	0.5	1
		丰富多彩体育项目			1	2	0.5	1
运动技能	初步掌握简单的技术动作	球类游戏	37	74	5	10	5.5	11
		模仿操、徒手操简单动作组合			2	4	2	4
		滚动与滚翻			3.5	7	4	8
		武术：基本手型			1.5	3	1	2
		儿童基本舞步练习			1	2	1	2
		地域性体育活动：滚铁环、踢毽子等			5.5	11	5	10

续表

学习领域	水平目标	教学内容	全学年		第一学期		第二学期	
			时数	课次	时数	课次	时数	课次
身体健康	注意正确的身体姿势	体育基础常识	8	16	0.5	1	0.5	1
		音乐伴奏下韵律体操练习			1	2	2	4
		广播体操			2	4	2	4
	发展柔韧、反应及灵敏和协调能力	生活中的移动动作	37.5	75	5.5	11	6	12
		随同集体操练习			2	4	2	4
		移动或跳跃类游戏			5	10	7	14
		投掷或转体类游戏			3	6	3.5	7
		压腿、踢腿练习			1.5	3	2	4
	知道身体各主要部位的名称和自己身体的变化	基本部位操	10	20	1.5	3	1.5	3
		身体各主要部位名称、辨别各个方向			1.5	3	1.5	3
		体育基础常识			2	4	2	4
心理健康与社会适应	说出在体育活动中情绪表现	体育常识	11	22	4	8	3	6
		描绘自己情绪活动			2.5	5	2.5	5
	体验集体活动与个人活动的区别	各种方式跳短绳等	8	16	3	6	2.5	5
		体育常识			1.5	3	1	2
	在体育活动中尊重他人	在游戏中体验区别	13.5	27	4	8	4	8
		在游戏中表现出对他人的关心和尊重			3	6	3	6
总计			128	256	64	128	64	128
测试项目	第一学期	身高、体重；坐位体前屈；广播操；1分钟跳短绳；立定跳远						
	第二学期	身高、体重；坐位体前屈；30米快速跑；持轻物掷远；前滚翻						

说明：表中的“时数”是指完成相应教学内容所需的课的节数；“课次”是指完成该项内容需要的课时次数。

二、学期体育教学计划的制订

学期体育教学计划也称学期体育教学进度，是根据全年体育教学工作计划，将规定的教学内容按一个学期的教学周次和课次进行合理安排，形成每个学期的教学进度，使体育课堂教学更加体现操作性和计划性，并为编制单元体育教学工作计划做好准备。学期体育教学工作计划是教师编写单元体育教学和课时教学计划的直接依据。

（一）编制学期体育教学计划的基本要求

1. 教学内容的安排应考虑教学内容的系统性和连贯性，并注意季节特点

在安排一学期教学内容的先后顺序时，应注意教学内容之间的相互联系。对季节性较强的教学内容应安排在合适的季节进行，以利于学生的学习。每学期开学的第一次课应安排引导课，以使学生明确本学期教学内容、教学要求、考核内容及方法等。

2. 教学内容的安排要考虑学生的学习负担和生理负担，并注意学生的全面发展

每次课的教学内容要适当，要注意新旧教学内容、难易程度和运动负荷不同的教学内容合理搭配；不同运动项目、发展不同身体素质以及身体不同部位的教学内容应互相搭配。

3. 正确运用教学内容的排列方法

学期教学计划中教学内容的排列方式主要有集中排列、分散排列、集中与分散结合排列三种。

在安排教学内容时到底采用哪种排列方式，通常取决于教学内容的特点、学生的特点、季节气候的特点以及考核的需要等。一般来说，对于较难的、较复杂、技术连接性较强的、季节性强的教学内容适宜采用集中排列方式；对于技术简单的，或对身体素质要求高、体力消耗大的教学内容适宜采用分散排列方式；集中与分散结合排列方式适合于技术性强，对身体要求也比较高的教学内容（表 7–2）。

表 7–2 学期教学计划中教学内容的三种排列方式比较

排列方式	主要特点	适用教学内容	适用教学内容示例
集中（连续）排列	从某次课起，按照顺序在每次课安排该内容，直至将该教学内容在本学期出现的次数排完	适合于技术性强或季节性强的教学内容	武术、游泳、滑冰等
分散（间隔）排列	从某次课起，间隔 2~3 次课安排一次，直至将该教学内容在本学期出现的次数排完	适合于对身体要求高，但技术不是十分复杂的教学内容，或者需要进行经常练习，体力消耗比较大的教学内容	各种发展身体素质的练习等

续表

排列方式	主要特点	适用教学内容	适用教学内容示例
集中与分散的结合排列	某项教学内容的排列，既有集中排列，又有分散排列。该排列方式有先集中后分散、先分散后集中、先集中后分散再集中三种方式	适合于技术性强，对身体要求也比较高的教学内容	如跳高、体操中的套路练习等

（二）编制学期体育教学计划的具体步骤

1. 熟悉学年度教学计划，分析本学期教学内容

2. 计算各项教学内容在本学期的上课次数（课次）

即根据学年教学计划中规定的本学期各项教学内容的时数，计算出各项教学内容的课次。计算方法如下：

理论内容：课次 = 该内容的学时数

实践内容：课次 = 该内容的学时数 × 一堂体育课中基本教学内容的数量。

通常情况下，一堂体育课安排 1~2 项实践内容。在中小体育教学工作计划的编制中，建议小学阶段一堂课中安排 1~2 项实践内容，中学阶段安排 1 项实践内容为宜，同时辅以发展身体素质的“课课练”内容搭配，其目的是较好地促进学生身体素质均衡的发展。

3. 将本学期的各项教学内容按课次系统地排列到每次课中

先安排考核内容和课时比重大的教学内容，再安排其他内容。基本顺序是：考核内容→课时比重大的内容→其他内容。考核内容可按照由后向前排的方法，即先确定考核课出现的课次，然后由考核课开始按确定的排列方式向前安排。

4. 检查调整

主要从以下几个方面来检查已设计的学期教学计划是否合理：（1）检查全学期教学内容的总体分布是否均匀、合理；（2）检查每次课基本教学内容的数量是否符合要求；（3）检查每项教学内容在全学期出现的次数是否与其课次相一致；（4）如果一堂体育课安排 2 项以上教学内容，还需检查每次课教学内容的相互搭配是否合理，是否将不同性质、不同特点的教学内容搭配在一起。在检查的基础上再进行调整，以保证计划设计的科学性。

（三）学期体育教学计划编制示例

表 7-3、表 7-4 是两种常见的学期体育教学计划的呈现形式。其中，

▶ 表 7-3 ××× 中学 2007—2008 学年九年级下学期体育与健康课程教学进度表

教材内容			课时	周次	一			二			三			四			五			六			七			八			九			十			十一			十二			十三			十四			十五		
				课次	1	2	3	4	5	6	7	8	9	10	11	12	13	14	15	16	17	18	19	20	21	22	23	24	25	26	27	28	29	30	31	32	33	34	35	36	37	38	39	40	41	42	43	44	45
基本内容一	基础知识		2	2	○																															○													
	跑	快速跑	4	8														√		√				√		√		√		√					√										√				
		耐力跑	6	12					√		√		√		√		√		√		√		√		√		√		√		√																		
	跳	支撑跳跃	6	9				√		○		○		√		√		√		√														○	√														
	投掷		2	4					√		√		√		√																																		
	垫上运动		4	4																		○										○	○																○
	杠上	单杠	3	6													√		√		√		√	√	√																								
		双杠	3	6																						√	√	√	√	√	√																		
	篮球		6	7				√																													√			○	○		○	○				○	
	武术		1	2																																	√	√											
基本内容二	排球		6	8										√		√																						√	○			○			√	○	○		
机动			2	2		○	○																																										
说明					“○”代表全课时，“√”代表 0.5 课时；表中只呈现了 15 周内容，考虑到节假日因素。																																												

▶　表 7-4　×××小学二年级第一学期教学计划

周次	课次	学习目标	教材内容
1	1	了解课堂常规和要求 了解有关体育运动的基本常识	引导课：体育基本常识、队列常规（3-1）
	2	培养学生遵守课堂纪律，了解队列队形的基本方法，培养运动兴趣	1. 课堂常规队列队形（4-1） 2. 游戏："服从指挥"（48-1）
	3	培养学生正确的身体姿势，良好的课堂纪律，培养学生运动参与兴趣	1. 队列：原地踏步走、向左转、向右转、向后转（4-2） 2. 游戏："背推角力"（48-2）
	4	地域性课程教学（校本项目）	跳绳
2	1	培养学生正确的身体姿势，保持课堂安静、有序的良好纪律，培养学生运动参与兴趣	1. 队列队形：原地队形变化、四列横队变成二列横队、齐步走（4-3） 2. 游戏："斗智斗勇""明七暗七"（48-3）
	2	培养学生正确的身体姿势，学会直角行进，培养学生运动参与兴趣	1. 复习队列队形（4-4） 2. 游戏："换物赛跑"（48-4）
	3	能够初步掌握预备节和第一节操的完整动作，培养学生合作的精神	1.《七彩阳光》预备节、第一节（9-1） 2. 游戏："剪刀、石头、布"（48-5）
	4	地域性课程教学（校本项目）	跳绳
3	1	提高广播操质量，动作整齐 团结协作共同完成任务的精神	1.《七彩阳光》第二节、第三节（9-2） 2. 游戏："曲线钻洞"（48-6）
	2	提高广播操动作质量，培养学生团结协作的精神和奔跑能力	1.《七彩阳光》第四节、第五节（9-3） 2. 游戏："老鸡和小鸡"（48-7）
	3	能够很好地完成第六、第七节动作，培养学生的创新与尝试的能力	1.《七彩阳光》第六节、第七节（9-4） 2. 游戏："给盲人引路"（48-8）
	4	地域性课程教学（校本项目）	跳绳
4	1	提高广播操质量，使动作整齐，具有明显的韵律感	1. 复习广播操预备节到第一节 2.《七彩阳光》第八节、结束动作（9-5）
	2	培养学生的节奏感和本体感觉，发展活动能力培养团结友爱的精神	1. 复习《七彩阳光》整套动作（9-6） 2. 游戏："手拉手，好朋友"（48-9）

续表

周次	课次	学习目标	教材内容
4	3	培养学生的节奏感和本体感觉，发展活动能力培养团结友爱的精神	1. 复习《七彩阳光》整套动作（9–7） 2. 游戏："拔萝卜"（48–10）
	4	地域性课程教学（校本项目）	跳绳
5	1	要能够完整一致的完成整套广播操；初步掌握直线跑的方法；提高奔跑能力	1. 复习《七彩阳光》整套动作（9–8） 2. 学习直线跑（5–1）
	2	巩固提高整套操的动作质量；使学生初步掌握快速跑的正确身体姿势，发展奔跑能力	1. 复习《七彩阳光》整套动作（9–9） 2. 学习快速跑（5–2）
	3	引导学生遵守游戏规则获得成功体验；发展协调、灵敏素质和快速奔跑能力	学习奔跑类游戏:（5–3） 1. 迎面接力 2. 往返接力
	4	地域性课程教学（校本项目）	跳绳
6	1	通过各种短绳的玩法，使学生掌握基本的奔跑技术方法，培养体育运动兴趣，正确认识合作与竞争的关系	游戏:《玩短绳》（5–4） （1）踩绳尾 （2）步幅、步频练习 （3）握绳合作跑
	2	通过测试检查学生对快速跑的掌握程度，了解教学手段的有效性和本单元教学目标的达成度	1. 测试 50 米跑（25 米 ×2 往返跑）（5–5） 2. 游戏："大鱼网""钓鱼"（48–11）
	3	模仿学习各种动物跳，使学生积极主动地参与课堂，培养学生跳跃的兴趣，使学生体会跳跃动作，培养学生认真观察的能力	1. 模仿各种动物的跳（5–1） 2. 游戏："照镜子"（48–12）
	4	地域性课程教学（校本项目）	跳绳
7	1	初步体会单、双脚跳和摆臂的方法，培养学生团结协作、共同进步的合作意识与勇敢果断的意志品质	1. 单脚跳、双脚跳（5–2） 2. 游戏："种收蘑菇"（48–13）

续表

周次	课次	学习目标	教材内容
7	2	分清单、双脚跳起跳方式和上下肢协调摆臂的不同，掌握蹬地发力的方法	1. 跳单、双圈（5–3） 2. 协同合作游戏（48–14）
	3	使学生掌握一脚踏跳双脚轻巧落地屈膝缓冲的方法；发展学生下肢力量，提高协调素质和跳跃能力	1. 学习单脚踏跳双脚落地（5–4） 2. 游戏："钓鱼"（48–15）
	4	地域性课程教学（校本项目）	跳绳
8	1	使学生掌握单脚用力起跳方法，不断改进助跑、踏跳和双脚落地的方法；发展学生灵敏、协调素质和跳跃能力	1. 各种方式的跳远练习（5–5） 2. 游戏："跋山涉水"（48–16）
	2	让学生了解滚动在生活中的不同情况下的运用；学习团身前、后滚动的动作方法	1. 滚动（5–1） 2. 游戏："盖高楼"（48–17）
	3	初步学习前滚翻的技术动作，学会团身低头	1. 学习前滚翻（5–2） 2. 游戏："奔向 2010"（48–18）
	4	地域性课程教学（校本项目）	跳绳
9	1	前滚翻时团身紧，初步掌握连续前滚翻的技术；培养学生大胆尝试、敢于展示自我的品质	1. 连续前滚翻；（5–3） 2. 游戏："快乐自选园地"（48–19）
	2	学生基本能完成一个简单的滚翻动作组合，让学生体验成功的感觉；发展柔韧素质	1. 简单的滚翻动作组合（5–4） 2. 游戏："盖高楼"（48–20）
	3	培养学生正确的滚翻动作，发展学生灵敏等各项身体素质及敢于展示自我的品质	1. 考核前滚翻（5–5） 2. 游戏：迎面障碍接力（48–21）
	4	地域性课程教学（校本项目）	跳绳
10	1	初步学习持轻物扔抛技术，大胆进行扔抛练习	1. 持轻物扔抛远处（5–1） 2. 游戏："打敌机"（48–22）

续表

周次	课次	学习目标	教材内容
10	2	使学生掌握持轻物正面投远技术动作，发展学生的力量素质；培养学生的合作与竞争意识	1. 持轻物正面投远（5–2） 2. 游戏：“打坦克”（48–23）
	3	使学生掌握持轻物侧向投远技术动作，发展学生的力量素质；培养对球的兴趣	1. 持轻物侧向掷远（5–3） 2. 游戏：“打龙尾”（48–24）
	4	地域性课程教学（校本项目）	跳绳
11	1	感受各种纸轻物投掷的用力顺序，活动中团结协作	1. 持纸物体掷远（5–4） 2. 游戏：“打纸炮”（48–25）
	2	积极参与感受成功；发展协同力量；培养团结合作的精神。	1. 双手向上抛实心球（5–5） 2. 游戏：滚球接力（48–26）
	3	让学生了解学生体质健康标准的评价方法，并自觉养成锻炼身体的习惯；培养学生参与课堂的兴趣，发展学生智力	1. 学生体质健康标准 （3–2） 2. 游戏：“斗智斗勇”（48–27）
	4	地域性课程教学（校本项目）	跳绳
12	1	使学生初步掌握各种压腿、踢腿的方法，发展学生的柔韧素质	1. 各种压腿、踢腿（2–1） 2. 柔韧素质游戏（48–28）
	2	使学生进一步巩固各种压腿、踢腿的方法，发展学生的柔韧素质	1. 各种压腿、踢腿（2–2） 2. 游戏：“蚂蚁搬家”（48–29）
	3	使学生初步掌握一般耐久跑的动作方法，发展学生的耐力力量，培养坚强的意志力	1. 400~600 米一般耐力跑（3–1）. 2. 小球类游戏（48–30）
	4	地域性课程教学（校本项目）	跳绳
13	1	使学生初步掌握韵律操的基本动作步法，培养韵律感	1. 韵律操基本步法：原地踏步、“1”字步、“V”字步（8–1） 2. 游戏：“蟹抓虾”（48–31）

续表

周次	课次	学习目标	教材内容
13	2	使学生进一步学习韵律操的基本动作步法，增强韵律感	1. 复习韵律操基本步：前点地、后点地、侧点地、后交叉步（8-2） 2. 游戏："兔子舞"（48-32）
	3	使学生初步掌握韵律操串联动作，增强韵律感、节奏感，培养身体协调性	1. 韵律操 3~4 个基本步法串联（8-3） 2. 游戏："兔子舞"（48-33）
	4	地域性课程教学（校本项目）	跳绳
14	1	使学生巩固提高韵律操串联动作，培养韵律感、节奏感	1. 复习韵律操基本步法串联动作（8-4） 2. 游戏："蚂蚁搬家"（48-34）
	2	使学生基本掌握一般耐久跑的动作方法，发展学生的耐力力量，培养持之以恒，吃苦耐劳的精神	1. 400~600 米一般耐力跑（3-2） 2. 游戏："赶猪"（48-35）
	3	使学生初步掌握韵律操的基本动作手法，培养韵律感、节奏感	1. 韵律操基本手法—冲拳、亮掌、健美指、响指（8-5） 2. 游戏："推小车"（48-36）
	4	地域性课程教学（校本项目）	跳绳
15	1	使学生掌握一般耐久跑的动作方法，发展学生的耐力力量，培养坚强的意志力	1. 400~600 米一般耐力跑（3-3） 2. 游戏："放鞭炮"（48-37）
	2	使学生巩固提高韵律操基本动作，培养韵律感、节奏感	1. 韵律操基本步法与手法结合（8-6） 2. 游戏："贴膏药"（48-38）
	3	使学生初步掌握自编健美操"欢乐时光"基本动作，培养韵律感、节奏感；培养积极向上的生活态度	1. 自编健美操：欢乐时光（8-7） 2. 游戏："兔子舞"（48-39）
	4	地域性课程教学（校本项目）	跳绳
16	1	使学生进一步掌自编健美操"欢乐时光"基本动作，培养韵律感、节奏感，培养积极向上的生活态度	1. 复习自编健美操：欢乐时光（8-8） 2. 游戏："推小车"（48-40）

续表

周次	课次	学习目标	教材内容
16	2	能用脚踢准绑在绳子上的毽子，培养对毽子的兴趣	1. 学习踢毽子（4-1） 2. 游戏：足球运球接力（48-41）
	3	能用脚内侧踢毽子，培养学生互助友爱的团结精神	1. 学习用脚内侧踢毽子（4-2） 2. 游戏：“巧过拦截区”（48-42）
	4	地域性课程教学（校本项目）	跳绳
17	1	能将毽子踢起两次以上，尝试将不同的踢法运用于练习	1. 试将毽子踢起来且有不同踢法（4-3） 2. 游戏：篮球拍球比多（48-43）
	2	能将毽子连续的踢起多次，培养课外进行锻炼的习惯	1. 踢毽子练习（4-4） 2. 游戏：“老鹰捉小鸡”（48-44）
	3	了解体育卫生要求，培养学生的合作精神	1. 体育卫生常识：饮食卫生（3-3） 2. 钓鱼游戏（48-45）
	4	地域性课程教学（校本项目）	跳绳
18	1	初步掌握摇呼啦圈的技术动作，培养学生的协调能力	1. 学习摇呼啦圈的摇法（3-1） 2. 游戏：“丢手绢”（48-46）
	2	进一步巩固、提高学生摇呼啦圈的动作方法，培养学生敢于尝试、体验成功的快乐品质	1. 摇呼啦圈练习（3-2） 2. 游戏：“赶猪”（48-47）
	3	使学生了解呼啦圈的不同摇法；促进学生课外锻炼的意识	1. 呼啦圈不同摇法介绍（3-3） 2. 游戏：“巧过拦截区”（48-48）
	4	地域性课程教学（校本项目）	跳绳
备注	1. 队列队形练习将穿插于各单元的课堂教学中 2. 游戏教学将融合到各个单元的教材当中，有针对性的配合主教材使用 3. 跳绳作为校本教材，每周利用一节课时间，使学生学会花样跳绳、竞技跳绳等的动作、技术与方法		

表 7-3 的示例中把每项教学内容需要的课时数以及出现的课次进行了清晰的呈现，较好地反映了教学内容的排列方式。表 7-4 则把每次的教学目标进行了明确的表达，每次课教学内容也表达得更具体，对教案设计的指导性更强。两种表达方式各有千秋，建议在学期体育教学计划的制订中，将两种表达方式有效结合使用。

三、单元体育教学计划的制订

单元体育教学计划是依据学期教学计划的进度安排，将学习内容按其性质分单元进行教学工作安排的教学计划，它是教师编写教案的直接参考依据。设计单元教学计划的主要任务是将学期教学计划中的主要教学内容，按照学期教学计划中确定的课次顺序，安排出每次的教学目标、教学内容、教学步骤方法、教学重点、难点等。

7-1：单元教学指南

（一）编制单元教学计划的基本要求

1. 认真钻研教学内容的性质和特点

单元教学计划设计科学与否，主要取决于教师对教学内容性质和特点的把握。教师应通过钻研教材，进一步分析教学内容的特点，从而为制定教学目标、安排教法步骤奠定基础。在分析教学内容特点时，除了要考虑其技术结构特点外，还应考虑其在发展学生体能、培养学生良好心理品质以及提高社会适应能力等方面的作用和价值。

2. 单元教学目标的制定要面向全体学生

设计单元教学计划时，应充分考虑学生的身体条件，兴趣爱好和运动技能基础等方面的个体差异，并根据这种差异来确定教学目标，从而保证绝大多数学生能完成教学目标。

3. 教法步骤的设计要注意融入学生主动学习的策略与方法

单元教学在教法步骤的设计上，应以学生为主体，通过学生主动参与，促进其主体性的发展。在教学策略与方法上应突出学生的主动参与、合作学习、自主学习及尊重差异、鼓励创新等方面。

4. 注意评价方法的多元化和可操作性

应本着促进学生全面发展的目的来设计单元教学的评价方法。在评价方式上可将自评与他评、绝对评价与相对评价相结合，关注学生的学习进步及学习态度的变化。另外，评价方法要切实、可行，便于实践中的操作，避免繁琐。

（二）编制单元教学计划的步骤

1. 确立教学单元的指导思想或者教学理念

一般而言，指导思想或者教学理念是单元教学实施的行动纲领，应体现单元教学设计的理论依据、总体教学策略和单元主要功能指向。

2. 开展教材和学情分析

开展教材和学情分析是做好单元教学计划的前提。教材分析要阐明单元所选内容的性质以及不同教学内容之间的逻辑联系、功能指向以及教材的重点难点。学情分析要结合教材情况，分析学生对单元教学内容的兴趣程度、技能基础、学习投入等情况。

3. 确定各项教学内容的总体教学目标和要求

单元教学目标是指一个单元结束时所要达到的学习效果。因此，在单元目标里要说明学生学完本单元内容后应该学会什么内容。在具体编写单元目标时，还要进一步学习体育课程标准在水平目标和学习领域目标中所提出的要求，并认真分析教学内容的特点和性质及其在实现水平目标和学习领域目标中所能发挥的作用，从而使单元教学目标的制定更加科学、合理。

4. 根据学习内容的时数和难易程度确定每次课的具体目标和教学重点

每次课的教学目标要具体，既要考虑到不同学习领域的兼顾，也应该针对某个动作技术环节，或某种情感态度，或某项体能的发展提出具体的学习要求和标准。课堂的教学重点主要取决于每次课的教学目标和教学内容自身的技术结构特点。

5. 根据每次课的教学重点和教学目标确定每次课的教法步骤

教法步骤一定要符合学校具体的教学条件和学生的实际，并以有效实现教学目标为出发点。对于某些重要的教法步骤，可在若干次课上重复出现，但要注意其实效性和趣味性。

6. 确定考核方法和评价标准

（三）单元体育教学计划编制示例（表 7–5）

▶ 表 7–5 ××× 学校《直腿后滚翻》单元教学设计

年级	高一	学期	第一学期	课次	5	教师	
指导思想	依据《体育与健身课程标准》基本理念和要求，坚持“健康第一”的指导思想，以学生发展为本，引导学生开动脑筋，积极实践。通过分层教学和合作学习，提高学生的动作技能和体能，培养学生的团队协作意识，激发学生的学习热情。						

续表

相关分析	教材分析：垫上运动的单个动作讲究动作的力度、舒展和轻巧性，成套动作对身体的协调性和动作的连贯性有较高的要求。直腿后滚翻动作主要由：直体后倒、举腿提臀、屈体滚动、立掌成站立等动作组成。对提高学生身体的灵敏性，促进身体的协调性、柔韧性有较好的作用。 学情分析：高一学生正处于身体发展的重要时期。这一时期，男生的身高和体重在不断增加，身体的灵敏性相对下降，这对他们的自我保护带来了一定困难。通过垫上运动的学习，可以提高学生的自我保护能力，其中支撑、滚翻动作，不仅可以改善学生前庭分析器官的功能，提高平衡能力和身体控制能力，还可以发展身体的灵敏性。
单元教学目标	1. 发展学生的灵敏、柔韧、协调素质，培养学生良好身体的姿态 2. 掌握直腿后滚翻的技术技能，提高学生观察、分析、解决问题的能力，发展学生身体的调控、感知、平衡能力 3. 培养学生勇敢、果断，克服困难的品质，增强学生的毅力，激发学生的学习兴趣 4. 培养学生相互协作、自我保护的意识

课次	教学内容	学习目标	重点、难点	教与学的主要方法和手段
1	滚翻练习	1. 复习滚翻技术动作要点，发展身体协调性 2. 使学生基本了解直腿后滚翻的动作要领 3. 激发学习兴趣，在合作学练中相互促进、提高	重点：直腿后坐，手部臀部依次着垫 难点：克服恐惧心理	1. 提出问题：生活中向前、向后向侧跌倒如何保护自己（学生尝试练习） 2. 分组复习前、后滚翻 3. 教师演示直腿后倒坐撑垫动作，讲解动作的要领 4. 学生观察、尝试练习；重点体现身体前屈、手靠大腿外侧，降低重心 5. 并腿坐，屈体滚动，体会脚尖发力、倒肩、收腹、举腿、翻臀和手撑垫的技术
2	直腿后滚翻	1. 提高直腿后滚翻的翻转速度 2. 在不同的斜面上完成动作，发展学生的灵巧和肌体的平衡能力 3. 相互帮助、相互鼓励、建立信心	重点：提高滚翻速度 难点：直腿屈体	1. 复习直腿后倒→并腿坐→屈体滚动 2. 提出问题：提高翻转速度的因素有哪些？学生讨论回答；教师总结；小组进行针对性练习 3. 图解展示，提示动作要领及保护与帮助的方法 4. 在不同的斜面上完成直腿后滚翻 5. 请学生演示动作；分析成功与失败的原因

续表

课次	教学内容	学习目标	重点、难点	教与学的主要方法和手段
3	直腿后滚翻	1. 学习直腿后滚翻，发展学生的协调和灵敏性 2. 掌握直腿后倒滚动的动作，提高学生的身体协调控制能力 3. 激发学习兴趣，在合作学练中相互促进、提高	重点：直腿屈体 难点：推手及时	1. 直腿后滚翻辅助练习 A. 仰卧举腿滚动 B. 直腿后坐滚翻练习（教师启发引导学生利用夹小球练习解决滚动过程中身体叠紧问题） 2. 直腿后滚翻 A. 直腿后滚翻完整练习 （讲解双人利用器械的保护与帮助） B. 分层练习：教师利用提问法引导学生针对不足，有效选择相应的练习法 ① 夹小球练习 ② 绑书本练习 ③ 滚斜坡练习
4	巩固和提高直腿后滚翻技术	1. 巩固与提高动作的质量，发展学生协调、灵敏素质 2. 养成学生合作学习的习惯，发挥学生创新能力 3. 培养学生勇敢、果断，勇于克服困难的品质	重点：动作的连贯性 难点：良好的姿态	1. 教师提示直腿后滚翻动作要领及要求 2. 在保护与帮助下分小组进行练习 3. 进行分层练习：提出分层目标，学生相互帮助、相互鼓励达成目标 4. 小组进行组内评价，组与组之间进行展示互评
5	考评	1. 了解自我学习水平，发展身体素质 2. 掌握完整的技术动作，发挥最佳水平、学会评价 3. 弘扬互帮互助精神		1. 小组进行考核动作的练习 2. 教师讲解动作考核的标准及评价方法 3. 请 2 位学生演示动作，教师、学生进行尝试性的评价 4. 按顺序进行考核，其他学生做准备练习 5. 师生共同小结

续表

课次	教学内容	学习目标	重点、难点	教与学的主要方法和手段
学习评价	技能评价标准： 优秀：动作十分连贯，有节奏。直腿后滚翻上体前屈充分，后倒迅速果断，两手的支撑换位推手及时，且腿伸直。 良好：动作连贯，直腿后滚翻上体前屈较充分，后倒较及时果断。两手的支撑和换位推手较及时，且膝直。 及格：基本能完成动作。上体前屈不太充分，后倒不太果断，两手的支撑和换位推手不太及时，动作不太连贯，且膝关节略弯曲。 有待提高：不能够完成动作。上体前屈不充分，后倒不果断，两手的支撑和换位推手不及时，动作不连贯，且膝关节明显弯曲。 评价方法：教师评价与学生评价相结合。			
安全保障	1. 场地合理的布置 2. 针对垫上运动做好准备活动 3. 加强保护措施，遵守课堂常规			

四、课时体育教学计划（教案）的制订

课时教学计划又称为教案，是根据学期教学计划、单元教学计划以及学生特点和场地器材等教学实际情况，预先设计的一堂体育课的教学方案，是教师完成一堂体育课的具体行动计划，是备课结果的书面表现，也是体育教学设计的归宿。由于教案反映了教师对课堂教学的整体构思，因此，教案质量的高低直接反映了教师的执教能力水平和工作态度，关系到课堂教学实施的秩序和效果。由此可见，认真编写教案对提升体育教师执教能力和课堂教学质量均具有十分重要的意义。

（一）编制教案的基本要求

1. 教学要素体现要全面

体育教学的实践形态其实就是一节节具体的体育课。从很大程度上来看，体育课的面貌就是体育教学的面貌，体育课的质量就是体育教学的质量。因此，体育课是体育教学诸要素最集中、最全面的反映。教案作为指导体育课实施的行动方案，必须对所有教学要素进行完整呈现。

2. 教案内容表达要具体

从功能意义上来讲，教案就是教师上课的行动指南。虽然教师在执行教学中，可以根据课堂实施的具体情况做临场调整，但课堂的行进方向和节奏总体上还是需要教师依据教案进行总体把握。因此，教案在内容表达上必须要具体明确，不能模棱两可。教学目标表达要看得见标准、教学内容表达要看得见细节、教学方法表达要看得见操作方式等。

3. 教学推进过程要清晰

教案是针对一堂体育课而制订的。在有限时间内，先做什么、后做什么，做的过程分为几个时间段，每一个时间段的具体的任务是什么，这些具体的任务按什么顺序完成，在教案中都要十分清晰地表达。在教案的编制过程中，教师必须对这些问题认真思考和反复推演，确保每一个环节任务清晰、用时恰当、环环相扣。如此，教案才能真正成为教师执行教学的好帮手。

4. 教案呈现格式要简洁

教案既是授课教师执行教学的行动指南，也是教师之间交流教学经验的重要材料。教案格式的简洁既反映了教师授课思路的清晰性，也便于他人学习借鉴。在实践教学中，体育课的教案通常采用结构化的表格形式呈现。教师只需根据表格的栏目要求，将课的构思用简洁、明了、清晰的语言符号进行表达。

（二）编制教案的步骤

1. 准备工作

为了提高教案的设计质量，在设计教案前要做好相应的准备工作，具体包括：学习相关教学文件，如体育课程标准、学期教学计划和单元教学计划、体育教材等；全面了解分析学生的情况，包括学生的个体差异，学生体能、知识、技能水平和学习态度等；了解学校的教学条件等。只有做好这些准备工作，才能使编写出的教学方案符合实际，利于操作。

2. 制定课的教学目标

教学目标的制定应着眼于一堂体育课结束时，学生在知识、技能、体能、情感态度等方面达到的程度。编写时应达到三点要求：① 重点突出。一堂体育课的教学目标不可能面面俱到，要根据教学内容的特点提出学生在知识、技能、体能、情感态度方面达到的基本要求。② 要操作性强，即课的教学目标应体现教学内容的特点，具有可操作性和可评价性。③ 措辞要准确、简练。

3. 设计课的结构

体育课的结构包括三方面的含义：一是指构成体育课的几大部分或者阶段；二是指体育课进行的基本顺序或者流程；三是指体育课中各种教学活动，即教师的“教”和学生的“学”相互作用、交替的方式与方法。根据体育教学的一般程序和学生在体育课中身体活动的变化规律，可将体育课的结构大致划分为准备部分、基本部分和结束部分。在实践中，也可以按照学生在体育课中的认知及心理活动变化的特点和规律来划分体育课的结构，如将体育课划分为“引起动机、满足运动愿望、保持活跃情绪、身心恢复调整、小结与布置作业”5个阶段。在设计课的结构时，要注意以下要点：

（1）课的结构要体现教学目标要求。不同的教学目标，课的结构有所不同，在设计课的结构时，应注意体现不同教学目标的要求。如体育课教学目标以掌握知识为主，课的结构应包括：组织上课→检查复习→学习新知识→巩固新知识→布置作业等方面；体育课教学目标以掌握技术为主，课的结构应分为：建立动作表象→练习与模仿→纠正错误→巩固与强化→评价等环节；体育课教学目标以培养兴趣、发展个性为主，课的结构可包括：诱导动机→练习娱乐、满足愿望→保持情绪→恢复调整；体育课教学目标以培养品质为主，体育课的结构可分为：心理诱导、暗示→实践、情感体验→激励→小结等方面。

（2）要体现不同类型体育课结构的差别。不同类型的体育课根据其特点不同，课程结构也不一样。新授课的结构包括：学习新教材所必需的知识、动作→讲解、示范新教材→学生按步骤学习新教材→纠正错误、分析动作→复习新教材→小结。复习课的结构包括：提出复习要求→学生按要求、步骤进行复习→重点、个别纠正错误→变换学习条件教学复习（如竞赛或考核）→检查学生掌握动作的情况→小结。考核课的结构可包括：宣布考核的目的、要求、标准、注意事项→复习考核内容→考核→小结。

（3）要体现出体育学科的特点与规律。体育课的结构始终要围绕着三条主线来安排：一是学生在一堂课中身体活动的变化主线，二是学生在一堂课中运动技能的形成主线，三是学生心理活动变化的主线。无论课程结构怎样安排，都不能离开这三条主线，否则就会背离体育学科的特点与规律。

4. 按照课的结构安排教学内容、组织教法和教学要求

（1）“教学内容”部分主要撰写的内容：各教学内容/活动的名称，如：“常规内容”或“游戏：老鹰抓小鸡”或“跨越式跳高”。各教学内容/活动的方法、动作示意图、动作要点（领）、活动（比赛）规则、教学重点、教学难点，如：“徒手操的动作名称与示意图”、或“跨越式跳高的动作

要领”等。

（2）“组织教法”（或教师的活动、学生的活动）部分主要写的内容：一是教师的“教”法和学生的“学”法交替进行的顺序、过程；二是学习中学生分组的方法，如“两人一组”；三是练习的形式，如“集体练习”“个人独立练习”“分组练习”等，该部分的组织方法还可用简图来表示。

（3）“教学要求”部分主要写的内容：一是在练习过程中对学生动作质量的要求或练习的注意事项，如“动作整齐划一、刚劲有力”或“注意安全”；二是对学生思想品德方面的要求，如“尽全力跑完全程”或“按先后顺序进行练习”或“注意与同伴团结协作、互帮互助”；三是对组织方面的要求，如“交换练习场地时要迅速”。

5. 分配课程各部分的时间以及各项教学内容所需的时间

教案中的时间分配一般以分钟为单位，根据教学内容的性质，有时也会精确到以秒为单位。在做课的时间分配时，需要注意三点：① 各部分时间的总和不能超过课的总时间。考虑到体育教学中经常会有一些突发情况需要处理，一般各部分时间的总和最好小于课的总时间。② 各项具体练习时间的设定要考虑不同练习之间进行转换所需的时间。③ 要为主要学习内容留足练习时间。

6. 安排各项练习的运动负荷

在教案设计过程中，对涉及学生做练习的内容，应根据教学目标、教学内容特点、学生特点以及场地器材、季节气候等特点安排好各项练习的练习次数、练习时间和练习强度。确保运动负荷的安排既能满足学生身体健康发展的需要，又能保证学生动作技术学练的需要。

7. 安排场地器材

场地器材是上好体育课的必备要件。在体育课中，很多时候教师对动作技术的讲解常常结合场地器材来进行。因此，教案中既要根据教学需要写清楚所需场地器材的名称和数量，还要明确场地安排方式和器材的使用方式。

8. 预计教学效果

主要围绕教学目标的达成度来预计教学效果，可从三个方面来预测：① 学生掌握体育知识和运动技能的效果；② 学生在情感态度方面的效果；③ 学生在体能方面的效果，可通过课的运动负荷和练习密度两项指标的预测来体现。

9. 课后小结与反思

一次课程结束后，教师要进行一系列评价和数据资料收集，从而确定如何改进。评价要从教学目标的完成情况、运动负荷的基本情况、主要优缺点等方面进行。通过对上述情况的反思，记录在“课后小结”栏目中，以便为今后的教学设计和教学检查提供参考和依据。

7-2：体育课教案

（三）教案编制示例

▶　表 7-6　×××中学直腿后滚翻课时教学计划

<table>
<tr><td>年级</td><td>高一</td><td>人数</td><td>29</td><td>日期</td><td>10.30</td><td>执教</td><td>潘××</td></tr>
<tr><td>班级</td><td>新 1、2</td><td>组班形式</td><td>男生</td><td>周次</td><td>9</td><td>课次</td><td>24</td></tr>
<tr><td rowspan="2">内容主题</td><td colspan="3" rowspan="2">直腿后滚翻（5–3）
体能（4–3）</td><td>重点</td><td colspan="3">直腿屈体</td></tr>
<tr><td>难点</td><td colspan="3">推手及时</td></tr>
<tr><td>学习目标</td><td colspan="7">1. 学习垫上运动直腿后滚翻动作，使 80% 以上学生能在保护与帮助下完成直腿后滚翻的动作。
2. 增强学生的柔韧性和协调性，提高上肢和腰腹力量。
3. 激发学生对体操垫上运动的兴趣，克服恐惧心理，建立自信。
4. 培养学生互帮互助的精神，形成团队协作意识和能力。</td></tr>
</table>

<table>
<tr><td rowspan="2">课序</td><td rowspan="2">时间（分）</td><td rowspan="2">教学内容</td><td colspan="3">运动负荷</td><td rowspan="2">教与学的活动</td><td rowspan="2">组织与队形</td></tr>
<tr><td>次数</td><td>时间</td><td>强度</td></tr>
<tr><td>开始部分</td><td>2'</td><td>一、课堂常规
1. 体育委员整队、清点人数
2. 师生问好
3. 宣布课的内容、目标
4. 安排见习生</td><td></td><td></td><td></td><td>◎向学生问好
◎教师宣布本次课的内容，宣讲安全注意事项
◎常规检查
◇体育委员整队
◇向老师问好
◇明确课的目标、要求
☆教师精神饱满，语言简洁明了
☆学生按教师要求列队，做到静、齐、快，认真听讲</td><td>队形：
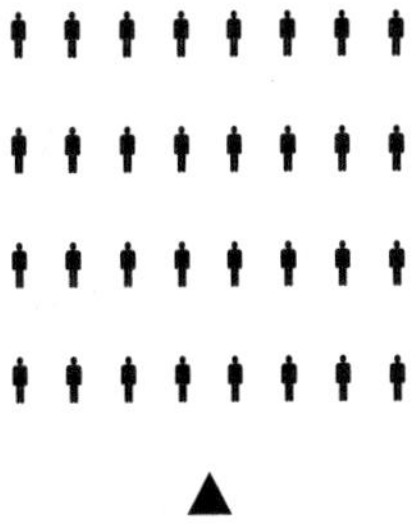</td></tr>
</table>

续表

课序	时间（分）	教学内容	运动负荷			教与学的活动	组织与队形
			次数	时间	强度		
准备部分	7'	二、准备部分 A. 热身跑 （喊数报团游戏）	3次	2'	中	◎教师明确跑动方法、路线和要求：绕着垫子进行高抬腿跑、前踢腿跑、后踢腿跑 ◎教师讲解“喊数抱团”的游戏规则 ◎与学生共同参与，并提示动作 ◇明确游戏方法和要求 ◇仔细观察、正确模仿 ☆学生积极参与、快乐游戏	队形： 
		B. 徒手操 肩部拉伸 腰部拉伸 分腿体前屈 并腿体前屈 手腕拉伸 颈部趣味运动	6×4个八拍	3'	小	◎简述学练方法和要求 ◎边做示范动作，边口令指挥 ◎与学生共同参与，并提示动作 ◇明确要求，快乐参与 ◇听口令学习，仔细观察与模仿 ☆动作到位，充分活动	队形： 

续表

课序	时间（分）	教学内容	运动负荷			教与学的活动	组织与队形
			次数	时间	强度		
基本部分	28'	三、基本部分 （一）直腿后滚翻辅助练习 1. 仰卧举腿滚动 	4～5次	30"	小	◎教师示范动作，明确动作要求 ◎采用分组的形式，组织学生自主练习 ◎教师巡视指导 ◇学生分成4人一组进行仰卧举腿翻滚练习，体会滚动的连贯性和迅速翻掌肩上撑垫动作 ◇相互帮助，相互观察学习 ☆滚动时身体叠紧 ☆双腿超过垂直面时，迅速翻掌至肩上	队形： 
		2. 直腿后坐滚翻至肩上换手  （腹部夹小球）	4～5次	30"	小	◎教师运用提问法，引导学生发现：同学们，在前两次课的练习中，我们遇到的最大问题是什么？ ◎教师运用教辅工具（小球）来启发学生：如何利用教辅工具来解决练习中所存在的问题，同时，请学生大胆尝试 ◎分析问题：利用腹部夹小球方式来解决身体叠紧问题	队形： 

续表

课序	时间（分）	教学内容	运动负荷			教与学的活动	组织与队形
			次数	时间	强度		
基本部分						◎教师进行巡视并指导，动作纠正 ◇根据老师提问，学生积极思考 ◇克服恐惧心理，勇于体验 ☆滚翻过程中身体叠紧	
		（二）直腿后滚翻 1. 直腿后滚翻完整动作  口诀：屈体直腿向后坐 举腿翻臀速滚翻 翻掌肩上快推手 收腹屈髋臂撑起 保护与帮助： 	4~5次	1'	小	◎教师示范讲解直腿后滚翻的动作要求，请同学从直腿屈体、换手时机方面行进观察 ◎教师与学生一起做双人利用器械的保护与帮助，增强学生的责任意识 ◇认真观看教师示范 ◇各组落实保护与帮助同学，进行分组练习 ◇示范、观察、群议、交流 ☆保护与帮助要及时，勇于挑战自我	队形： 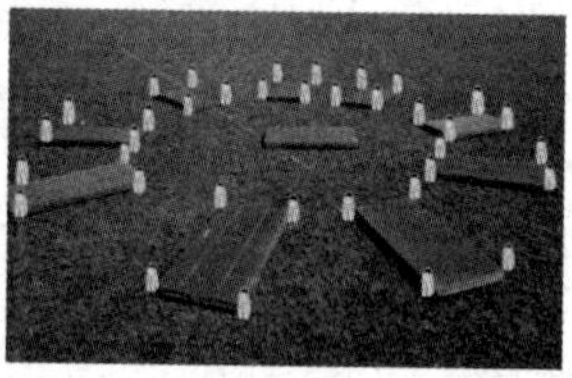

续表

课序	时间（分）	教学内容	运动负荷 次数	运动负荷 时间	运动负荷 强度	教与学的活动	组织与队形
基本部分		2. 分层练习 A. 身体叠紧有困难的同学 （选择夹小球练习）  B. 直腿有困难的同学 （选择绑护腿板练习） 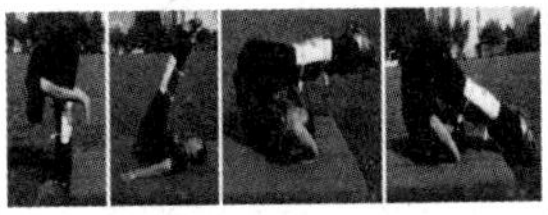 C. 翻滚速度不够的同学 （选择辅助垫子练习） 	若干次	1'	中	◎教师利用展板讲解辅助练习的作用和相应的保护与帮助 夹小球：解决身体叠紧问题 绑书本：解决直腿问题 加垫子：解决滚翻速度不够 ◎引导学生选择相应的练习 ◎抽查同学进行展示 ◇积极思考、讨论，进行针对性地选择练习 ◇各组落实保护与帮助同学 ◇示范、观察、群议、交流 ☆保护与帮助要及时，勇于挑战自我	队形： 
		（三）体能 1. 俯卧撑 2. 仰卧起坐 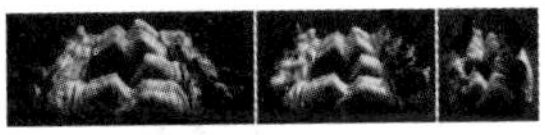		4'	中	◎讲解要求、适当示范、提示要领 ◇学生集体练习 ☆动作到位、注意姿态	队形： 

续表

<table>
<tr><th rowspan="2">课序</th><th rowspan="2">时间（分）</th><th rowspan="2">教学内容</th><th colspan="3">运动负荷</th><th rowspan="2">教与学的活动</th><th rowspan="2">组织与队形</th></tr>
<tr><th>次数</th><th>时间</th><th>强度</th></tr>
<tr><td>结束部分</td><td>3'</td><td>四、结束部分
1. 放松练习（伴着音乐跳新疆舞）
2. 教师讲评
3. 安排收集归还器材
4. 宣布下课，师生再见</td><td></td><td>2'</td><td>小</td><td>◎教师引导学生进行放松练习
◎教师请学生谈课后体会与收获
◎总结与评价
◇音伴下集体练习
◇学生谈体会
☆消除疲劳、身心放松
☆积极发言、回顾总结</td><td>队形：
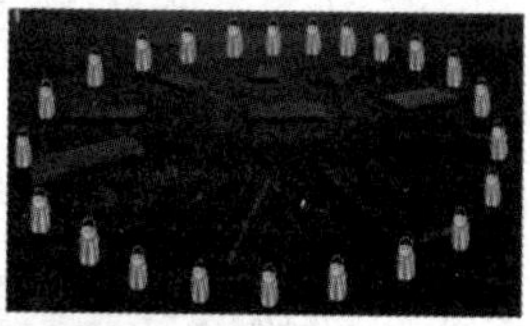</td></tr>
</table>

<table>
<tr><td rowspan="4">场地器材</td><td rowspan="4">1. 一片篮球场
2. 垫子 11 块、8 根布条、8 本书、8 个小球、16 根绑带
3. 一块展板
4. 一台音响</td><td>安全保障</td><td colspan="3">1. 教师课前检查场地器材
2. 充分做好准备活动，使各关节活动到位
3. 控制好学生练习间距，防止相互碰撞</td></tr>
<tr><td rowspan="3">预计</td><td colspan="2">练习密度</td><td>强度</td></tr>
<tr><td>全课</td><td>内容主题</td><td rowspan="2">中</td></tr>
<tr><td>45%</td><td>50%</td></tr>
<tr><td>课后小结</td><td colspan="5"></td></tr>
</table>

第二节 体育教学实施

体育教学起始于目标的制定，归属于目标的达成，在这个过程中，教学实施处于中心环节。没有教学实施的支撑，再完善的教学设计都是空中楼阁。那么，什么是教学实施？简而言之，教学实施就是将教学设计方案付诸实践的过程。从教学过程的视角来看，教学实施其实是教学过程的一个阶段，即教师具体指导学生学习的活动阶段，一般也把这个阶段称为体育教学活动的实践过程。众所周知，体育教学活动是以身体练习为手段，那么，这个实践过程的顺利进行，就必然涉及活动的内容选择、方法指导、规范性要求、组织方式、密度安排以及负荷安排等问题。其中，活动的内容选择与活动的方法指导已在本教材教学内容和教学方法部分中进行了阐述，本章只对活动的规范（教学常规）、组织方式、密度与负荷安排进行阐述。同时，由于体育教学实施在行动上最终要落实到一节节具体的体育课之中，因此，本节有关教学实施的内容主要是从一节体育课的实践过程角度来进行论述。

一、体育课堂常规

所谓常规，是指某项活动或某种操作的日常性规定。这种规定不因活动的执行者以及执行的时间、地点不同而有所变化。体育课堂因其活动空间的开放性、活动主体身体位置的移动性、活动形式的器材依赖性等特征，与文化类课堂常规有着很大的不同。认真执行这些常规，是保证课堂教学顺利实施、规避课堂活动风险、确保课堂育人目标达成的重要前提。尽管课堂常规的适用对象既包括教师也包括学生，但作为课堂教学活动的指导者和管理者，教师是课堂常规执行的首要责任人，不仅自身的教学指导活动需要遵守常规，也有义务和责任提醒学生按常规进行学习。根据一堂体育课的任务进度，体育课堂常规通常包括以下一些内容。

（一）课前常规

课前常规的主要适用对象是体育教师。在上课之前，体育教师应当按照以下规范性要求对教学的准备情况进行核查。

1. 核查教案

主要核查教案要素的完整性以及核查教案中教学内容安排的恰当性、

教学时间分配的准确性、教学活动关键环节方法手段的适用性等。通过教案核查，一方面是确保教案设计的完善与可行，另一方面也是教师进一步熟悉教学流程的需要。

2. 查验服装与随身教具

体育教师主要查验自己的衣服、鞋子是否适合运动以及随身携带的口哨、战术板等教具是否完好、可用。通过服装与教具的查验，不但可以保证体育教学的有效实施，而且还可以为学生树立积极正面的体育教师形象。

3. 准备场地与器材

根据学生身心特点与具体教学内容对场地的布置形式和器材数量、放置位置进行充分的准备。对场地器材进行充分准备，除了能够保证体育教学的正常进行之外，还可以有效提高学生的学练兴趣、练习密度和学习效果。

4. 提前到达教学地点

体育教师一般需提前5~10分钟到达教学地点，检查教学场地和器材的布置是否合理、卫生是否清洁以及质量有无破损等情况。这一方面是为了保证体育教学的正常有序进行，另一方面是为了排除事故隐患，保证教学安全。

（二）课中常规

1. 查验学生情况

主要包括清点上课人数，了解学生出勤情况；检查学生服装是否符合运动的需要，是否有安全隐患的佩带物及首饰，如徽章、钥匙、小刀、耳环等；询问学生身体状态，对身体不适、女生例假等特殊状况的学生进行合理安排。做好学生状况查验，是保证学生安全学习，防止伤害事故发生的重要举措。

2. 安排见习生

对身体不适的学生应进行有效的见习安排，但见习不等于休息，教师应该根据学生的见习原因进行灵活安排，为其安排一些适宜的活动和任务，例如对于可以进行轻微运动的见习生，教师可以安排一些运动量较小的自主练习；而对于完全无法参与运动的学生，则应安排其做好课堂观察记录和学习笔记。

3. 活动风险提示

由于体育课主要以室外身体活动练习为主，并伴随着较多体育器械的使用，因而存在着一定的安全风险。为此，体育教师要在课中针对本节课的学练内容对学生进行必要的安全教育，对存在安全风险的练习环节进行风险提示，要求其注意场地器材的合理规范使用，提高运动安全意识。

4. 按教案执行教学

教案是教师的教学设计和设想，原则上，教师应该严格按照教案的设计进行教学，不得无故背离教案执行教学。但如遇恶劣天气、场地受限等突发性特殊情况，体育教师也可对教案设计的教学内容进行微调，以便顺利完成教学任务。

5. 做好课堂小结与作业布置

课程结束时，体育教师应该针对学生在本节课的学练情况进行简单的口头式讲评与小结，并布置相应的课后作业，提出课后锻炼的要求以及下次课的主要学习内容，以此促进学生能够在课后温习和巩固课堂教学内容，提高学习效果。

（三）课后常规

1. 及时回收器材

课程结束时，应专门安排值日生将体育教学器材进行有序回收，培养学生爱护器材的意识和习惯。另外，体育教师应对体育教学过程中出现明显损坏的体育器材进行专门记录，并告知体育器材管理员及时进行更新与修复。

2. 做好教学总结

“教学总结”是指体育教师针对自己教学之后的回顾性反思和总结。做好教学总结，可以找出教学实施过程中存在的问题和不足，从而为优化课堂教学策略，提高教学效果提供可靠依据。课后总结对于青年教师教学经验的积累，教学方法的提升尤其重要。

二、体育课的组织

组织是指由诸多要素按照一定方式相互联系起来的系统。于教学而言，组织是指为完成特定的教学任务，教师和学生按一定要求组合起来进行活动的结构。体育课的组织则是教师根据教学内容、学生特点、环境条件和场地器材条件等为实现体育课的教学目标所采取的各种措施。由于体育课主要在室外或操场上进行，受外界环境干扰较大，并且是以身体练习为载体实现教学目标，因而其与文化课的组织存在较大差异。为此，选取行之有效的体育课组织形式，对于营造良好教学氛围，调动学生学习积极性，保证运动负荷与练习密度以及提高教学效果和学习质量具有重要的作用。依据体育课的特点，其组织主要包括班级教学组织和课内教学组织两种形式。

（一）班级教学组织形式

1. 自然班教学组织

这是以自然教学班或行政班为单位的教学组织形式，即男女混合班上课。这种教学组织形式较为固定，组织方便省力，便于学校教学的统一安排和学生之间的相互了解。但同时，由于学生之间身体素质、运动能力、兴趣爱好和男女性别等方面的差异，这种组织形式也存在着不便于因材施教和难以满足学生多元需求的劣势。

2. 合班教学组织

它是将同年级的几个自然班按照学生兴趣爱好、运动能力等重新进行编班分组，并由若干体育教师分别进行教学的相对稳定的教学组织形式。通常包括按性别分组、按运动能力水平分组、按体质健康状况分组以及按运动项目爱好分组等。例如，上海从 2012 年开始在高中学段推行的“高中体育专项化”就是以运动项目爱好进行分组的合班教学组织。这种组织形式能够更好地实行差异化教学，满足学生的多元需求，调动学生的学习积极性。缺点是增加了课程安排难度，对于体育教师数量和场地器材不足的学校难以施行。

此外，根据教学的实际需要还可以实行临时分组进行教学。但不论采用哪一种教学组织形式，应尽可能使各组学生相对固定，这有利于加强师生和生生之间的了解，共同协作将课程教学任务完成。

（二）课内教学组织形式

1. 全班教学

全班教学是指全班同学在教师的统一指挥下，同时或依次完成练习的教学组织形式。其优点是便于统一调动指挥，全面照顾学生，有较高的练习密度；缺点是不利于区别对待、个别辅导。这种组织形式一般需要在场地器材条件充足的情况下使用，多用于队列队形、准备活动、诱导练习和发展身体体能练习等教学内容。

2. 分组教学

分组教学是指将全班学生按一定条件分成若干小组、由教师统一指导、分别进行练习的一种组织形式。主要包括分组不轮换和分组轮换两种形式。其中，分组不轮换是将学生分成若干组，在教师的统一指导下，各组按教材内容安排顺序，依次独立进行学习完成教学目标。其优缺点与全班教学基本相同。对于场地器材条件充足的学校，应多采用这种教学形式，以便提高练习效果，更好的发展学生的体能。

分组轮换则是将学生分成若干组，在教师的指导和小组长的协助下，各组分别学习不同性质的教材内容，按预定时间轮换学习内容的教学组织形式。分组轮换主要包括两组一次轮换、三组两次轮换和先合（分）组后分（合）组等几种形式。目前，分组轮换是中小学校体育教学较多采用的组织形式。其优点是在人数较多、场地器材不足的情况下能够使学生获得较多的身体练习，进而提高练习密度。另外，还能有利于学生互帮互学，培养学生自主、合作、探究的学习能力。但也存在着教师不易全面指导学生和不易管理教学进度等方面的劣势。

3. 个别指导

个别指导是指体育教师根据学生个体在体育学习过程中出现的问题和错误进行针对性的个别化教学形式。这种组织形式的优点是能够建立以学生为主体的课堂氛围，增强学生在体育学习中的主导作用，提高学生的自主学习意识，更好的实行差异化教学，满足学生个性化发展的要求。其缺点是体育教师很难在一堂课中对所有学生都进行个性化的指导，对新手教师具有一定的挑战性。

三、体育课的密度

体育课密度（又称为一般密度、综合密度）是指在体育课中各项教学活动合理利用的时间之和与上课总时间的比。各项教学活动包括：教师的指导（包括讲解、示范、演示、纠正动作等）；教学活动的组织（包括整队、调动队伍、分发和收回器材等）；学生练习；学生合理的休息（包括练习时必要的等待和练习后的休息）；学生间讨论、帮助和保护。以上 5 项活动中某项活动合理运用的时间与上课总时间的比，称为该项活动的专项密度。学生实际从事练习的时间与上课总时间的比，称为练习密度。体育课密度是常用的定量评价体育教学质量的指标之一，可以帮助教师更加有效和合理地运用体育课上的时间，提高体育教学的效率。

（一）体育课密度的测定和计算

1. 准备工作

（1）了解课的教学目标、内容和组织教法。（2）明确测定者的分工。（3）准备好测定需要的工具，如记录表、秒表、笔等。（4）选择测定对象，并给测定对象穿戴标志物，方便观测。测定对象可选择好、中、差水平的学生各 1 人，分别测定后取 3 人的平均值，若条件有限，也可在班级里选择中等水平的学生 1 人进行观测。

2. 实际测定

体育课密度的测定需要从上课开始到下课为止，以一节课实际开展的时间为准，以秒、分为单位把课中各项活动的时间记录在记录表上（表 7–7）。测量时，测试人员需自始至终跟踪同一名学生进行测定，将测定时间、教学（练习）的内容、该内容持续时间等都记录在记录表上，以便进行统计和分析。

▶ **表 7–7 体育课密度测量记录表（示例）**

日期：______ 上课时间：______ 天气：______ 学校：______ 班级：______
任课教师：______ 受测学生：______ 性别：______ 年龄：______ 记录人：______

课堂部分	教学内容	分类					开始时间	持续时间	练习数量	备注
		教师指导	教学组织	练习	休息	讨论、帮助和保护				
准备部分	调整队列队形		√				0'0"	20"		
	师生问好，宣布本节课内容	√					0'20"	1'10"		
	热身跑			√			1'30"	3'10"	2 圈	
	……									
基本部分	教师讲解、示范	√					7'15"	50"		
	学生练习原地单手运球			√			8'05"	40"	50 次	
	……									
结束部分	拉伸操			√			35'45"	2'25"	4 节	
	集合队伍		√				38'10"	15'		
	本节课总结	√					38'35"	1'25"		
	下课						40'			

3. 统计及计算

测试记录完毕，根据课程需要，计算相应的密度。体育课各密度计算公式如下：

$$\text{某项专项密度} = \frac{\text{某项教学活动总时间}}{\text{课的总时间}} \times 100\%$$

$$\text{全课练习密度} = \frac{\text{全课练习总时间}}{\text{课的总时间}} \times 100\%$$

$$\text{课的某部分练习密度} = \frac{\text{某部分练习总时间}}{\text{课的某部分总时间}} \times 100\%$$

（二）体育课密度的安排和调节

体育课堂教学是一个开放的动态系统，合理安排与调节体育课的密度涉及多方面因素，教师在安排与调节时应做到以下几点：

1. 认真备课，周密计划

课前教师应根据本节课的教学目标、教学内容、学生情况、教学条件等情况，合理安排课中各项活动的内容和时间，并进行周密的计划和相关准备。

2. 改进和提高组织水平

严密教学组织形式，根据学生人数、教学内容、场地器材等条件采用合适的教学组织形式，尽量减少用于整队、调动队伍、布置场地器材、分组集中等不必要的组织管理时间，建立必要的教学常规。

3. 改进教学方法，提高教学技巧

在教学过程中，体育教师的讲解和示范要简明扼要、重点突出，做到精讲多练；根据课的任务和教学内容，采用适宜的练习方法，增加学生练习的机会；适当安排辅助练习、诱导练习和身体素质练习等，注意合理调配学生的练习与休息的时间。

4. 充分调动学生的积极性和自觉性

体育教师要发挥体育委员和积极分子的作用。

四、体育课的负荷

体育课的负荷是学生在体育课中所受到的身心刺激及应激程度，体育课的负荷包括生理负荷和心理负荷。合理地安排和调节体育课运动负荷，是体育教师组织教学的基本要求。

（一）体育课的生理负荷

体育课的生理负荷是指学生在课中进行身体活动练习的量和强度对机体的刺激程度。生理负荷具体包括外部刺激和内部反应，外部刺激是学生在课上所做练习（量和强度的累积）对机体产生的刺激，内部反应是机体对这种刺激产生的生理机能的反应。两者具有因果关系，外部刺激是因，内部反应是果，适当的刺激能促进机体体质健康，过少的刺激起不到体质健康促进的目的，过多的刺激超出学生的承受则会造成机体的损伤。因此，体育课的生理负荷直接关系到学生体质健康的促进，并进一步影响学生对运动知识的掌握和运动技能的学习。

1. 测量体育课生理负荷的方法

测量体育课生理负荷有多种方法，整体分为两大类，一类是主观测量法，通过观察或自我感知等主观感觉来判断生理负荷情况，常用的有课堂观察法、自我感觉法；另一类是客观测量法，通过仪器的客观测量来了解生理负荷情况，常用有外触脉搏法、智能可穿戴设备测量法。

（1）课堂观察法。教师在体育课进行中通过对学生的外部表现，主要观察学生的面色、汗量、呼吸、完成动作的质量、控制身体的能力等来判断生理负荷的情况。

（2）自我感觉法。以学生主观感觉来判断生理负荷的大小，主要通过学生自我感受疲劳感、肌肉酸痛情况、是否有心悸、恶心、头晕、胸痛等感觉，来判断自我生理负荷情况。教师应经常听取学生的反映，辅以课堂观察，以判断生理负荷是否适宜。

（3）外触脉搏法。教师或学生通过外部触摸相应部位（桡动脉、颈动脉、心尖部位等）了解学生当前心率，通过一次或多次测量，掌握课中不同学生的心率变化情况，以判断其生理负荷。

（4）智能可穿戴设备测量法。随着科技进步，已有许多高科技仪器可以在不影响课堂教学和学生正常活动的情况下，通过穿戴便携的智能设备，检测课上的生理负荷变化情况，常用的仪器有：计步器、运动手环、心率测量仪、加速度计等，其中心率测量仪主要通过检测学生的心率来判断生理负荷情况，计步器、运动手环、加速度计则通过测量学生在课堂中的身体活动情况（或步数）来判断生理负荷情况。

2. 体育课中生理负荷的安排

体育课生理负荷的安排，应遵循人体生理机能活动变化的规律，由小到大，逐渐增加，大中小负荷合理交替。在课的结束部分，应逐渐下降负荷，使学生尽快恢复到相对安静的状态。在整个体育教学过程中，应根据学生体质的增强和技能水平的提高，逐步加大课上的生理负荷。合理地安排一节体育课的生理负荷，应注意以下几点：

（1）要根据课的类型和教学目标安排生理负荷。由于课的类型和教学目标的不同，生理负荷的安排也有所差异，如在教材内容相同的情况下，复习课和考核课通常比新授课的负荷要大一些。

（2）要根据教学内容的性质安排生理负荷。不同的教学内容，其结构、难易程度、活动范围都不尽相同，生理负荷的要求也不相同，如课程较难的内容其负荷应相对较小，较容易的内容则应加大负荷。

（3）要根据学生的实际情况安排体育课的生理负荷。应根据学生的年龄、性别、身体健康情况、技能掌握水平等各方面因素，合理安排课的负荷。

（二）体育课的心理负荷

心理负荷是指学生在体育课上所承受的心理刺激及心理消耗。学生在体育课上受教学内容、教学环境、生理负荷、人际关系等方面的刺激，引起注意、情绪、意志方面的变化，使学生的心理承受一定的负担，从而造成心理消耗。在体育课上，心理负荷和生理负荷既相互联系又相互制约，共同影响着学生身体的发展，例如，当教师安排的运动强度超出了学生的承受能力，学生会产生退缩的畏难心理，相反，如果教学内容是学生感兴趣的，且组织教法及教学环境都适宜，学生轻松自如地去参加体育活动，即使是大强度的身体练习也会不知疲倦地主动练习。因此，教师应合理安排学生的课上心理负荷，具体应做到：

1. 密切关注学生的心理状态

心理负荷测定方法有观察法、问卷法、自我评估法等，课上最常用的是观察法，主要是通过观察学生的精神状态、投入程度、言语对话、面部表情等来判断其心理负荷状态，教师应密切关注学生的身体及心理状态，听取学生的反映以判断其心理负荷是否合适。

2. 科学安排教学内容的难度及进度，合理安排练习与休息

高难度、高强度练习之后，学生的身体和心理消耗较大，学生的注意力、情绪都下降，学生心理容易疲劳，应注意教学内容的难度和进度是否符

合学生的体力及心理的承受能力，并合理安排休息或运用讲解、练习交替等方式使学生身体和心理得到放松和调整。

3. 保持学生适宜的精神状态

适宜的精神状态，可以提高学生的注意力、记忆力、认知能力等，教师可以通过灵活调整组织教法、调整教学环境至适宜状态等方法调动学生的积极性，此外教师还应多给予学生鼓励和表扬等正面心理刺激，使学生在积极的心理状态下进行学习和练习。

第三节 体育教学评价

体育教学评价是开展体育教学工作必不可少的环节，它既是衡量体育教学实施效果的重要手段，也是推进体育教学过程的重要方法。传统的教学理论通常把教学评价只看作是对教学效果做出客观的衡量和价值判断的过程。这是对教学过程机械化理解的结果，窄化了教学评价的实际用途。在体育教学的具体实施中，教学评价实际上贯穿着整个教学过程，对教学每一个环节的推进都起到或强或弱的引导作用。例如，教师在教案中对某项教学任务分配了 3 分钟时间，但在实际教学中却缩短了 1 分钟或增加了 2 分钟，这很可能就是体育教师基于对学生的实际学习表现进行了临场判断而做出的合理调整。这里的临场判断其实就是教师对体育教学情况的一种评价。只不过，这种评价不像正规测试或考试一样使用了正式的测试工具和给定了明确的评价结果，所以不易被感知，但它确实是真实的存在，而且对体育教学实施的作用也十分重要。从这个意义上来看，可以把体育教学评价理解为是评价主体基于体育教学目标对体育教学过程及其效果所做出的客观衡量和价值判断的过程。

一、体育教学评价的种类

在具体实施体育教学评价的过程中，由于出发点和采用标准的不同，关于评价的分类也存在多种情况。就体育教学评价而言，在实践中常用的评价分类主要采用两种标准：一种是以评价的目的为标准，将评价分为总结性评价、形成性评价和诊断性评价；一种是以评价的参照指标为标准，将评价分为相对评价和绝对评价。熟悉不同类别评价的含义与用途，是做好体育教学评价的前提。

（一）总结性评价

总结性评价是对学习效果的综合性评定，以判断学生体育学习所达到的实际水平。由于总结性评价着眼于学生在体育学习方面的多维度综合发展，以衡量学生达到课程学习目标的程度，因此，总结性评价的使用频率相对较少，一般一个学期采用1~2次，如期中考试和期末考试。从以上关于总结性评价的描述中可以看出，总结性评价的主要用途包括5个方面：① 评定学生的体育学业成绩；② 证明学生在体育学科领域的现有能力和水平；③ 预判学生在体育学科领域可能取得的成就；④ 为学生开展后续的体育学习提供反馈；⑤ 为体育教师反思自身的教学提供反馈。

（二）形成性评价

形成性评价指对正在进行的教育活动做出的价值判断，也称为过程性评价。其主要目的是通过及时揭示问题、及时反馈以促进教学活动的正向改进。在教学过程中开展形成性评价，往往是通过诊断教学方案、计划、过程、进展情况和存在的问题，并及时反馈、调整、矫正，以达到提高教学质量的目的。因此形成性评价主要用途有：① 教学过程的定时反馈，进而调整和修改学习方案和计划；② 教学目标达成的形成性评价，强化学生的学习；③ 控制学校工作的过程，及时或定期检查学校各项计划的执行情况，发现存在的问题，提供正确的矫正处方。

（三）诊断性评价

诊断性评价指对评价对象的现实状况及存在的问题、产生的原因所进行的价值判断，分为"症状诊断"和"原因诊断"两种状态。在教学活动中应用诊断性评价其主要目的是分析原因，以便更好地对症下药采取相应的改进策略或手段。诊断性评价的主要用途有：① 教学活动开展之前，对整体教学计划存在的问题以及这种问题产生的可能原因进行分析，从而促进教学计划更加有效地实施；② 学年初，对学生学习的原有基础情况进行评价，以便于更好地完善教学计划和安排；③ 学生教学目标的达成情况分析，对造成学生学习困难的障碍进行评价。

二、体育教学评价的流程

体育教学评价无论以何种方式进行，都涉及对人（教师或学生）的行为本身及其结果的价值评判。从常理而言，只有评价结果的客观、公正和温情，评价才具有权威性和公信力，评价本身也才可能对行为的改善产生积极作用。因此，在体育教学实践中，除了因教学过程推进需要而临场进行的“点评”之外，凡正规举行的评价活动都需在科学性、教育性和全面性原则的指导下，遵循基本的操作流程，以保证评价对教学活动的积极促进作用。

（一）制定评价指标体系

评价指标体系是指由评价所需要测量的指标及其权重构成的集合体。一般而言，评价指标是依据活动目标而定的，是活动目标的具体化。例如，对学生期末体育学业成绩进行的评价，其对应的活动是学生一学期整体的体育学习活动，活动的目标涵盖了体育课程标准规定的所有目标领域，其评价指标也要针对每一个目标领域制定出可测量的具体指标。在制定出具体的评价指标之后，还需要对每项指标在评价中的重要性进行权重分配。所谓权重，从操作层面来讲，就是指各项评价指标的得分占总分的比例。比如，运动技能在学生最终学业成绩总分（100 分）中占 60 分，那么，其权重就是 0.6。需要注意的是，在指标评价体系中，同一层级中所有指标的权重之和必须为 1。

（二）确定资料采集工具

评价结果的有效性首先取决于评价资料的可靠性，而评价资料的可靠性又与资料采集的工具密切相关，正所谓“工欲善其事，必先利其器”。在体育教学评价中，由于评价指标涉及学科知识、运动技能、体质健康等多个领域，资料的类型相对复杂，对资料采集工具的要求比较高。因此，一般情况下尽量采用信效度得到认可的公共性采集工具。例如，对于体质健康数据的采集可以使用《国家学生体质健康标准》，对于运动技能水平的数据采集可使用《青少年运动技能等级标准》，对于身体活动水平的数据采集可用加速度计（Actigraph GT3X+ 三轴运动传感器），对于体育心理方面的数据采集则可使用运动心理学领域的相关量表等。当然，对于目前还没有稳定可靠的公共性采集工具但又是评价所需要的资料，教师则可以根据体育课程标准等文献自行设计资料采集工具。对教师自行设计的资料采集工具，原则上需进行预测试以验证工具的有效性。

（三）采集分析评价资料

评价资料采集工具确定后，接下来就是对评价资料的具体采集以及对采集资料展开分析。在资料的采集过程中，评价者需严格依据工具所确定的操作规范进行资料采集，以保证评价资料的信度。例如，在对学生的速度测试中，有的评价者为了省事，直接用手机的秒表功能进行计时，这显然不符合正式的仪器要求，测试结果会有很大的误差，据此数据得到的评价结果就失去了可信度。因此，严格按工具的规范性操作要求进行资料采集是对评价者专业素质的基本要求。在评价资料采集完毕后，还需要对资料进行必要的整理分析后才能成为对评价对象进行价值判断的依据。评价资料一般有定性资料和定量资料两种类型，为了保证分析的方便和分析结果的清晰，通常需要对定性资料进行数据化转换，然后采用统计分析的方法进行分析，形成可用于价值判断的数据结果。

（四）进行结果价值判断

价值判断是评价流程中的最后一个环节，也是最为关键的环节。在进行价值判断时，根据所选取的参照标准不同，价值判断又可分为绝对评价、相对评价和个体内差异评价。所谓绝对评价，是依据既定的客观标准对评价对象所取得的成绩进行衡量，以判断评价对象达到既定标准的程度。例如，依据 100 米达标成绩判断学生 100 米跑的速度能力。所谓相对评价，是将评价对象与其所处集体中的其他成员进行比较而做出的价值判断。例如，将某位学生的 100 米跑成绩与全班 100 米跑的平均成绩进行比较，以判断该生 100 米跑在班级中的位置。所谓个体内差异评价，是指将评价对象与其自身过去的情况进行比较而做出的价值判断，通常也称为进步幅度评价。例如，将某生学期结束的 100 米跑成绩与学期初的成绩进行比较，看该生取得了多大的进步。以上三种价值判断的方法各有所长，在体育教学评价中如何运用，需要根据实际情况而定。

三、体育教师教学工作评价

从教学中人的因素来看，体育教学活动既包括教师教的活动，也包括学生学的活动。由于体育教师是教学过程的组织者和指导者，其组织和指导教学的行为很大程度上决定了教学过程的有序性和教学效果的有效性。因此，对体育教学进行整体上的评价，离不开对教师教学工作的评价。开展体育教师教学工作评价，既是衡量其教学质量水平的依据，也是帮助教师进行专业成长的重要途径。

（一）体育教师教学工作评价的内容

在体育教学实践中，对体育教师教学工作的评价一般从7个方面展开，这7个方面具体包括：

1. 教学方案设计是否完善

主要考查教案的格式是否清晰，教案的要素是否完整，教案中具体内容的表达如学习目标、教学重难点、行为要求等是否准确，教案的书写（包括文字和图）是否规范等。

2. 教学仪表仪态是否得体

主要考查体育教师的着装是否整洁和得体，精神面貌是否积极阳光和有感染力，身体姿态是否大方得体，身体语言运用是否恰当到位等。

3. 教学组织安排是否合理

主要考查体育教师对场地器材的布置是否恰当，队伍的转换与调动是否合理，教学的分组安排是否恰当，教学的节奏掌握是否流畅，密度与负荷的安排是否合理等。

4. 教学方法运用是否恰当

主要考查体育教师的动作讲解是否准确清晰、重点突出，动作示范的方式选用是否合理以及示范是否准确到位，教学辅助手段的运用是否有效，纠错与指导是否精准及时、教学重难点是否突出等。

5. 教学应急处理是否妥当

主要考查体育教师对教学过程中出现的不可预期的意外情况（如学生受伤或发生冲突、外界突然出现干扰等）的处置能力。在体育教学实践中，意外情况并不必然发生，因此，此项考查一般作为备选项。

6. 教学基本功是否扎实

严格说来，体育教师的教学基本功综合反映在以上5个方面，基本功扎实，以上5个方面的工作就能得到较好的执行。因此，对基本功的评价可综合以上几方面的执行情况来进行。当然，在具体量化评价时，可重点关注教师的口令运用是否合理、语言表达是否流畅、动作展示是否到位、方法运用是否娴熟。

7. 教学效果是否达到预期

主要考查学生的实际学习效果与预先设定的学习目标之间的吻合度。在具体评价时，可重点考查学生的技能掌握情况、体能锻炼情况和学习中的情绪状态。

（二）体育教师教学工作评价示例（表 7-8）

▶ 表 7-8 体育教师教学工作评价表

一级指标（权重）	二级指标（权重）	分值（100 制）
A 教学方案（0.1）	A1 格式是否清晰（0.2）	
	A2 要素是否完整（0.3）	
	A3 内容是否正确（0.3）	
	A4 书写是否规范（0.2）	
	An……	
B 仪表仪态（0.1）	B1 着装是否整洁得体（0.3）	
	B2 精神面貌是否积极阳光（0.4）	
	B3 身体姿态是否大方得体（0.3）	
	Bn……	
C 教学组织（0.2）	C1 场地器材布置是否恰当（0.2）	
	C2 队伍调动是否合理（0.2）	
	C3 教学分组是否适宜（0.2）	
	C4 教学节奏把握是否分明（0.2）	
	C5 密度与负荷安排是否合理（0.2）	
	Cn……	
D 教学方法（0.3）	D1 内容讲解是否准确清晰（0.2）	
	D2 动作示范方式选用是否正确（0.2）	
	D3 教辅手段运用是否有效（0.2）	
	D4 纠错与指导是否精准及时（0.2）	
	D5 教学重难点是否突出（0.2）	
	Dn……	
E 教学基本功（0.1）	E1 口令运用是否合理（0.3）	
	E2 语言表达是否流畅（0.4）	
	E3 技能水平是否高超（0.4）	
	En……	

续表

一级指标（权重）	二级指标（权重）	分值（100 制）
F 教学效果（0.2）	F1 学生技能达成情况（0.4）	
	F2 学生体能锻炼情况（0.3）	
	F3 学生情绪表现情况（0.3）	
	Fn……	
最终得分		
评语		

说明：① 表中的“……”表示根据评价工作的实际需要还可添加评价指标；② 表中的权重只是参考值，可结合评价工作需要进行调整；③ 评价结果计算方式：先计算各项一级指标得分，如 A=A1* 权重 +A2* 权重 +……+An* 权重；再将各一级指标得分乘以权重求和，总得分 =A* 权重 +B* 权重 +……+F* 权重；④ 评语是对教师教学工作的定性结论，包含对得分的总体评述、工作的特色亮点和不足、改进的建议等。

四、学生体育学业成绩评价

体育学业成绩是衡量学生体育学习效果的重要标尺，也是反映体育教学质量水平高低的重要参照。从根本意义上讲，体育教学的最终目的是通过促进学生体育学业成绩的不断增长，进而使学生逐步具备参与体育活动的能力和养成经常性参与体育的习惯。因此，对学生的体育学业成绩进行准确、客观的评价，既是帮助学生了解自身体育学习状况进而调整体育学习行为方式的需要，也是帮助体育教师发现教学问题进而改进教学工作的需要。

（一）学生体育学业成绩评价的主要内容

体育学业成绩是对学生一个学习周期（通常以学期或学年为单位）的体育学习情况的综合反映，其评价内容一般包括以下几个方面：

1. 学生的体育学习态度

学习态度是反映学生体育学习投入度的重要指标，尽管学习的投入度并不总是与测试成绩的绝对值成正比，但从学生的长远发展来看，养成做好当下工作的认真态度是十分重要的，它甚至比一时成绩的高低更能决定学生未来的发展成就。在体育教学实践中，对学生体育学习态度进行评价的指标通常包括出勤率、课堂学习的积极程度以及课后自主参与锻炼的主动性。具体的评价方法一般以体育教师的结构化过程记录方式进行（表 7–9）。

▶　**表 7–9　体育学习态度评价表**

周次	课次	出勤	课堂表现			课外锻炼		
			好	中	差	好	中	差
一	1							
	2							
	……							
二	1							
	2							
	……							
……								
小计								

说明：① 各学校一周体育课时安排有差异，表中的“……”表示可根据学校实际周学时数添加行；② 课堂表现按课时依次进行记录，教师在课堂上可记录一些重点，课后再进行补充；③ 课外锻炼建议以周为单位进行记录，教师可自行设计学生课外锻炼表让学生每周反馈，也可利用智能设备进行打卡记录。

2. 学生的运动技能水平

运动技能是体育学科的核心知识，运动技能水平的高低是反映学生体育学习效果的最重要指标，也是判断学生体育发展潜力的重要参考。因此，对学生体育学业成绩的评价，运动技能是必不可少的评价要素。在对运动技能进行评价时，要注意将动作技术的完成质量（技评）和技能的达标水平（成绩）相结合。例如，在对学生的跳高技能进行评价时，有的学生从助跑、起跳、过杆、落地的一系列动作都很标准，但过杆的高度却不够，那么，该生在跳高技评方面可以获得高分，而在跳高成绩方面却得不到高分。该生的跳高技能最终评分应该是技评得分与成绩得分之和。在具体评价中，技评得分和成绩得分按什么比例计算，需要教师根据实际情况而定。

需要特别说明的是，在对学生进行运动技能评价时，切忌把学业成绩评价等同于竞赛场上的胜负评判。因为学习评价的功能不仅在于对学生的学习效果进行优劣甄别，更重要的是要促进学生积极的体育参与，胜负评判无助于增强大多数学生积极参与体育学习的信心。因此，教师在确定运动技能评价的项目时，如果一个学习周期中学生学习了多个项目，可以让学生选择自己最擅长的项目进行评价。这样既能帮助学生更多地体验到学习的成功感，也能使学生逐步稳固自己的项目兴趣，进而达到对一定数量项目技能的熟练掌握。

3. 学生的体质健康水平

体质健康是指人体的健康程度，它是在遗传性和获得性的基础上表现出来的人体形态结构、生理功能等方面相对稳定的特征。体质健康水平一定程度反映了学生的健康水平，对学生未来的全面发展有着重要作用和价值。当前，学校体育的改革对学生体质健康的高度重视，是体育学科教学的重要目标之一，也是学生体育素养的重要内涵。

目前，我国全日制小学、初中、普通高中、中等职业学校和普通高等学校的在校学生体质健康测评标准是《国家学生体质健康标准（2014 修订版）》。该标准的测评内容主要针对学生的身体形态、身体机能和身体素质等方面，以综合评定学生的体质健康水平，其具体的测评指标随学生的年级和性别有所不同（表 7-10）。通过现场测试，学生可以得知各项指标的具体测试结果，然后根据评价标准得出自己的体质健康水平。

表 7-10 《国家学生体质健康标准（2014 修订版）》具体测评指标

组别	评价指标（测试项目）
所有年级	BMI
	肺活量
小学一、二年级	50 米跑
	坐位体前屈
	1 分钟跳绳
小学三、四年级	50 米跑
	坐位体前屈
	1 分钟跳绳
	1 分钟仰卧起坐

续表

组别	评价指标（测试项目）
小学五、六年级	50 米跑
	坐位体前屈
	1 分钟跳绳
	1 分钟仰卧起坐
	50 米 *8 往返跑
初中、高中、大学各年级	50 米跑
	坐位体前屈
	立定跳远
	男生引体向上、女生 1 分钟仰卧起坐
	男生 1 000 米跑、女生 800 米跑

需要指出的是，该标准仅仅是对学生的体质健康水平作为评定标准，无法全面反映学生的健康水平。除此之外，作为一项科学的测评体系，应按照每项测试标准的规范流程进行测试，才能获得学生体质健康水平最为准确的结果。

4. 学生的体育健身知识

体育健身知识是指个体获得的利于生存发展的与健康相关的运动知识，是当前体育学科核心素养、学生体育素养和综合素质评价中不可或缺的部分，对全面衡量学生的体育学习效果具有重要的作用。

在对学生进行体育健身知识评价时，可以从以下几个方面进行（表 7-11），具体分为运动人体、运动营养、健康促进和运动损伤方面的知识。在测评过程中，可以采用问答或调查，通过客观题的方式测评学生的体育健身运动知识。如设计 50 道选择题，采用 100 分制的计分方式，通过学生答题的正确率计算学生的答题分数，评价学生的体育健身知识水平。

▶ **表 7-11 体育健身知识评价的维度**

一级维度	二级维度
体育健身知识	运动人体相关知识
	体育与运动营养相关知识
	体育运动保健健康促进知识
	体育运动安全损伤知识

体育健身知识的测评类似“调查型”测试，并非是“选拔型”测试。因此，在对学生进行体育健身知识测评时，需要对学生进行正确的引导，不能“陷入”应试教育的误区。此外，通过体育健身知识的测评，最终目的是引导学生掌握科学的运动健康知识，帮助他们养成积极锻炼的健康生活方式，从而提升他们的健康水平。因此，从这个角度来看，如何开展合理的体育健身知识测试需要体育教师和相关专业人员的细致准备。

5. 学生的体育道德品质

体育道德品质是学业质量评价的重要内涵之一。体育道德品质是一定社会中体育道德品质原则和规范在个人思想和行动中的体现，是一个人的体育道德行为所表现出的稳定的特征和倾向。在学校体育教学中，体育道德品质的形成与发展表现出阶段性、可塑性、曲折性等特点。我国新颁布的《普通高中体育与健康课程标准（2017）》已经将学生的体育道德作为一个重要方面，强调对学生的体育道德教育。因此，及时评价学生的体育道德品质对于养成学生的优良体育道德具有重要的指向性意义。

7-3：《普通高中体育与健康课程标准（2017）》

体育品德的评定方法可以采用教师观察、学生自评、学生互评等方法，可以与体能测试、运动比赛等实践环节结合起来进行。例如，观察学生在体能测试和学习中的行为，判断学生是否能够坚持不懈，注意尽量避免对他人的干扰，遵守教师的指令，表现出足够的自信，根据测试要求进行展示等。在进行体育道德的评价时，首先需要注意对学生的隐私进行保密，以免对学生造成其他方面的伤害。其次，当前学生体育道德的评价还存在一些未解决的问题。因此，评价学生体育道德所获取的结果仅仅是作为一个参考，为学生的综合素质评价提供信息。

（二）学生体育学业成绩评价示例（表 7–12）

▶ **表 7–12 学生体育学业成绩评价表**

学校：__________ 班级：__________ 学生姓名：__________

评价指标（权重）		原始得分（100 分制）	分项得分
A 学习态度（0.15）	A1 出勤（0.3）		
	A2 课堂学习（0.4）		
	A3 课外锻炼（0.3）		
	An……		
B 运动技能（0.3）	B1______质量得分（0.5）		
	B2______成绩得分（0.5）		
	B3……		
C 体质水平（0.3）	C1 引体向上（0.3）		
	C2 仰卧起坐（0.3）		
	C3 800 米（0.4）		
	Cn……		
D 健身知识（0.1）	D1 运动营养（0.3）		
	D2 运动安全（0.4）		
	D3 运动防护（0.3）		
	Dn……		
E 体育品德（0.15）	E1 体育礼仪（0.3）		
	E2 合作精神（0.3）		
	E3 胜负观念（0.4）		
	En……		
总分			
教师评语		家长反馈	
教师签字：______ 年 月 日		家长签字：______ 年 月 日	

说明：① 表中的“……”表示根据评价工作的实际需要还可添加评价指标；② 表中的“____”表示教师需要根据测试的具体内容添加项目或指标名称；③ 表中的权重只是参考值，可结合评价工作需要进行调整；④ 分项得分等于一级指标下各二级指标乘以权重后相加之和，总分等于各分项指标乘以权重后相加之和；⑤ 教师评语是对学生在一个学习周期中整体学习情况的定性评价，要注意对学生进步之处的肯定和对学习改进提出建议。

从表 7-12 可以看出，对学生的体育学业成绩评价绝不仅仅是给学生一个分数，而应该结合课程标准的要求，将学生体育学习的各个方面进行结构化的记录、评分和进行评语。通过这样的评价方式，学生对自己的学习过程、学习效果、学习的薄弱环节等都能有清晰的认知，教师也能通过这样的评价对自身的教学进行有针对性的反思，这对于从教师和学生两个角度促进教学都有很好的帮助。此外，学生处于未成年期，作为学生的第一监护人，家长有责任也有义务知晓学生学习的实际情况。此评价为家长反馈留下空间，有利于促进家校在学生体育学习方面形成合力。

复习思考题

1. 阐述编制学年、学期、单元体育教学计划的基本要求。
2. 阐述编制学年、学期、单元体育教学计划的步骤。
3. 在设计体育课的结构时，需要注意哪些问题？
4. 自选年级和教学内容，分别编制一份单元教学计划和教案。
5. 在体育教学中，需要遵守哪些教学常规？
6. 在体育课中，综合密度、练习密度、专项密度在含义上有什么区别？如何对体育课的练习密度进行测定？
7. 体育课中测量生理负荷的常用方法及其运用要求有哪些？
8. 体育教学评价的种类有哪些？不同种类评价方法的主要用途体现在哪些方面？
9. 体育教师教学工作评价的内容有哪些？学生体育学业成绩评价的内容有哪些？

即测即练

第八章

学校课外体育

▶ 本章导读：

学校课外体育是学校体育的重要组成部分，是增强学生体质、传承体育文化的主要途径，其在推进学校体育工作和实现学校体育目标的过程中扮演着重要角色。按照形式划分，学校课外体育可分为学校课外体育锻炼、学校课外体育训练和学校课外体育竞赛三种。形式的差异与参与对象的不同，决定了三种学校课外体育各具特点和作用。在组织和实施上述三类学校课外体育时，根据目的和需求又可分为更为微观和具体的形式，比如学校课外体育锻炼可分为早操、课间操和大课间体育活动等，学校课外体育训练可分为校运动队、体育俱乐部等，学校课外体育竞赛可分为单项竞赛、综合运动会等。为确保不同形式学校课外体育发挥其应有的特点和作用，在组织和实施过程中应遵循相应的原则。鉴于当前或未来作为一名合格的学校体育从业人员，策划和开展学校课外体育是必备的基本能力之一。因此，本章第三节以“主题性”为视角，针对大课间体育活动、体育节和年度课外体育竞赛三种主题性课外体育活动的策划进行了介绍，并列举了相应的案例作为参考。

▶ 学习目标：

熟悉学校课外体育的三种形式，并阐述不同学校课外体育各自具有的特点和作用。了解三种学校课外体育微观和具体的组织形式以及实施这些不同形式的课外体育时需要遵循的原则。了解学校课外特色性体育活动策划和开展的基本流程、主要内容和注意事项。

第一节 学校课外体育的特点与作用

学校课外体育是指学生在课外时间里，运用多种身体练习方法和手段，以发展身体、促进健康、提高运动技术水平和丰富校园体育文化为目的进行的形式多样、内容丰富的体育教育活动。依据组织方式进行划分，学校课外体育可分为学校课外体育锻炼、学校课外体育训练和学校课外体育竞赛三种形式。因面对群体与最终目标的差异，决定了这三种形式的学校课外体育各自具有不同的特点与作用。熟悉和理解这些特点与作用，是开展好课外体育的前提。

一、学校课外体育锻炼的特点与作用

学校课外体育锻炼是指学生在课外时间，运用多种体育手段和方法，以发展身体、增进健康、愉悦身心为目的的群众性体育活动。学校课外体育锻炼是学生参与面最广、活动最频繁、内容最丰富、形式最多样的体育活动。随着现代学校体育理论与实践的发展，学校课外体育锻炼的价值越来越受到教育从业者以及关心学生身心健康人士的高度重视。

（一）学校课外体育锻炼的特点

1. 在目的上健身性突出

学校课外体育锻炼的主要目的是健身，即促进学生的身体健康。虽然体育课堂教学也具有健身性特点，但其更多以传授体育知识与技能为主。学校课外体育训练和竞赛同样具有健身性特点，但也并未像课外体育锻炼表现得那样突出。这也正是在我国全面深化社会改革的重大决定中，明确提出要强化体育课与课外体育锻炼，促进青少年身心健康、体魄强健的根本原因。

2. 在组织上灵活性较强

虽然同样是面向学校全体学生，但学校课外体育锻炼在组织形式上更为自由、灵活、多样。它不拘泥于常规的体育课堂教学流程，可以根据学生身心特征、气候情况、学校场地器材条件、地域特色等因素进行灵活的调整。特别是在学生自发性的体育锻炼中，学生选用何种形式进行锻炼，基本上由学生自己决定。

3. 在内容上稳定性较强

学校课外体育锻炼的稳定性体现在时间和内容两个方面，时间上多为学校统一安排的固定时间，如早操、课间操（大课间体育活动）、班级体育锻炼几乎都是在固定时间组织开展。内容的稳定性主要体现在两个方面：一是集体性课外体育锻炼通常以国家颁布的广播操或学校创编的健身操为主；二是个体性课外体育锻炼时学生多以个人喜欢的运动项目为主。

4. 在过程中自主性较强

相较于体育课堂教学，学校课外体育锻炼中既有不变也有变化，不变的是学生参与体育学习和锻炼的主体性没有发生变化，而且学生的自主性变得更加明显；变化的是教师由主导者变成了辅助者，进而帮助学生在课外体育锻炼中的主体性和自主性得到进一步强化，充分发挥学生主动参与体育锻炼和学习的积极性。

5. 在参与上全体性较强

学校课外体育锻炼与体育课堂教学同为国家明确要求必须开展的体育教育活动，不仅表明它们具有强制性的特点，同时还具有参与人群的全体性特点，即学校课外体育锻炼同样是面向全体学生。该要求的提出，既满足了所有学生在课外时间参加体育锻炼的基本需求，同时也可有效落实学生在校期间每天 1 小时体育活动的目标。

（二）学校课外体育锻炼的作用

1. 增强学生体质水平

促进学校所有学生身体健康发展是学校体育课外体育锻炼的主要作用之一。依据国家和地方的要求，我国中小学校每周都要开设 2~4 节体育课，但受制于体育课总时长和健康促进效益偏低的影响，使得体育课在增强学生体质健康水平方面所起的作用仍然十分有限。为改变学生长时间处在静坐和紧张的学习状态，应对因身体活动减少导致的体质下降问题，极有必要利用课外时间组织和开展体育锻炼。而且大量研究显示，适量课外体育锻炼不仅能有效改善上述不良反应，增强学生体质水平，还可使学生以饱满的情绪和状态重新投入到学习和生活中。

2. 促进学生心理健康

作为最富有朝气和活力的青少年学生，他们不仅需要广泛地学习知识与技能，还需培育正确的情感态度与价值观，进而以健康的心理面对生活、学习以及未来的工作。在学生自主、自学、自练和自评基础上组织实施的学校课外体育锻炼，不仅能增强学生体质水平，还可有效培育学生正确的情感态度和价值观，促进心理健康发展。因此，学校在开展课外体育锻炼时，要充分发挥体育锻炼对学生身心影响的综合作用，提升课外体育锻炼的综合育人水平。

3. 营造校园体育氛围

学校课外体育锻炼作为学校体育的重要组成部分，决定了其既有增强学生体质的功能，也具备促进体育文化传承的作用。学校课外体育锻炼组织形式自由灵活、内容类型丰富多样、参与主体广泛全面等的特点，不仅为学生体育参与需求的满足和运动才能的发挥提供了广阔的空间，而且还在一定程度上弥补了学校体育课堂教学的不足，同时在营造良好的校园体育氛围方面发挥了重要作用。

4. 培养终身体育意识

培养学生终身体育意识，需要学校课内外体育的共同合作与努力。鉴于当前学校体育课堂的教学任务重、强制性突出、时间紧张等特点，还不足以促成学生终身体育意识的养成。反观学校课外体育锻炼，其所具有的内容丰富性、类型多样性、组织灵活性、参与自主性、群众基础性等特点以及能够满足全校所有学生体育参与需求的事实，对于培养学生终身体育意识能够起到重要作用。

二、学校课外体育训练的特点与作用

学校课外体育训练，是指学校利用课外时间对部分有运动天赋或体育特长的学生，以运动队、俱乐部等形式进一步提高其体能和技能的体育教育活动。学校课外体育训练是发现体育后备人才的重要途径，是我国竞技体育的有机组成部分。了解学校课外体育训练的特点和作用是提升训练效益的前提。

（一）学校课外体育训练的特点

1. 课外体育训练定位的基础性

学校课外体育训练是培养竞技体育后备人才的重要途径，无论是训练内容还是训练方法都要符合学生的身心发展规律，因此学校体育训练的定位应以基础性体育训练为主。此外，学校课外体育训练应注重学生身体素质的全面发展，为将来从事专项体育训练打下坚实的基础。因此，学校课外体育训练要始终坚持基础性的特点，避免过早的专项化训练影响学生未来长远的发展。

2. 课外体育训练过程的间断性

学校作为重要的育人机构，主要任务以开展大众化的教育活动为主，虽然也承担着一定的培养竞技后备人才的责任，但就目前为国家输送的竞技人才比例来看，仍属于次要方面。因此，学校课外体育训练实施的前提，是保证学校文化教育活动的正常开展，该要求就使得学校课外训练在过程中具有明显的间断性特点。除此之外，随着参加课外体育训练学生的学段变化、有无比赛任务、升学考试等因素的影响，学校课外体育训练的间断性特点被进一步凸显。

3. 课外体育训练内容的泛项性

学校课外体育训练相较专业运动训练，无论是面向的群体还是专业水平均存在较大的差距。学校课外体育训练面对群体是有体育兴趣和运动特长的普通学生，在训练水平方面以业余和基础性训练为主。因此，学校在组织实施学校课外体育训练时，应根据学生体育兴趣和运动特长以及学校实际情况，尽可能满足学生参与课外体育训练的需求，进而也就决定了学校课外体育训练在内容选择上要广泛而多元。

4. 课外体育训练负荷的亚极性

在常规运动训练中，超负荷训练是其典型特点之一，因为只有通过超负荷甚至极限负荷的训练，才能最大限度地挖掘运动员潜能。我国早期运动训练提出的“三从一大”理念，就是超负荷训练的体现。但是，对于面向青少年学生群体的学校课外体育训练而言，过早的或经常性的超负荷或极限负荷训练，有悖青少年学生的身心发展规律，进而可能会对其身心健康造成不可逆转的伤害。因此，在学校阶段针对青少年学生的课外体育训练，一般采用亚极限负荷强度。

（二）学校课外体育训练的作用

1. 为体育特长生提供成长通道

我国拥有庞大的青少年学生群体，在这个群体中不乏富有运动天赋和体育特长的学生，如果这些学生的体育发展诉求得不到满足，不仅是学生自身的运动天赋得不到展现，于学校和国家而言也是重大损失。因此，为了能够让这些学生最大限度地施展个人体育才华，学校应通过课外体育训练为他们创造良好的成长环境和持续的上升通道。

2. 为竞技体育的发展储备人才

竞技体育的发展离不开优秀体育人才的持续输送，若仅靠专业运动队自身的培养，一方面，无论是数量还是质量，都难以满足竞技体育快速发展的需求；另一方面，专业运动队培养模式对运动员综合素质的发展要弱于学校，尤其在文化教育方面。因此，学校课外体育训练的另一个作用是在能够保证学生顺利完成义务教育的同时，为竞技体育的可持续发展储备全面而优秀的体育人才。

三、学校课外体育竞赛的特点与作用

学校课外体育竞赛，是指充分利用课外时间组织学生，以运动项目、游戏活动、身体练习等为内容，根据正规、简化或自定的规则，以争取优胜、营造良好校园体育氛围为目的的体能、技能、智力和心理的比赛。学校课外体育竞赛作为实现学校体育目标的重要途径之一，它与体育课堂教学、学校课外体育锻炼和训练共同构成了学校体育路径维度的结构体系。

（一）学校课外体育竞赛的特点

1. 多维层面的竞争性

竞争性是体育竞赛的内核，体育竞赛的灵魂就是鼓励公平竞争，竞争表现形式是双方全力以赴、拼搏争胜。学校课外体育竞赛是对参赛者的体能、技能、心理、战术等的综合比拼和评定，每一点都蕴含丰富的竞争色彩。此外，竞争性不仅存在于竞赛双方或多方运动员之间的体能、技能、智力、战术、心理等方面，还可从更广泛的层面去理解竞争性。比如，竞赛双方的教练员之间存在竞争，观众中尤其是“啦啦队”之间也存在竞争，并且其激烈性、广泛性和持久性并不逊色于运动员之间的竞争。

2. 竞赛组织的合作性

学校课外体育在组织形式上一般采用集体形式，即使个人参赛或是个体项目，也可以记团体总分的形式增强集体荣誉感。竞争是与对方的竞争，合作则是与本方队友的合作。因此，在赛前、赛中和赛后，既需要参赛者充分发挥个人的能力，又需要集体的协作支持。在与对手比赛的过程中，为战胜对手，学生运动员之间需要互相协作、默契配合，同时运动员也要与自己的教练员、比赛辅助人员和观众中的支持者进行合作。由此可见，合作性在学校课外体育竞赛中无处不在。

3. 竞赛价值的教育性

学校课外体育竞赛的组织与实施，无论是在形式上还是在效果方面，都充分体现了典型的育人特色。国际学校体育联合会主席兰姆斯曾说过：“教育狭义的目的是传授知识，而广义的目的在于传授技术、能力和社会生活价值观念，这种教育包括竞技体育教育。”体育竞赛作为体育的重要表现形式，必然具有突出的教育功能。开展学校课外体育竞赛，可以让学生通过体育竞赛了解人类创造的竞技体育文化，掌握体育知识和技术、学会公平竞争和团结协作、养成良好的体育品德和心理品质。

4. 竞赛形式的娱乐性

学校课外体育竞赛中，既有严肃、紧张的一面，也有活泼、娱乐的一面。学校课外体育竞赛在组织形式、竞赛内容方面，相比正规的竞技运动比赛更加趋向于轻松、活泼，是学生课外休闲娱乐的主要手段。比赛中优秀选手高超的技战术表现，会给自身和他人带来美的熏陶和享受；学生在竞赛过程中不懈奋斗、奋勇拼搏的精神，满足了其对顽强体育精神和超越自我的追求。作为观众也可从学校课外体育竞赛中体验竞赛带来的乐趣，感受生活的丰富多彩，使学习生活更加充实。

5. 竞赛水平的层次性

学校课外体育竞赛既有高水平比赛，也有基础且业余性质的比赛，这恰好是学校课外体育竞赛层次性的体现。高水平比赛往往较为正规，参赛人数竞技水平较高，但相对全体学生而言毕竟是少数人参与，学生更多是以观众的身份进行助威和观赏；反之，业余体育竞赛更能体现学生体育竞赛的群众性、基础性、参与性，虽然竞技水平不太高，但它面向全体学生可动员更多的学生亲身体会体育竞赛的魅力，体验竞赛的过程，以竞技为手段丰富学生课外的文化娱乐生活。

6. 竞赛类型的多样性

学校课外体育竞赛组织形式灵活，项目种类繁多。按照规模划分，既有学校统一组织的规模较大的学校田径运动会、综合运动会，也有规模相对较小的年级、班级之间的比赛。按照类型划分，既有以竞技项目为主的，如篮球、排球、足球等比赛，也有以娱乐项目为主的，如跳绳、拔河、托球跑等比赛，还有健身性突出的，如健身健美、体能等比赛。此外，有些学生体育俱乐部、体育协会打破传统的单位行政式管理，进行自我组织比赛，进一步丰富了学校课外体育竞赛的组织形式。

（二）学校课外体育竞赛的作用

1. 促进校园文化发展

学校课外体育竞赛是校园文化的重要组成部分，其不仅展现出了学校生机勃勃、积极向上、健康快乐的一面，同时还潜在发挥着“润物细无声”的教育作用。通过学校体育竞赛的开展，可使学校的师生员工充满活力、朝气蓬勃，促进学校的精神文明建设和育人环境营造，充分提升体育的育人价值。此外，通过不定期举办各种形式的体育竞赛，还可以促进不同部门之间纵向和横向的联系，促进相互交流和了解，从总体上促进校园文化的发展。

2. 引领学校体育工作

学生课外体育竞赛往往以团队的形式进行组织和开展，如此不仅可充分调动各参赛团队的积极性，同时还可使他们更加认真地组织学生进行体育训练以获得好名次。对于学生而言，为了集体荣誉，也会在课外时间主动自觉地进行体育训练。因此，学校课外体育竞赛对于普及群众性体育活动，促进整个学校体育工作起着很好的带动和引领作用。

3. 宣传奥林匹克价值

奥林匹克运动是人类社会创造的文明成果，具有丰富的教育价值。奥林匹克格言“参加比取胜更重要”和“更快、更高、更强”所展现出的体育精神，同样适合学校课外体育竞赛。因此，学生只有亲身参与体育实践，包括参加和观看体育比赛，才能对奥林匹克所蕴含的体育精神和教育价值有更深的了解，进而有效地对奥林匹克价值进行传播。

4. 落实全民健身计划

在“全民健身”和“健康中国”上升为国家战略后，《全民健身计划（2016—2020 年）》明确将青少年学生作为实施全民健身计划的重点人群，要求大力普及青少年体育活动，提高青少年身体素质。学校课外体育竞赛可调动大量学生积极参加，感受体育竞赛带来的健康与快乐。在实际体育工作中，许多学校也通过学生体育竞赛的方式，推进“全民健身”和“健康中国”战略的有效落实，宣传体育积极作用。

8-1：全民健身计划（2016—2020 年）

5. 发现优秀体育人才

在学校课外体育竞赛中，参与者既有竞技水平较高的运动员学生，也有竞技体育水平一般的普通学生，虽然在目的上有的是为了追求竞技成绩，有的是为了单纯的健康快乐，不过他们都充分展示自身的运动才能和积极参与的热情，正好也为学校运动队和专业体育队发现具有运动天赋的体育人才创造了机会。因此，学校课外体育竞赛现场本身也是一个发现优秀竞技后备人才的场所。

8-2：《“健康中国 2030”规划纲要》

第二节 学校课外体育的组织与实施

组织与实施好学校课外体育是落实学校体育目标的重要途径。根据目的和需求的不同，学校课外体育活动的组织和实施又可分为更为微观、具体的组织形式。例如，学校课外体育锻炼可分为早操、课间操、大课间体育活动等；学校课外体育训练可分为学校运动队、体育俱乐部、基层训练点等；学校课外体育竞赛可分为单项竞赛、运动技能等级赛、综合运动会等。了解不同类型课外体育的组织形式和实施原则，是有效开展各种课外体育活动的前提。

一、学校课外体育锻炼的组织与实施

学校课外体育锻炼是学校课外体育中学生参与度最高、健身性最为突出的组织形式。为满足全体学生课外体育锻炼的需求，保证课外体育锻炼的实际效益，学校在组织与实施课外体育锻炼时，既要从整体上结合学校综合条件组织全校性的课外体育锻炼，也要基于学生具体需求实施个性化的课外体育锻炼。

（一）学校课外体育锻炼的组织形式

1. 以全校和年级为单位的学校课外体育锻炼

全校性的课外体育锻炼规模较大，组织要求相对统一和规范，易于统一领导和指挥，便于进行督促、检查和评价，有利于不同班级、年级之间相互学习和共同促进，有利于实施爱国主义和集体主义教育，有利于加强纪律性教育和集体荣誉感的培养。但因受场地、活动方式等因素限制，全校性课外体育锻炼在内容选择方面较为单一，一般适于早操、课间操、大课间体育活动等组织形式的锻炼。

2. 以班级和小组为单位的学校课外体育锻炼

班级和小组体育锻炼规模较小、形式灵活、方便组织、易于管理、锻炼效果好。班级体育锻炼以教学班为单位，由班级体育委员负责组织，其他班干部（团支部、少先队、学生会等学生干部）协助、配合，体育教师和班主任起指导和辅导作用。当前纳入课表的体育活动课就是典型的班级性体育锻炼。小组课外体育锻炼可按班级自然分组，也可根据学生性别、体质等依据进行分组。班级和小组课外体育锻炼的内容，可根据季节、场地、器材等条件灵活进行选择，如做广播体操、做游戏，进行球类比赛、开展武术与民族民间体育项目，长跑、徒步走、登山等。

3. 以俱乐部为组织形式的学校课外体育锻炼

学校体育俱乐部同样是课外体育锻炼组织形式之一，常见的有单项俱乐部和综合俱乐部两大类。根据学校的场地器材、师资力量、体育特色等条件进行组建。此外，根据俱乐部建设情况，学校还需给予一定的经费支持，学生会员可以缴纳会费形式，也可通过社会赞助。学生根据各自的兴趣爱好等需求自愿加入俱乐部，参加符合自身兴趣、特长和条件的体育锻炼活动。由于体育俱乐部成员都有相同的体育项目兴趣，大家在一起锻炼更便于沟通与交流，因此是一种很受学生欢迎的课外锻炼形式。

4. 以小团体为组织形式的学校课外体育锻炼

小团体是指有共同兴趣爱好和特长的学生自发组织的课外体育锻炼集体。与小组不同的是，小团体成员可能是本班同学，也可能是其他班同学，甚至有不同年级的同学。与俱乐部不同的是，小团体组织更为自由、灵活，成员的多少可根据情况来定。此外，活动时间和地点也可随机而定，无需特别进行管理。小团体的体育锻炼在学生课外体育锻炼中有其他组织形式不可替代的作用，它对于学生终身体育意识的养成具有积极的影响和作用，是学生在身体、心理、社交等方面发展的重要载体。

5. 以个体需求自发进行的学校课外体育锻炼

个体体育锻炼是指学生个体根据兴趣、爱好和锻炼方法要求，自觉自愿地选择相应的体育锻炼项目，在课外单独进行的体育锻炼。它是一种极其重要的体育实践活动，是学生体育兴趣形成和发展、体育锻炼习惯养成和巩固的重要途径，对学校体育目标达成具有积极意义。一般来说，能自觉进行体育锻炼的学生多数对体育有较为浓厚的兴趣，个体在体育知识、运动技术技能、身体素质等方面有一定的基础，多数是班上的体育积极分子。因此，体育教师要积极做好引导工作，扬长避短，充分激发他们的优点，以实现以点带面、整体提高的目的。

（二）学校课外体育锻炼实施的一般步骤与原则

1. 学校课外体育锻炼实施的一般步骤

（1）确立制度和工作规范。根据学校课外体育锻炼计划，由主管校长召集相关部门确定实施学校课外体育锻炼的有关制度，并将这些制度纳入学校作息时间内进行规范管理，保证各项制度能有效地实施操作。（2）明确职责和工作范围。组织和实施课外体育锻炼，需要学校领导、体育教师、班主任和学生干部协同完成。学校领导是总负责人，必要时需深入一线了解课外体育锻炼开展情况；体育教师是直接负责人，负责编制与实施具体的操作方案；班主任是协助负责人，帮助体育教师对班级进行组织管理；学生干部是重要帮手，应以身作则并组织带动其他学生积极参加课外体育锻炼。（3）编制各种类型实施方案和落实操作。全校性课外体育锻炼应根据课外体育锻炼计划，由体育教研组（室）负责人协同全体体育教师进行编制，征求各方意见，上报主管校长批准后实施。年级课外体育锻炼计划实施方案，由年级体育教师会同年级主任和各班班主任协商编制。课外体育锻炼操作实施就是从学校领导到学生干部，各司其职、各尽其能，扎扎实实把课外体育锻炼实施方案付诸实践的过程。

2. 实施学校课外体育锻炼的原则

（1）自觉性原则。毛泽东在《体育之研究》中指出："欲图体育之功效，非动其主观，促其对于体育之自觉不可。"说明参加课外体育锻炼，要真正发自学生内心，才能取得良好的锻炼效果。反之，对于运动意愿较低的学生而言，参加课外体育锻炼是克服自我惰性、战胜困难的自我成长过程。总之，学生只有自觉自愿地参加课外体育锻炼，才能发挥课外体育锻炼广泛的健身价值。（2）经常性原则。生命在于运动、运动贵在有恒。对于处在身心生长发育关键期的青少年学生，经常参加课外体育锻炼，不仅能保持健康的身心状态，还能养成终身体育锻炼的习惯，夯实其整个人生的身心健康基石。（3）差异性原则。我国幅员辽阔，地域和气候差异大，甚至相同地区不同学校间也存在较大的差异。同时，青少年学生身心发展快，对课外体育锻炼的需求也会产生差异。因此，学校课外体育锻炼的组织与实施，要尊重客观差异，实行差异化的区别对待，如此才能提高课外体育锻炼的可行性、针对性和实效性。

二、学校课外体育训练的组织与实施

学校课外体育训练是我国学校体育的重要组成部分，也是我国竞技体育的关键环节，它为体育特长生成长通道的创建和竞技体育人才的储备起到了关键作用。为全面发掘普通中小学中具有运动天赋的学生，满足不同体育兴趣学生深度参与运动的需求以及为计划参加专项训练的学生在未来竞技体育道路上顺利地成长与发展，学校自上而下建立了形式多样、层层衔接的课外体育训练体系，比如学校运动队、基层训练点、体育特长班、体育俱乐部等。为确保这些形式的课外体育训练能有效实施，学校需制订合理的训练计划、安排恰当的训练内容、选用科学的训练方法、开展规范的训练评价。

（一）学校课外体育训练的组织形式

1. 学校运动队

学校运动队是课外体育训练中最常见、最普遍的组织形式，也是课外体育训练最富有活力的训练组织之一。无论是在普通中小学、体育传统项目学校，还是体育运动后备人才培养试点学校，均有学校运动队。在体育传统项目学校，一般有1~2个群众基础好、竞技水平高的运动队，它们在教育局和体育局以及相关部门的关心与支持下，将日常工作纳入学校的常年计划中。在体育运动后备人才培养试点学校，此类学校运动队更具规模，目的在于对部分德智体美劳全面发展的学生，进行系统科学的训练，不断提高其运动技术水平，创造优异运动成绩，为竞技体育储备人才。

2. 基层训练点

基层训练点是以一个或两个运动项目为重点的训练基地。有的基层训练点根据中小学生课外体育训练的需要，由教育与体育行政部门共同规划，全面布局。有的基层训练点，以一所重点中学为基地，吸引附近学校有特长或有培养前途的学生参加某项运动技能的训练点。

3. 体育特长班

部分中小学校会对具有运动天赋的学生进行特殊培训，组成体育特长班，旨在进一步挖掘和培养他们的体育特长。体育特长班是由学校组织教师或教练员，招收本校或周边学校中有一定体育特长的学生进行课外体育训练，训练方式主要采用自愿和业余两种。

（二）学校课外体育训练实施的一般步骤与原则

1. 学校课外体育训练实施的一般步骤

（1）组建运动队。首先是根据学校实际情况和体育特色确定具体训练项目；其次是从全校学生中选拔体育特长生，选拔方法可参照竞技体育运动员的选材流程进行；再次是根据学校实际情况配备专业的指导教师，通常由本校体育教师担任；最后是建立规章制度保障学校课外体育训练的顺利实施。（2）制定训练计划。训练计划是保证训练顺利进行和提高训练效果的重要环节，计划的制订要从学校的实际和特点出发，并结合学生身体素质、运动能力、心理特点等情况，同时还要考虑运动项目的特点和训练周期的目标。学校课外体育训练计划有年度训练计划、阶段训练计划、周训练计划和课时训练计划等几大类。（3）安排训练内容。学校课外体育训练属于基础训练阶段，更多是为学生运动员的长远发展考虑，所以在训练内容方面，应从学生的身体、技术、战术、心理以及品德等方面进行全面而基础的训练，尤其是基本的身体和技术训练。（4）选用训练方法。课外体育训练虽属竞技体育的范畴，但在学校环境中仍会受到体育教学的影响。故在训练方法选用方面，既要有竞技体育中常用的重复训练法、变换训练法、循环训练法和竞赛训练法等，也不能忽视体育课堂中较为常用的教学方法。（5）评价训练效果。学校课外体育训练评价，是学校体育工作质量评估的组成部分，是加强课外体育训练管理的重要方面，也是课外体育训练科学化的前提。通过评价，能客观了解训练效果，得到反馈信息，利于总结经验，科学监控训练过程。评价要围绕运动员训练水平、技战术训练水平、运动成绩以及运动人才输送率展开。

2. 实施学校课外体育训练的原则

（1）综合性原则。该原则要求在整个训练过程中，要根据项目特点、对象水平以及训练的阶段任务，将一般训练与专项训练结合起来，保证学生运动员既要基础技能扎实，也要专项技术突出。（2）系统性原则。课外体育训练的系统性源于训练计划制定与实施的系统性，因此制定计划时，既要从横向层面确保每个层级训练计划的目标、内容、方法等全面细致，也要做到各个层级间的训练计划能够层层递进。进而通过科学合理的实施，更好地提高训练成绩，为培养和输送优秀体育后备人才服务。（3）周期性原则。该原则要求训练过程要按照一定的周期循环反复地进行，且每个周期都要在前一个周期的基础上不断提高训练要求，进而确保学生运动员的训练水平稳步提升。（4）适宜负荷原则。课外体育训练负荷同样由生理和心理两方面的负荷构成，其中生理负荷的设定相对成熟，心理负荷仍在探索和总结中。现代运动训练的经验证明，大强度、大运动量训练是提高运动成绩的关键，但依据训练目标和运动员身体训练水平，究竟多大的训练负荷是最科学合理的，还有待做进一步的精准化研究，故要遵循适宜运动负荷的原则。（5）差异性原则。虽然学校课外体育训练属于基础性训练，但是对于年龄、性别、身体条件、运动基础、思想状况、心理品质、个性特征以及文化知识均存在差异的学生而言，即使设定相同的训练目标、内容和方法，也会产生不同的训练效果，为了针对性地提升每个学生的运动水平，在训练过程中要有差别地对待每个学生。

三、学校课外体育竞赛的组织与实施

作为学校体育的重要内容之一，课外体育竞赛在检验教学训练成果、发现优秀体育人才、促进学生全面发展、丰富校园体育文化等方面起着十分重要的作用。因此，组织与实施好课外体育竞赛是衡量学校体育工作质量的重要指标。

（一）学校课外体育竞赛的组织形式

1. 单项竞赛

单项竞赛是学校课外体育竞赛最为常见的组织形式，比如田径比赛，各种球类项目竞赛，跳绳、拔河等单项竞赛。单项竞赛组织工作较方便，群众基础较好，参加人数较广泛，而且能与体育课堂教学、《国家学生体质健康标准》、学校传统体育项目进行较好的结合。此外，为促进学校之间的交流，校际间体育竞赛也多用单项竞赛的形式进行。

2. 选拔赛

选拔赛是为了选拔具有运动天赋和体育特长的学生，为校运动队输送新生力量而组织的比赛，如学校新生田径运动会和组织学生自愿参加报名的各项球类运动的选拔赛等。

3. 表演赛

表演赛是为了扩大体育运动的影响，宣传体育运动的意义或对正要开展的体育项目做示范性的表演而举行的比赛活动。表演赛可单独举行也可结合在运动会的开幕式、闭幕式上或比赛过程中进行，如新出台的广播操、武术、太极拳、技巧、健美操、啦啦操等表演赛。

4. 测验赛

测验赛是为了达到某种规定的标准或了解学生和运动员的进步情况而组织的比赛，如《国家学生体质健康标准》达标测验赛、《青少年运动技能等级标准》测验赛、身体素质和基本技术测验赛、运动员训练效果检查的测验赛等。为达到这类比赛的基本要求，必须严格按照比赛规则和测验标准进行。

5. 对抗赛

对抗赛是指几所学校联合组织，并经协商按同等条件参加的比赛。如几个班级或附近几所学校联合组织的对抗赛。其特点是规模较小，便于在课外或节假日组织比赛，以达到相互交流、加强团结、共同提高的目的。

6. 友谊赛

友谊赛与邀请赛和对抗赛比较相似，是为了加强联系交流，促进友谊和团结而举行的比赛，只是在对象水平等方面不像对抗赛那样要求严格。

7. 运动会

运动会是一种较大规模的比赛形式，是由若干运动项目组成并在同一时间内进行的比赛，如学校每年在春秋两季举行的田径运动会等。其特点是项目多，规模大，参加人数多，组织工作比较复杂，它有助于全面检查学校田径运动的开展情况，进一步推动田径运动的普及与提高。除了学校运动会以外，全国性的大学生、中学生运动会以及各省、自治区、直辖市组织的大、中、小学生运动会，都是综合性运动会。

上述形式竞赛应根据各地的实际情况和体育工作的需要，确定体育竞赛的工作任务，并进行灵活安排。此外，学校还可组织一些小型多样、喜闻乐见的群众性体育竞赛，如体能运动会、趣味项目运动会、亲子运动会以及学校体育进社区运动会等，以推动学校课外体育竞赛的普及与提高。

（二）学校课外体育竞赛实施的一般步骤与原则

1. 学校课外体育竞赛实施的一般步骤

（1）年度体育竞赛计划的制订。年度体育竞赛计划是对学校整个学年体育竞赛的规划和安排。主要由年度竞赛的项目、时间、地点、参赛单位、参赛人数和主办单位等内容构成。该计划通常由体育教研组根据学校实情、上级部门竞赛安排和要求，与学校其他部门协商后制订。（2）课外体育竞赛规程的设计。竞赛规程是根据年度计划，开展和指导某项竞赛实施的法规性文件，其内容主要包括：竞赛的名称、目的、任务、要求、时间、地点、单位、人数、项目、方法、奖励办法、报名办法、注意事项等。（3）体育竞赛方法的选用。选用科学合理的竞赛方法是确保竞赛高效有序进行的关键，常用的学校课外竞赛方法有 4 种：① 淘汰法，即逐步淘汰成绩差的，决出最后优胜者的方法，它又可分为单淘汰和双淘汰两类。② 循环法，指参赛者在比赛过程中按照次序相互轮流进行竞赛，最后综合全部竞赛的胜负决定名次。③ 顺序法，是指参赛者按照一定顺序排列成绩的比赛方法，一般适用于以时间、距离、重量、环数等客观标准确定成绩的项目。它又可分为分组和不分组两类。④ 轮换法，是指在同一比赛时间内，参赛者按规定的轮换顺序进行不同项目的比赛，最后综合各项目成绩决定名次的比赛方法。

2. 实施学校课外体育竞赛的原则

（1）小型多样。为满足广大学生体育兴趣，吸引其积极参加体育竞赛，竞赛尽量做到小型多样，使组织工作简便、灵活，易于开展。鉴于多数中小学校体育活动的场地、器材、设施等条件比较欠缺，可采取单项分散的形式进行。（2）业余自愿。学校体育竞赛通常是利用课余和节假日时间开展，故不能影响正常的教学工作，而且还要启发和鼓励学生积极参加，不能强迫命令。当然也不可放任不管，应加强宣传教育，使广大学生乐于参加学校课外体育竞赛。（3）公正合理。课外体育竞赛是体能、技战术、意志品质等多方面的综合较量。参赛者都希望取得好成绩，为个人和集体争得荣誉，因此必须确保比赛公正合理、公平竞争，以提高参赛者的积极性、发挥体育竞赛的教育作用。（4）健康安全。课外体育竞赛同样是增强学生体质、传承体育文化的重要手段，以实现促进学生身心健康为目的。体育竞赛中要掌握适宜的运动负荷，注意安全卫生，防止过度疲劳和伤害事故的发生。此外，由于学生年龄阶段的特征，在竞赛过程中，容易兴奋激动，也要特别注意健康和安全教育。

第三节 主题性课外体育活动的策划

随着社会的发展和教育的变革，学生自主获取信息能力越来越强，对事物多样性的需求越来越高。传统以广播操、跑步为主的课外体育锻炼形式，因其形式单一、内容变化少而受到了极大的挑战。因此，如何改革课外体育活动，使其内容更丰富、形式更有吸引力，就成为学校课外体育发展面临的重要问题。近年来，许多学校在实践中探索出了一些有价值的课外体育活动形式，对促进学生积极参与课外体育活动起到了明显的作用。其中，比较有代表性的活动形式有大课间体育活动、体育节和年度课外体育竞赛。由于这些活动大多具有鲜明的学校特色，并常常与学校的办学理念相结合，体现某种主题性特征，因此，本教材把这类活动称为主题性课外体育活动。本章将从活动策划的角度对这些主题活动进行介绍，以帮助大家把握组织开展这类活动的基本流程。

一、大课间体育活动的策划

8-3：《关于加强青少年体育 增强青少年体质的意见》

中共中央、国务院在2007年颁布的《关于加强青少年体育 增强青少年体质的意见》（“中央7号文件”）中明确提出：全面实行大课间体育活动制度，每天上午统一安排25~30分钟的大课间体育活动，认真组织学生做好广播体操、开展集体体育活动。该政策不仅强化了大课间体育活动的重要性，同时也使得大课间体育活动成为学校课外体育中最为常见的组织形式。组织实施好大课间体育活动，也成为学校课外体育开展的常规要求。

（一）大课间体育活动策划的主要内容

1. 合理分配体育空间

大课间体育活动作为全校性的集体体育活动，在开展实施过程中面对的首要问题是学校体育空间的局限。因此，策划大课间体育活动必须先考虑该如何合理地分配学校体育空间。在具体分配方面，可将学校体育空间划分为班级体育活动空间和公共体育活动空间。其中，班级体育活动空间按照就近原则进行划分，即距离各班级教室较近的地方；公共体育空间多为球类项目场地，比如篮球场、羽毛球场、乒乓球场等。班级体育活动空间用于开展一些集体操类、跳绳、游戏等项目，而公共体育空间通常开展特定的球类项目，比如篮球、羽毛球、乒乓球等，各班级可轮流到公共体育空间进行活动，进而丰富大课间体育活动的内容。

2. 有序取用体育器材

大课间体育活动的内容突破了传统的以徒手练习为形式的广播操，通常会涉及多种体育器材的使用。在有限的时间内，如何高效有序地取用体育器材，成为保证活动时间的关键。一般而言，在“取”的方面，各班级可按班级，轮流到器材室取好器材并布置到相应场地上，活动结束后再由学生小组代表还回，进而确保大课间时间得到充分利用；在“用”的方面，可提前制定好全校的各类器材轮换周期，即一个学期尽量让每个班级都可参与多项体育项目，这样既能保证学生们的参与兴趣，也有利于学生们的全面发展。

3. 营造积极体育氛围

为了在较短时间充分激发学生的参与兴趣，并取得较好的身心健康促进效益，活动的组织者就需要在大课间体育活动情境策划和氛围创设方面多下功夫，具体可从两个方面进行考虑：一是通过场地、器材的搭配以及通过在场地上画一些导向图案（如跳远、跳房子、拔河用的），创设出令学生主动参与的运动情境；二是在学校墙壁和教学楼外侧，张贴一些符合学生身心特征的体育锻炼格言或健身指导方法的海报，通过潜移默化的方式帮助学生树立正确的体育价值观。当然，还可以通过开展健身讲座、组织与大课间体育活动内容相关的演讲比赛，使学生意识到健身的重要性，调动其参加体育锻炼的主动性、积极性，促使其养成自主锻炼身体的习惯。

4. 动员师生共同参与

面向学校全体学生的大课间体育活动由学校领导、体育教师、班主任老师和学生干部相互协同，共同做好学生的参与工作。其中，学校领导要常到现场了解实况，为活动顺利开展及时排忧解难，体育教师要做好大课间体育活动的策划和组织工作，班主任要积极协助体育教师对班级进行组织管理工作，学生干部要以身作则并组织带动其他学生积极参加课外体育锻炼。通过不同责任人的通力合作，确保学生在较短的时间内高效有序地进行锻炼。

（二）大课间体育活动策划的要点

1. 充分利用学校场地空间

开展全校性大课间体育活动面对的首要问题，就是学生锻炼空间不足。因此，为了提升大课间体育活动对学生体质健康的促进效益，就要充分挖掘校园中可利用的空间。例如，学校校门口、停车场边上的空地等。如果学校的走廊空间足够大，同样也可以利用走廊开展体育活动。

2. 合理安排体育运动项目

中小学生恰好处在身心发展的关键阶段，该阶段的典型特征之一，是难以在某个运动项目上维持较久的参与兴趣。因此，大课间体育活动的运动项目安排，要结合学生身心特征，有规律地进行项目轮换，如第一周做广播操，第二周换成跳绳。如此，既可以提高学生的运动兴趣，也提升大课间体育活动的健康促进效益。

3. 不断优化项目练习方法

为确保所有学生在大课间体育活动中都能最大限度地参与，集体练习往往成为首选，这也意味着在练习方法上难免单一枯燥。因此，如何优化项目练习方法，是策划大课间体育活动亟须解决的问题。比如，将跑操中传统的集体绕圈跑，改成各班分成两路纵队横穿操场往返跑，这就是优化练习方法的典型手段。

4. 巧妙运用音乐进行串联

大课间体育活动的时长为 25~30 分钟，在时间相对较短、人数较多的情境下，音乐是组织和引导学生的最佳方式。优美悦耳的音乐，不仅能激发学生参与体育的动机和练习兴趣，同时还可巧妙地将不同练习内容串联起来。因此，在策划大课间体育活动时，应将音乐元素融入学生的体育活动中，而且在音乐选择时要以学生喜好为本，并根据项目进行更换。

（三）大课间体育活动策划示例（表 8-1）

▶ 表 8-1 ××× 小学大课间体育活动策划方案

×× 小学 2018—2019 年大课间体育活动策划方案
一、指导思想
全面贯彻落实中共中央、国务院《关于加强青少年体育 增强青少年体质的意见》精神，落实学生每天一小时锻炼时间，丰富学生课外生活，磨练学生的意志品质和道德品质，培养良好的锻炼习惯，有效提高学生健康水平，形成坚持锻炼的习惯和终身体育意识，以大课间活动为辐射点，体现良好的校风、校纪，展现学生良好的精神面貌，带动校园文化的建设，落实立德树人根本任务。

续表

二、实施目标

（1）树立科学的人才观，充分认识阳光体育运动对学生强身健体、陶冶情操、启迪智慧以及培养学生团结、合作、坚强和友爱精神，弘扬民族精神的积极作用。

（2）开展阳光大课间体育运动与体育课教学相结合，通过体育教学，教育引导学生积极参加阳光体育运动，增强学校体育工作的活力和吸引力。

（3）开展阳光大课间体育运动与课外体育活动相结合，保证学生在每天都能到室外，保证学生每天能有一小时的体育锻炼时间。

（4）建立评比表彰制度，对在阳光大课间体育运动中取得优异成绩的班级给予表彰奖励，以唤起全体老师对学生体质健康的广泛关注，支持阳光大课间体育运动的开展。

三、活动口号

我运动·我健康·我快乐

四、活动原则

1. 全体性原则

大课间体育活动的开展要面向全体学生，要从学生参与面的大小确定活动项目，要做到人人参与活动，个个有喜爱项目。

2. 因地制宜原则

大课间体育活动要根据学校规模、场地、设施、特色和气候特点因地制宜地进行。学校要挖掘体育资源的潜力，调动一切积极因素，充分发挥师生员工的主观能动性，使得活动内容与形式丰富多彩，能够满足不同特长，不同兴趣、不同层次学生活动需要。

3. 科学性原则

遵循学生每个阶段身心发展规律。坚持从学校实际出发，科学合理的安排大课间的课程计划和活动内容，确保每一个学生都能有所收获。

4. 安全性原则

在大课间体育活动的组织与实施过程中，要遵循教育规律和中小学生身心发展特点，设置运动项目，开展相关活动。要加强安全教育和管理，要制定出安全措施、应急措施，避免和防止意外事故的发生，同时也要避免以怕出事故为由，排斥有利于学生吃苦耐劳、顽强拼搏等体育运动项目的情况。

五、活动安排

1. 活动时间

上午：第二节下课，9：10—9：35

续表

2. 活动内容

年级＼星期	周二	三	四	五
一、二年级	兔子舞 / 短绳	跳短绳跳皮筋游戏	立定跳远游戏	兔跳游戏
三、四年级	兔子舞 / 长绳	降落伞游戏	跳长绳游戏	立定跳远游戏
五年级	兔子舞 / 长绳	篮球运球接力	单脚跳游戏	长绳
六年级	兔子舞 / 长绳	蛙跳篮球运球接力	篮球运球接力	单脚跳游戏

说明：① 早操做完后，由班主任组织班级对应项目进行练习，班级运动员到后操场进行训练；② 练习地点为前操场；③ 游戏可自由选择。

六、保障措施

1. 加强组织领导

大课间体育活动领导小组：

组长：×××

副组长：×××

组员：×××、×××、×××、×××

学校成立大课间体育活动领导小组和工作小组。小组成员要明确分工，落实职责：领导小组负责大课间体育活动的策划、运作及督查落实；督查组负责制定大课间体育活动的检查评估标准及细则，抓好督导检查及总结评价；安全保障组负责排查整改活动中的安全隐患，杜绝不安全事件的发生，保障活动设施足量、安全配备；活动执行组由体育教师、班主任及跟班教师组成，体育教师主要负责各班级活动区域及进退场的安排，抓好活动的全程组织；班主任和跟班教师主要负责本班学生及时、有序、安全地参加活动，确保整个活动严密组织，有效实施。

2. 充分发挥学校宣传阵地的作用，大力宣传大课间活动对学生教育的意义和健体作用，使师生达成共识

3. 要加强安全教育，并使学生掌握必要的安全防范知识

4. 负责每次大课间活动的体育教师、负责教师提前到位

5. 注意有序开展活动，班主任必须强调大课间活动纪律与安全

6. 完善课间活动评价机制，提高教师的积极性，保证课间活动的质量

七、活动注意事项

1. 大课间活动时间不得以任何理由挤占

2. 室外活动时间班主任、配班教师必须管理到位

3. 活动前和活动中要对学生进行安全教育，落实好安全防范措施

续表

4. 广播操结束，室外活动由班主任、配班教师直接带至活动场地进行活动；结束时，班主任对学生进行安全教育，不能允许学生乱跑

5. 体育教师进行巡视与指导，活动项目由体育组负责解释说明

××学校小学部

××年×月×日

二、学校体育节的策划

8-4：××小学 2018—2019 年大课间体育活动策划方案

体育节是指将体育竞赛、体育表演、体育文化知识讲座、体育知识竞赛等课外体育形式进行有机融合的综合性课外体育活动。安排时间尽量相对稳定在每学年的春秋季节。体育节对于丰富学生课外文化生活，提高学生对体育知识的了解和参与体育的兴趣等具有重要意义。随着人们对体育节开展模式的认可度提升，体育节在中小学中的开展程度也是越来越高，因此成功地策划学校体育节已成为学校体育工作者的必备能力之一。

（一）学校体育节的策划内容

1. 制定活动实施方案

根据体育节内容、流程等要求，由学校领导拟定基本框架，然后学校体育教研室拟定实施方案。实施方案分三个层次：① 组织领导。即建立以主管体育校领导为统领的组织部、宣传部、保卫部等组织机构。各部门既要各司其职、也要精诚协作，确保体育节活动安全、顺利、有序地进行。② 确定体育节的活动形式与时间。在策划方案中，要明确体育节的具体时间以及相应的组织形式，常见形式有各种体育比赛、体育表演、体育讲座、体育知识竞赛等。开展范围既可是全校性的，也可以年级或班级为单位。③ 制定活动规程，活动规程一般由基本事项、活动内容、原则要求和总体效果 4 方面构成。其中，基本事项包括活动的目的、任务、日期、地点、主办单位、参赛单位等；活动内容主要介绍体育节的性质、规模、级别、比赛规则、器械规格等；原则要求是指活动组织方在领导、宣传、开展过程中的一些注意事项；总体效果是指通过体育节活动的举办预期达到的目的。

2. 开展思想动员工作

首先要召开领导小组会议，厘清体育节策划方案中各项任务、目标及要求，统一思想。其次，召开各小组负责人会议，听取汇报，检查落实情

况，使上下各级的工作同步进行。再次，通过学校广播电台、学校微信平台、宣传栏、校报等媒体平台进行广泛宣传报道，对所有参加体育节活动的工作人员进行思想动员，引起足够重视，认真做好体育节活动期间的各项准备工作。最后，做好全校师生的思想教育和组织工作，让师生们充分认识到开展学校体育节的目的和意义，并号召大家积极参加，落实好学校体育工作。

3. 落实组织实施细节

策划并开展好学校体育节，制定科学合理的策划方案仅是第一步，要把策划方案落到实处并取得理想效果，严密细致的组织实施工作十分重要。所谓组织，是指安排分散的人或事物使其具有一定的系统性或整体性。在组织的基础上，围绕共同的目标或任务进行通力合作，进而实现目标实施的过程。因此，对于学校体育节而言，要想实现良好的活动效果，首先进行方案策划、思想动员，然后再依据策划方案和动员力量，要求各部门进行组织实施，进而一一落实各项目标和任务。

（二）学校体育节组织形式与时间选择

1. 体育节的组织形式

体育节内容丰富、种类多样，既有以身体练习为主的体育比赛和表演，也有以理论见长的体育知识讲座和知识竞赛。具体组织形式包括：（1）广播操比赛。广播操是根据人的生理规律和使身体各主要部位都充分活动的原则编制的，它动作简单、易学易练、易于开展，每套时长约5分钟，做操时可加速血液循环，促进新陈代谢，消除疲劳，提高学习和工作效率。广播操既可全校同时进行，也可以班级为单位进行。（2）健美操比赛。健美操是将体操和舞蹈中的基本动作组编成操，在音乐伴奏下进行的一种体育锻炼手段。健美操不仅简单易学，而且动作造型优美，深受青春期学生的喜爱，尤其是女生。健美操同样既可全校推行，也可以班级为单位进行。（3）田径比赛。田径项目因项目多样、内容丰富，在体育节中具有较为重要地位。在田径项目中，无论是个人项目还是集体项目，都能较好地激发学生参与的积极性。（4）各种球类比赛。球类项目同样是学校体育节的主要开展内容和组织形式。球类项目比赛不仅具有激烈的竞争性，而且游戏性特征也十分突出，是青少年学生普遍喜欢参与的比赛，如今球类比赛已成为丰富学校文化生活的主要组成部分。（5）体育知识讲座。体育不仅是以身体练习为主要表现形式的文化，同时还包含丰富的理论知识，因此在体育节中开展体育知识讲座，是让学生深入了解体育的最佳良机。在开展体育知识讲座时，要根据学校学生的实际情况，围绕体育热点问题，尽量聘请较为知名的演讲者。如此，才能达到讲座的效果。（6）体育知识竞赛。每所学校都有对体育常识如数家珍的“体育迷”，因此，在体育节中适当开展体育知识竞赛，可稳固这一群体对体育的积极认同，同时也能够在更广的范围内向学生普及体育与健康知识，使学生将体育知识理解与体育锻炼实践充分结合，达到致知于行的目的。

2. 举行学校体育节的时间选择

学校体育节开展的时间一般分三类：（1）国家法定假日。比如国庆节，每年国庆节时新生入学不久，还处在适应学校生活阶段，因此可利用该节日，开展“迎新体育节”活动。通过活动的开展，不仅有利于学生快速适应学校生活，还可以帮助学生培育良好的体育意识，养成终身体育的习惯。（2）学校规定节假日。以校庆活动为例，只有当学生真正热爱母校时，学校才富有旺盛的生命力，因此，校庆活动是开展各种体育活动的好机会，许多学校都充分利用校庆组织各种形式的体育活动，比如体育比赛、体育表演（武术表演、体操表演、艺术体操表演等）等，增加校庆活动的气氛，丰富校庆活动的内容。（3）民族传统节日。比如，清明、端午、中秋等我国传统的节日。据史料记载，我国人民通常会利用这些传统节日开展丰富多彩的体育活动，直到今天仍有大量丰富的传统体育项目被保留。比如，清明节时的踏青春游，端午节时进行划龙舟比赛等。因此，学校也可以利用这些传统节日开展体育节，既丰富了校园体育文化，又促进了传统文化的传承。

（三）体育节策划示例（表 8-2）

▶ 表 8-2 ×××高中第××届体育节策划方案

一、活动宗旨

本届体育节以开展丰富多彩的体育群体活动为主，为强健学生体魄，激励学生积极参与运动，体验运动的乐趣，感受运动的魅力搭建舞台。同时让学生在体育赛场上学习体育规则礼仪，学习赛事观赏礼仪，在比赛中促进团队合作，增强团队凝聚力。在活动的组织和设计过程中，不断挖掘学生潜力、培养学生青春、积极、向上的精神面貌，全面展示我校学生的阳光风采。

二、活动主题

健体魄·习礼仪·促团结·展风采

三、活动对象

全体师生

续表

四、活动地点 室内体育馆、学校运动场 五、活动时间 第 3—6 周（× 月 × 日至 × 月 × 日），第 3 周升旗仪式定为体育节开幕式。利用体育课、拓展课、体锻课、班会课、放学后等时间进行各项目预（决）赛。 六、组织机构 由校工会、学工部、校办、总务处、信息中心、团学联、体育组、年级组负责领导、组织和协调体育节的各项活动。 组委会主任：××× 组委会副主任：×××、××× 组委会成员：×××、×××、×××、××× 七、筹备工作 1. 第二周召开体育节工作协调会，制定方案、分配任务（负责部门：校办） 2. 第三周在班主任例会、班长例会上宣传体育节工作安排，做好报名发动工作（负责部门：学工部、团学联、体育组、年级组） 3. 第 3—6 周在校园里布置“×× 年体育节”的主题词及开幕式当天的彩旗布置等（负责部门：总务处） 4. 第 3—6 周在校园网上向全校师生及家长宣传“体育节”相关活动内容，及时公告每周赛程表和比赛实况（负责部门：团学联、校办） 5. 开幕式前准备好体育节比赛所需器材（负责部门：体育组） 6. 在体育节过程中做好文稿、图片、对外宣传、摄像等工作（负责部门：校办、信息中心） 八、安全措施保障 1. 比赛前确认参赛学生的身体健康状况 2. 各项比赛时要求学生身着运动服、运动裤和运动鞋，提前做好热身活动 3. 拔河比赛做到每位参赛队员身体健康，参赛队员与观众分离，体育老师组织比赛，班主任组织好自己班级的学生，学生志愿者负责组织观众 4. 体育组教师、总务处做好场地安全布置工作，保障场地无障碍物，地面平整 5. 如遇伤害问题按照学校应急预案处理 九、活动内容 1. 开幕式（× 月 × 日 升旗仪式） （1）升国旗，奏国歌 （2）学生会代表发言

续表

（3）校领导宣布体育节开幕

（4）校健美操队旗操表演、各班级班旗展示

2. 活动项目（细节后附）

（1）体育文化展示（附 1）

（2）“文高杯”篮球联赛（附 2）

（3）“谁羽争锋”羽毛球公开赛（附 3）

（4）“啦啦宝贝”啦啦舞蹈比赛（附 4）

（5）“团结就是力量”拔河、长绳比赛（附 5）

（6）高三体育节活动项目（附 6）

3. 闭幕式（× 月 × 日）

（1）健美操队退队仪式

（2）宣布成绩颁发奖品

（3）校长宣布第 ×× 届体育节圆满闭幕

十、比赛方式及奖项设置

本次体育节中各项赛事的积分最后计入团体总分中，对各班级的总分进行排名。为获得团体总分前三名的班级颁发奖状。其他单项获得的名次根据各团体、个人的奖励办法实施。

十一、注意事项

1. 所有参赛项目（集体）的每个班级必须组队报名参赛，（个人）羽毛球报名于 × 月 × 日中午由体育委员报至学工部办公室 ×× 老师处。未按时上交的班级视为自动弃权

2. 请所有参赛队注意比赛时间，比赛当日如果有迟到、缺席情况一律按弃权处理

××年 ×× 高中体育节组委会

××年 × 月

三、学校年度课外体育竞赛的策划

8-5：×× 高中第 × 届体育节活动策划方案

学校年度课外体育竞赛的策划是每年学校体育工作的“重头戏”，同时是实现学校体育目标的关键点。策划学校年度课外体育竞赛，首先要清楚学校年度体育竞赛计划有哪些，然后在计划的基础上制定相应的竞赛方案和竞赛规程。在策划学校年度课外体育竞赛的过程中，竞赛项目的选择也很关键，在一定程度上，竞赛项目决定了竞赛的成功率和影响力。

（一）策划学校年度课外体育竞赛包含的内容

1. 年度课外体育竞赛计划

年度课外体育竞赛在学校主管校长的领导下，由体育教研组根据本校教育工作计划的安排和实际情况，结合上级有关部门的竞赛计划和要求，与相关部门（学生会、共青团、教务处、政教处、总务处等）协商后制订，并由校长批准后执行。这是对学校整个学年体育竞赛活动所做的全面规划和安排，内容包括竞赛的项目、地点、参赛单位和人数以及主办单位等（表8-3，表8-4）。

▶ 表8-3 ×××中学××学年年度课外体育竞赛计划

序号	竞赛项目	竞赛日期	竞赛地点	参赛单位	参赛人数	主办单位	备注
1	校体育运动会	9月28—29日	田径场 篮、排球场	各班	全体	校竞赛委员会	
2	拔河比赛	10月下旬	篮球场	各班	每班男女各12人	体育组	
3	冬季长跑优胜赛	10月—次年4月	校园内	各班	全体	学生会 团委	周期赛
4	蜈蚣行走比赛	11月中旬	篮球场	八年级	每班男女各10人	七年级	趣味
5	体育手抄报	11月下旬		各班	各班8张	美术组	
6	校园体育吉尼斯	12月下旬	篮球场	全校	自由报名	体育组 团委	
7	迎元旦长跑赛	12月底	田径场	各班级	全体	体育组	
8	双龙戏珠比赛	3月上旬	篮球场	七年级	全体	七年级	趣味
9	庆三八趣味活动	3月8日	篮球场	各年级女教师	全体	工会	
10	迎春天放风筝	3月下旬	田径场	全校	每班6只	学生会 团委	
11	三大球联赛	3—4月	各场地	各班	待定	体育组 政教处	乒乓球个人赛

续表

序号	竞赛项目	竞赛日期	竞赛地点	参赛单位	参赛人数	主办单位	备注
12	庆五一·迎五四 趣味体育比赛	4 月	篮球场	各班	待定	团委 体育组	
13	广播操比赛	5 月 13 日	排球场	七、八 年级	全体	体育组	
14	3 分钟 8 字跳绳	5 月 20 日	排球场	九年级	全体	九年级	
15	棋类比赛 中国象棋、围棋、 五子棋、跳棋	6 月上旬	体育活动室	七、八 年级	每班每项 限报 3 人	体育组 团委	

注：本计划不包括班级体育计划，请各班级根据有关要求自行制订活动计划。

▶ **表 8-4　×× 县 ×× 学年度校外竞赛计划**

序号	竞赛项目	竞赛日期	竞赛地点	参赛单位	参赛人数	主办单位	负责人	备注
1	县中小学生 田径运动会	11 月 2— 4 日	县体育 中心	校田径队	男女 各 6 人	县教育局	×××	
2	县初中男子 篮球赛	12 月 17— 19 日	县体育馆	校篮球队	10 人	县教育局	×××	
3	县乒乓球赛	3 月 25— 28 日	城关小学	校乒乓球队	男女 各 4 人	县教育局	×××	
4	县初中女子 排球赛	7 月 4— 9 日	县体育馆	校排球队	10 人	县教育局	×××	
5	省帆板帆船 锦标赛	7 月份	待定	校帆板队	注册队员	县教育局	×××	

2. 竞赛实施方案

竞赛实施方案的制定分为调查研究、竞赛筹备和确定方案三步：（1）调查研究。只有开展充分调查研究，才有可能制定出科学、可操作的实施方案。具体调查内容主要围绕学生情况、学校近期工作安排、场地器材情况、竞赛工作人员情况、竞赛经费筹备情况以及近期的天气情况等展开。（2）竞赛筹备。竞赛筹备是在前期调查研究和学校实际情况的基础上进行的，大致可分为5步：① 成立竞赛组、裁判组、宣传组、器械组等组织机构，并确保各组织机构之间可协同工作；② 根据竞赛规模和性质确定整个竞赛流程和日程时间；③ 各竞赛项目场地的确定；④ 通过发布通知、张贴海报、宣传横幅等方式对竞赛进行宣传；⑤ 准备竞赛所需的器材及相关物品。(3) 确定方案。最终方案应在前期调查、设计的基础上，进行广泛地征求意见后进行确定，进而确保最终的方案合理可行。

(二) 学校年度课外体育竞赛项目的选择与设计

为策划好学校课外体育竞赛，根据学校实际情况和学生需求，选择合适的竞赛项目非常重要，因为这在一定程度上决定了竞赛的成功率和影响力。

1. 竞赛项目的选取与创新

体育竞赛项目类型多样、内容丰富，可选面非常广泛。但在策划课外体育竞赛时，要立足于学情、校情等情况进行科学合理的选择，当然也可尝试创新一些新兴项目，尤其是趣味性体育竞赛。具体可从以下4个方面进行考虑。(1) 传统竞赛项目。对田径类和球类竞赛项目进行筛选，比如保留100米、接力跑、篮球等观赏性较强、学生参与度较高的竞赛项目。此外，为促进传统体育项目的发展与传承，应针对性地选择一些民族民间传统体育项目。(2) 学生日常生活中的项目。体育项目本身就有很多源于生活，经过发展演变后又服务于人们的生活。因此，在课外体育竞赛项目选择时，不能脱离学生的日常生活，尤其是趣味性运动项目的选择与创新，多是来源于生活中的灵感。(3) 引用体育课堂教学内容及考核项目。体育课堂教学与课外体育是学校体育的一体两面，因此体育竞赛中的项目要依托体育课堂教学内容，同时也可从《国家学生体质健康标准》中选择一些健身价值高、学生参与度高的测试项目作为竞赛项目。(4) 借鉴网络媒体上流行的体育竞赛项目。随着移动互联网的快速发展，众多新兴和传统体育项目得到快速普及和发展，因此受到青少年学生广泛喜欢的网上体育竞赛项目，可移植到现实的课外体育竞赛中。

2. 竞赛项目的设计

设计一个创新项目，一般分为6步：(1) 明确目的。即为了达到何种竞赛目的进行设计，比如健身性、娱乐性、教育性等，这是设计项目和策划竞赛首要考虑的问题。(2) 确定名称。项目名称通常根据活动动作、活动方式的特点，结合参加对象的性别年龄、运动能力和心理特点等因素进行命名，名称最好具有新颖性和吸引力。(3)设计比赛方法。比赛方法的原则要力求简单易行，适宜大多数学生，这点可直接借鉴体育教学方法、运动训练方法和其他体育练习手段。(4)制定规则。根据《裁判学》相关理论，比赛规则应本着公平、公正、安全、健康的原则，有利于学生身体活动能力发展、技战术水平提高、意志品质培养等目的达成。(5)设计场地器材，竞赛项目赖以进行的物质条件具有较大的灵活性与多变性，场地器材的设计要简易、方便、安全、多功能和大众化。(6)成文绘图。项目设计完成后应配备相应的图文说明，其中文字要求简明、准确，绘图要求直观、形象。通过上述步骤后，还要有目的地进行演练、论证、修改、完善。最后通过小范围的实践，验证修改完善，正式纳入学校竞赛中推行。

(三)县中学生运动会策划示例(表8–5)

▶ **表8–5 ××县××年中学生运动会策划方案**

为全面实施素质教育，加强学校体育工作，增强青少年身体素质，全面提高我县学生体育艺术水平，将本届运动会办成团结、奋进、健康、向上的全县中学生体育盛会，特制定本方案。 一、主办单位 县教育局、县体育局 二、承办单位 ××中学 三、运动会日期、地点 时间：×月×日 地点：县体育场 四、参加单位 县各中学 五、组织领导 为组织好本届运动会，县委成立××年中学生春季运动会组委会 主　任：×××(县委常委、副县长) 副主任：×××(县教育党工委书记、教育局长) 　　　　×××(县体育局局长) 　　　　×××(××中学校长) 委　员：×××、×××、各代表团团长。 组委会下设筹备、裁判、宣传联络、竞赛、审查、场地器材、后勤服务、安全保障等工作小组，共同做好运动会各项组织安排和协调工作。

续表

六、比赛项目 田径、篮球、乒乓球、羽毛球、拔河共5项。 七、竞赛项目及分组 （一）田径 1. 高中组项目（男子组、女子组各8项） （1）男子组项目： 100米、400米、1 500米、5 000米、4×100米接力、跳高、跳远、铅球（5千克）。 （2）女子组项目： 100米、400米、800米、3 000米、4×100米接力、跳高、跳远、铅球（4千克）。 2. 初中组项目 （1）男子组项目（8项）： 100米、400米、1 500米、4×100米接力、跳高、跳远、三级跳远、铅球（5千克）。 （2）女子组项目（7项）： 100米、400米、800米、4×100米接力、跳高、跳远、铅球（4千克）。 （二）篮球 分初、高中男子组、女子组。 （三）乒乓球 分初、高中男子、女子单打。 （四）羽毛球 分初、高中男子、女子单打。 （五）拔河 初中组。 八、参赛报名规定 （一）田径 高中组限报男、女运动员各48人、领队1人、教练员1人、裁判5人；初中组每所学校限报男、女运动员各6人、领队1人、教练员1人、裁判3人。运动员每人限报2项，另可兼报接力。 （二）篮球 高中男、女组各6个队，初中男、女组每个学校各1个队。每队限报领队1人、教练员2人、运动员12人，每学校计时记分员3人。裁判：各初中学校2人、××中学10人、从各学区局属小学抽20人。 （三）乒乓球 高中男、女组各10人，初中男、女运动员各6人，每队限报领队1人、教练员1人、裁判2人。

续表

（四）羽毛球
高中男、女组各12人，初中男、女运动员各6人，每队限报领队1人、教练1人、裁判2人。
（五）拔河
每个学校限报1个队、领队1人、教练员1人、裁判1人、运动员20人（男生13人，女生7人），上场比赛15人（男生10人，女生5人）。
九、资格审查
（1）为了端正赛风，突出教育特色，体现以育人为宗旨的指导思想，初中组仅限于本校初中在校学生，高中组仅限于本校高中在校学生参赛，各学校对报名参赛的运动员资格应认真进行初审；报名时，县教育局将进行参赛资格复审，坚决杜绝弄虚作假、冒名顶替现象。
（2）对违反资格规定的运动员、运动队，将依据《全国学生体育竞赛纪律处罚规定（试行）》的有关规定给予处罚。对冒名顶替参加比赛的运动员，属个人项目，取消其比赛成绩和名次；属集体项目，取消全队比赛成绩和名次，并取消该代表团"体育道德风尚奖"的评选资格和团体总分排名资格。
凡对参赛运动员资格有异议提出申诉者，需向资格审查组提交领队核准签名的《申诉报告书》。
十、竞赛办法
（一）田径
1. 比赛执行中国田径协会审定的最新《田径竞赛规则》
2. 径赛项目中800米以下比赛，根据参赛运动员报名情况进行预、决赛，预赛按成绩取前12名进行决赛，其余项目只进行决赛
（二）篮球
1. 比赛按照中国篮球协会审定的最新《篮球竞赛规则》执行（特殊规定另行通知）
2. 比赛采用单循环，胜一场得2分，负一场得1分，弃权得0分，积分多者名次列前，如遇两队积分相等，则以两个有关队之间的比赛胜负来确定名次；如果三个队以上积分相等，则按积分相等的队相互比赛胜负场次多少决定名次，胜场多者名次列前；如仍相等则按得失分率决定循环赛名次（得失分率 = 得分之和 / 失分之和），得失分率高者名次列前
3. 参赛队员必须是报名表上的队员，严禁本校外学生参加比赛，一经发现，将取消本场比赛成绩并终止该队员比赛资格
4. 上场队员必须统一服装，号码、单位明显，无号码不得上场比赛；各参赛队自备深色、浅色两套比赛服。运动员比赛服必须按规定在前后印制号码，号码由4~15号，运动员号码不能更改
（三）乒乓球
1. 比赛执行中国乒乓球协会审定的最新《乒乓球竞赛规则》
2. 比赛采用每场3局2胜、单淘汰制

续表

（四）羽毛球 1. 比赛执行国家体育总局审定的最新《羽毛球竞赛规则》 2. 比赛采用 21 分、单淘汰制 （五）拔河 1. 执行国家体育总局社会体育指导中心审定的《拔河竞赛规则和裁判法》 2. 采用每场 3 局 2 胜、双淘汰制 十一、录取名次与奖励 （一）田径 1. 按成绩分别对各单项前 3 名的运动员（含 4×100 米参赛运动员）颁发获奖证书 2. 各单项前 6 名运动员，分别按 6、5、4、3、2、1（接力项目加倍）计入团体分 （二）篮球 对获得初、高中男子组、女子组前 3 名篮球队颁发集体奖牌和个人荣誉证书。 （三）乒乓球 1. 对各组前 3 名运动员颁发获奖证书 2. 各单项前 6 名运动员，分别按 6、5、4、3、2、1 计入团体分 （四）羽毛球 1. 对各组前 3 名运动员颁发获奖证书 2. 各单项前 6 名运动员，分别按 6、5、4、3、2、1 计入团体分 （五）拔河 对获得各组前 3 名拔河队颁发集体奖牌 十二、代表团团体总分奖 1. 除 ×× 中学外，按各学校运动员的名次得分，对团体总分前 3 名予以表彰；如遇积分相等，以第一名多者名次列前；如仍相等，以第二名多者名次列前，以此类推 2. 代表团团体总分为本代表团参加所有比赛项目中所取得的名次总分之和，各比赛项目名次得分规定如下： （1）田径项目计分：获得各单项前 6 名的分别按 6、5、4、3、2、1（接力加倍计分）计入代表团团体总分。 （2）篮球项目计分：排名前 6 名的按田径各单项名次得分的 5 倍计入代表团团体总分。 （3）乒乓球项目计分：各单项比赛前 6 名按田径项目的相应名次得分同等计分。 （4）羽毛球项目计分：各单项比赛前 6 名按田径项目的相应名次得分同等计分。 （5）拔河项目的计分：排名前 6 名的，按篮球项目计分标准计入代表团团体总分。 3. 个人项目单检录 3 次、集体项目迟到 20 分钟即视为弃权。个人项目弃权 1 次扣 2 分、集体项目弃权 1 次扣 10 分

续表

十三、体育道德风尚奖
评选及表彰体育道德风尚集体奖 1 个、体育道德风尚奖运动队（员）10 人（初中组男、女各 5 人，高中组男、女各 3 人）、优秀裁判 20 人、优秀教练 10 人、优秀工作人员 10 人。
十四、代表团团部组成人员
各学校代表团团部一般由 5 人组成，其中团长 1 人，副团长 1 人，秘书长 1 人，工作人员 2 人。
十五、报名及报到日期
（一）报名
1. 时间、地点
各中学必须于 × 月 × 日前将参赛项目、队员报教育局（联系人：×××，电话：152********、邮箱：zhongxueshengyundonghui@126.com）。
2. 所需材料
（1）各项目报名表纸质版一式两份（另报电子版），加盖学校及县级医院体检公章。
（2）参加运动会所有人员的“人身意外伤害保险单”一份，未办理保险的学校不得参加比赛。
（二）报到
各代表团团长、副团长、秘书长、裁判长、裁判员、教练、工作人员于 × 月 × 日下午 ×：×× 前到 ×× 中学五楼会议室报到并参加赛前会议。各代表团准时参加开幕式。
十六、其他
（1）各代表团食宿、车费等其他费用自理。
（2）×× 中学负责安排组委会成员、裁判、工作人员比赛期间工作用餐。
（3）县公安局协助比赛场地秩序维护。
（4）县卫生局负责比赛期间紧急救护。
（5）县体育局、×× 中学负责比赛场地、器材提供，安排各代表团赛区休息区和场地服务工作。
（6）各中学围绕运动会排练 1 个展现学生阳光积极向上风采的诸如武术、韵律操、团体操、腰鼓等形式的开幕式表演节目（×× 中学为武术、×× 中学为韵律操、×× 初级中学为腰鼓，人数 100~200 人）。
十七、要求
（1）各中学代表团报名时，随报名单同时上报运动会开幕式各团 300 字以内的解说词（电子版及一份纸质版），比赛期间要有学校校旗。
（2）各学校要高度重视比赛工作，领导负责，分解任务，责任到人，认真履行好各自职责，自始至终抓好各项工作的落实。比赛期间，要求各队服装整齐，展示学校师生良好精神风貌，讲团结、讲安全、讲文明、讲礼貌、顾大局、遵守比赛纪律，确保训练和比赛的顺利完成。所有运动员需用跑鞋时，必须使用塑胶短钉。

续表

（3）各校必须组队参加所有比赛项目。 （4）运动员号码布由 ×× 中学统一制发（待定），比赛所用工作证、记录册、工作用笔等由 ×× 中学负责提供。 （5）×× 中学负责运动会会标设计、制作，负责彩旗队组建、升国旗事项。 （6）本规程未尽事宜，另行通知。 十八、本规程解释权属主办单位。 ××× 县 ×× 年中学生运动会组委会 ×× 年 × 月

8-6：××× 县 ×× 年中学生运动会策划方案

复习思考题

1. 简述学校课外体育与体育课堂教学的关系。

2. 学校课外体育有哪几种形式？不同形式的课外体育的特点和作用是什么？

3. 学校课外体育锻炼的组织形式有哪些？实施学校课外体育锻炼需要遵循哪些原则？

4. 简述学校课外体育训练的 5 大步骤和需要遵循的原则。

5. 学校体育竞赛中常用的方法有哪些？竞赛项目的选取与创新可从哪几个方面进行考虑？

6. 竞赛项目的设计可分为几步？学校体育竞赛的实施需要遵循哪些原则？

7. 参考本章“县中学生运动会策划案例”，尝试策划一份“×× 高中田径运动会策划方案”。

即测即练

第九章

体育教师职业

本章导读：

本章主要从职业的视角，介绍体育教师的职业内涵、职业素养、职业资格和职业发展4个方面的内容。首先，着眼于体育教师的职业内涵，介绍体育教师职业的由来，阐述体育教师职业的特征，探讨体育教师职业的地位。其次，围绕体育教师的职业素养，从体育教师的职业理念与师德、体育专业知识与运动技能、工作与职业能力三个方面对体育教师职业素养进行全面解析。再次，从体育教师职业资格的视角，介绍教师资格制度的建立过程、体育教师资格的学历要求、体育教师资格考试的方式与科目、体育教师资格定期注册的相关要求和体育教师资格证的申请流程。最后，对体育教师的职业发展进行分析，介绍体育教师职业发展的方法。

学习目标：

准确把握体育教师的职业地位和职业特殊性；熟悉体育教师应具备的职业理念与师德、体育专业知识与运动技能和职业能力；系统了解教师资格制度及其相关法律法规对体育教师资格的相关要求，熟悉体育教师资格的获取、注册的流程与要求；了解体育教师职业发展的目标与内容，掌握体育教师职业发展的方法。

第一节 体育教师职业概述

职业是个人所从事的工作。社会职业一般分为三个层次，第一个层次是专门性职业，如医生、律师等；第二个层次是半专门性职业，即准专业或半专业，如机械工人、图书管理员等；第三个层次是普通职业，如售货员、收银员等。专门性职业是在社会分工和职业分化过程中形成的一类特殊职业，即专业。从业人员需要经过专门的训练，形成专门的技术和能力，为社会提供专门性的服务。体育教师是各级各类学校从事体育教学工作的专业人员，体育职业属于专门职业。

一、体育教师职业的由来

体育教师是教师的一个专门类别，是教师中出现得相对较晚的职业。“长者为师”“以吏为师”“官师合一”是近代以前教师存在的主要形式。《秦定学堂章程》的颁布实施标志着我国独立的师范教育制度正式建立。以各级师范学堂章程为具体实施准则，师范教育按照其培养目标的不同，划分为初级师范学堂、优级师范学堂、实业教员讲习所以及师范传习所四类，并建立了相对应的政策体系、课程体系、教师资格认定体系、权利义务体系等。初级师范学堂主要培养小学教员，优级师范学堂主要培养初级师范学堂和普通中学堂教员，实业教员讲习所主要培养各种实业学堂及实业补习普通学堂、艺徒学堂的教员。

以师范教育制度的确立为标志，教师职业的发展走上了制度化的发展轨道，体育教师职业的发展也开始从依附走向独立，体育教师的职业地位得到初步确立。

1903 年，在清政府颁布的《奏定高等小学堂章程》和《奏定优级师范学堂章程》中，把“体操科”（相当于现在的体育课）列为大中小学校必设的教学内容。随后，在苏州开办的江苏优级师范学堂体操专修科开始培养“体操”师资。“体操”教员作为一个社会职业开始独立存在。为了解决当时“体操”师资短缺的问题，社会上陆续出现了短期培训班、传习所、公立或私立的专门“体操”学校及体操专修科等一批“体操”师资培养机构，培养了一大批“体操”教员，在数量上基本满足了当时对“体操”教员的需求。

1923 年，北洋政府颁布《新学制课程标准》，把学校的“体育科”改名为“体育课”。从“体操科”到“体育科”再到“体育课”，“体操”教员改名为“体育教师”，成为各级各类学校从事体育教学工作的专门人员。可以说，近代的体育教师职业发轫于“废科举，兴西学”的洋务运动，起步于清末至辛亥革命时期，发展于国民政府时期。受当时社会发展的影响，体育教师职业表现出明显的“后发外来性”及“军国民性”的特征。

新中国成立以来，随着师范教育制度的不断完善，体育教师的培养工作逐渐从数量满足向质量提升的方向转变。新中国成立初期，从北京师范大学等 9 所学校设立体育系，到华东体育学院（现上海体育学院）、中央体育学院（现北京体育大学）的建立，培养了一大批合格的体育师资，体育教师职业队伍不断扩大。到 1989 年，我国 83 个体育本科专业点中培养体育教师的专业点已达 63 个。随着《中华人民共和国教师法》《中华人民共和国体育法》等教育、体育法律法规的颁布与实施，尤其是《中国教育改革和发展纲要》的制定，我国开始全面实施素质教育，学校体育改革不断深化，对体育教师的质量要求不断提高。体育教师职业发展进入了规范化的发展阶段。

进入 21 世纪，体育教师职业的发展开始逐步专业化。2001 年，在《国务院关于基础教育改革与发展的决定》中首次用“教师教育”的概念，取代了长期使用的“师范教育”概念，提出“完善以现有师范院校为主体、其他高校共同参与、培养培训相衔接的开放的教师教育体系”。2003 年，教育部在《2003—2007 年教育振兴行动计划》中又一次明确提出并具体阐述了构建教师教育体系的任务，要“构建以师范大学和其他举办教师教育的高水平大学为先导，专科、本科、研究生三个层次协调发展，职前职后教育相互融通，学历与非学历教育并举，促进教师专业发展和终身学习的现代师范教育体系”。1994 年 1 月 1 日开始实施的《中华人民共和国教育法》规定：“教师是履行教育教学职责的专业人员”，这是我国教育史上第一次从法律上确认教师的专业地位。1995 年，我国建立了教师资格证书制度，这是国家对教师实行的特定职业许可制度。实施教师资格制度是教师职业走向专业化的必要步骤，体现了教师职业的专业性和不可替代性。以“教师教育”概念的提出和教师资格证制度的实施为标志，我国实现了教师的培养从“师范教育”到“教师教育”的转型，教师职业的发展进入了专业化的发展阶段。

二、体育教师职业的内涵

体育教师以学校体育工作为载体，通过组织开展体育教学、课外体育活动、课余体育训练以及课余体育竞赛等活动，向学生传授运动技能，提高学生体质健康水平，健全学生人格，培养竞技体育后备人才，传承学校体育文化，为人才培养提供专门性的服务。

（一）体育教师职业是培养学生运动技能的职业

体育教师职业的一项重要内容，就是向学生传授运动技能。体育教师依托体育课教学，通过动作示范、动作要领的讲解、技能练习的组织，指导学生学习运动技能，掌握运动技能，学会运用运动技能进行自主锻炼。而且，通过运动技能的传授，培养学生的学习兴趣，激发其学习动机，促使学生养成运动习惯，为学生的终身体育奠定基础。

（二）体育教师职业是促进学生体质健康水平提高的职业

提高学生的体质健康水平是体育教师职业活动的主要目的。体育教师在指导学生形成运动技能的同时，还要注重学生体质健康水平的提高。通过体育教师组织的体育活动，能够有效地促进青少年学生的生长发育水平，使青少年学生体型匀称，体态优美；能够促进青少年运动系统、呼吸循环系统等机能水平的提高；能够促进其灵敏素质、柔韧素质、力量素质、耐力素质和速度素质的提高。

（三）体育教师职业是健全学生人格的职业

“健全人格，首在体育”。体育教师的工作不仅能促进学生体质健康水平的提高，还能健全学生的人格，使学生的道德品质在体育教师组织开展的各项体育活动中得到发展。体育活动中蕴含丰富的道德品质教育元素，通过体育教师的身体力行，潜移默化地影响着学生，引领学生养成团结合作、开拓进取、勇敢顽强、坚忍不拔的优良品质。同时，学生的智力水平、审美能力也会同步得到提升。

（四）体育教师职业是培养竞技体育后备人才的职业

学校体育，尤其是中小学体育，是竞技体育后备人才的摇篮。体育教师是竞技体育后备人才的发现者、培养者和输送者。在组织学校运动会、专项体育竞赛等活动过程中，体育教师能发现身体条件、运动素质以及运动天赋较好的竞技体育人才，通过学校课外体育训练，提高他们的运动素质，提升其专项水平和竞赛能力，选拔推荐竞技能力水平较好的学生进入专业训练机构，为国家竞技体育培养后备人才。

三、体育教师职业的特征

体育教师既具有教师的一般特征，又有其职业的特殊性。教师的一般特征表现为：工作任务的复杂性和繁重性；工作方式的创造性和灵活性；工作性质的主体性和示范性；工作效益的长期性和长效性；工作对象的个体性和集体性。体育教师的特殊性主要表现在以下 4 个方面：

（一）职业环境的开放性

体育教师的工作是在一个相对开放的环境中进行的。其他学科教师的工作场所一般情况下在教室或实验室进行，而且通常只有一个教学班。体育教师的工作则是在体育馆或操场上进行，授课班级会有几个班甚至十几个班同时进行。体育教师的工作要克服来自这种开放的工作环境的因素影响，最大限度地保证体育教学工作的顺利开展。

（二）职业性质的双重性

体育教师的工作既有体力活动，也有脑力活动。不论是体育课堂教学工作，还是课外体育工作，尤其是体育实践课教学和课外体育训练，体育教师不仅要用精炼的语言，严密的逻辑，清晰的条理把运动技术动作要领讲给学生听，还要用准确的技术动作，精湛的表演艺术，优美的身姿做示范给学生看，这种工作性质是其他学科教师所不具备的，体育教师的工作某种程度上是脑力劳动和体力劳动的完美结合。

（三）职业对象的差异性

体育教师的职业对象是学生，学生的差异性是普遍存在的，不同的学科，学生表现出来的差异性又是不同的。在一般的学科教学活动中，学生的差异性一般表现在智力水平和性别差异上。在体育实践课堂教学活动中，学生的差异性还表现在身体素质、运动能力和体育兴趣爱好上。体育教师在组织开展学校体育活动（广义的体育活动，包括体育课、体育竞赛、训练等）时，不仅要考虑到学生的智力水平和性别的差异性，还要充分考虑到学生的身体素质、运动能力和体育兴趣爱好。只有这样，才能收获良好的职业效果。

（四）职业范围的社会性

体育是一项群众性活动，体育教师的工作不仅面向学校，面向全体学生；而且还面向社会。企事业单位举办的体育赛事，经常聘请体育教师帮助组织，协助进行体育赛事的组织管理与裁判工作。另外，体育教师也是所在地区大型运动会裁判工作的主力军。因此，体育教师的工作具有广泛的社会性。

四、体育教师职业的地位

职业地位是职业所处的社会位置，即社会地位。从职业声望、教育水平和经济收入看，近几年，我国体育教师的社会地位在不断提高。体育教师除了参与体育教学、课外体育活动、课外体育训练和竞赛工作，还要承担体育学术研究和社会服务工作。体育教师职业的地位既包含学校体育过程中的地位，也包括社会服务过程中的地位。

（一）体育教师职业在学校体育工作中的地位

在体育工作过程中，学生运动技能的形成、体质健康水平的提高、竞技运动能力的提升，都是在体育教师的引导、教导、指导下实现的，"导"是体育教师职业地位的突出表现。体育教师的"导"是从属地位的导，从属于学生的运动技能水平、运动素质水平、体质健康水平、竞技能力水平。体育教师的"导"依靠于学生的身体练习，没有学生身体练习活动，就没有学生运动技能的形成，就没有学生体质健康水平的提高。

（二）体育教师职业在社会服务工作中的地位

体育教师的社会服务工作主要是指业余时间参与的大众健身指导、社会体育赛事的组织与裁判等工作。在大众健身指导方面，体育教师作为兼职教练，承担着大众健身的指导工作，在满足健身服务产业对大众健身指导专业人员需要的同时，也体现了体育教师的社会责任感。体育教师的另外一项社会服务工作是体育赛事的组织与裁判。在此项工作中，体育教师作为专业人员，参与到体育赛事组织的过程中，既可以作为体育赛事的组织人员，又可以作为体育赛事的裁判人员。体育教师是大众健身指导、体育赛事的组织与裁判工作不可或缺的专业人员，从中也体现出体育教师职业的社会价值。

（三）体育教师的职业地位在逐步提高

近几年来，党和国家一直关心学生的健康成长，重视学校体育工作，我国的体育教师的职业地位不断提高。一方面，国家颁布实施指导意见，提高体育教师的职业地位。2012 年，教育部、发展改革委、财政部、国家体育总局等部委联合下发《关于进一步加强学校体育工作的若干意见》，文件明确规定，“要保障体育教师在职务评聘、福利待遇、评优表彰等方面与其他学科教师同等待遇。对体育教师组织学生开展课外体育活动以及组织学生体质健康测试等，要纳入教学工作量”。另一方面，体育教师也在不断提高自身的业务水平、综合素质、工作能力，努力提高社会影响，树立良好形象，提高自身的职业地位与社会声望。

第二节　体育教师的职业素养

职业素养是人类在特定社会活动中依据活动规范所表现出来的职业综合能力。从外部表现来看，个体职业行为的总和构成了自身的职业素养。职业素养的核心包括职业信念、职业知识技能和职业行为习惯。体育教师的职业素养主要体现在职业理念与师德、专业知识与运动技能和职业能力三个方面。

一、体育教师的职业理念与师德

职业理念与师德是体育教师职业的灵魂，先进的职业理念，高尚的师德是体育教师职业素养的重要方面。体育教师的职业理念与师德主要表现在对体育教师职业的理解与认知、对学生的态度、对待教育教学的态度及个人修养 4 个方面（表 9–1）。

▶　**表 9–1　体育教师的职业理念与师德的内涵与行为表现**

内涵	行为表现
对体育教师职业的理解与认知	1. 贯彻党和国家的教育、体育方针政策，遵守教育、体育法律法规 2. 理解学校体育工作的意义，热爱学校体育事业，具有职业理想和敬业精神 3. 认同体育教师的专业性和独特性，注重自身专业发展 4. 具有良好的职业道德修养，为人师表 5. 具有团队合作精神，积极开展协作与交流

续表

内涵	行为表现
对学生的态度	1. 关爱学生，重视学生身心健康发展，保护学生生命安全 2. 尊重学生独立人格，维护学生合法权益，平等对待每一位学生；不讽刺、挖苦、歧视学生，不体罚或变相体罚学生 3. 尊重个体差异，主动了解和满足学生的不同体育需要 4. 信任学生，积极创造条件，促进学生的自主发展
对待教育教学的态度	1. 树立“育人为本、德育为先”的理念，将学生的体育知识和运动技术学习、能力发展与品德养成相结合，重视学生的全面发展 2. 尊重教育规律、运动技能形成规律和学生身心发展规律，为每一位学生提供适合的体育教育 3. 激发学生的求知欲和好奇心，培养学生体育学习兴趣和爱好，营造刻苦锻炼、奋勇拼搏、追求卓越的氛围 4. 引导学生自主学习、自强自立，培养学生坚强的意志品质、团队协作和遵守规则的意识，注重学生终身体育意识和锻炼习惯的养成 5. 尊重和发挥好共青团、少先队组织的教育引导作用
体育教师的个人修养	1. 富有爱心、责任心、耐心和细心 2. 乐观向上、热情开朗、有亲和力 3. 善于自我调节情绪，保持平和心态 4. 勤于学习，不断进取 5. 衣着整洁得体，语言规范健康，举止文明礼貌

二、体育教师的专业知识与运动技能

专业知识与运动技能是体育教师区别于其他学科教师的重要标志。体育教师不仅要掌握教育学、教育心理学相关学科知识，还要掌握体育与健康相关的教学知识，更重要的是体育教师要掌握基础运动技能，并且要拥有运动专项特长。体育教师应具备的专业知识与运动技能如表9-2所示。

▶ **表 9-2 体育教师应具备的专业知识与运动技能**

专业知识与运动技能	专业知识与运动技能的具体内容
教育知识	1. 教育的基本原理和主要方法 2. 班级、共青团、少先队建设与管理的原则与方法 3. 教育心理学的基本原理和方法，了解学生身心发展的一般规律与特点 4. 学生世界观、人生观、价值观形成的过程及其教育方法 5. 学生思维能力、创新能力、运动能力和实践能力发展的过程与特点 6. 学生群体文化特点与行为方式
通识知识	1. 自然科学和人文社会科学知识 2. 国内外教育和体育的基本情况 3. 欣赏与表现知识 4. 学校体育教学内容、教学手段和方法的现代化信息技术知识
体育与健康知识	1. 体育与健康学科的知识体系、基本思想与方法 2. 体育与健康有关的人体解剖、运动生理、运动心理、运动生物力学、学校体育学、运动训练与竞赛等学科内容的基本知识、基本原理与技能，掌握各类运动项目知识 3. 体育与健康学科与其他学科的联系 4. 体育学习的基本原理与方法 5. 基本健康教育知识 6. 体育与健康学科、全民健身和竞技体育与学校群团组织活动的关系
教学知识	1. 体育与健康学科课程标准的内容要求 2. 学生在学习体育与健康学科内容时的认知特点 3. 针对体育与健康学科内容进行教学和研究性学习的方法与策略
运动技能	1. 运动技能学习的规律 2. 体育教学中主要运动项目的技术、战术和训练竞赛方法，具有较高的运动水平 3. 掌握运动技能的应用情景，判断学生学习中的困难和问题并提出合理的改进方法 4. 掌握两项以上运动技能，并能保持运动水平

三、体育教师的职业能力

职业能力是在人们所从事的工作过程中表现出来的综合素质。体育教师是学校体育工作的主体，组织开展学校体育工作应该具备体育教学能力，课外体育活动的组织能力，学校体育工作的诊断评价能力、组织管理能力、沟通合作能力、教学与科学研究能力、反思发展能力。体育教师的能力构成及其表现如表 9-3 所示。

表 9-3 体育教师的能力构成及其表现

能力构成	能力表现
体育教学能力	1. 科学设计教学目标和教学计划 2. 合理利用教学资源和方法，设计教学过程 3. 引导和帮助学生设计个性化的学习计划 4. 营造良好的学习环境与氛围，激发与保护学生的学习兴趣 5. 通过体验、启发、探究、讨论等多种方式，有效实施教学 6. 合理安排运动强度和练习密度，保证学生获得适宜的运动负荷 7. 有效调控教学过程，合理处理课堂偶发事件 8. 引发学生独立思考和主动探究的能力，积极练习，提高学生体质健康水平，发展学生创新能力 9. 将现代化教育技术手段整合运用到体育课教学中
课外体育活动的组织能力	1. 设计并组织好学校的课间操（大课间）活动，发挥实际锻炼效果，能激发学生的练习兴趣 2. 在没有体育课的教学日，组织好全校学生的课外体育活动，为学生搭建运用体育课所学知识和技能的平台 3. 制定和实施科学系统的课外训练计划，组织学校运动代表队和特长生训练 4. 组织学生参加各类校内外体育竞赛，为学生提供展示体育才能的平台，为体育特长生提供成长路径 5. 督促和支持学生参加校外全民健身活动，能主动与学生家长建立联系，推动形成学校、家庭共同指导和督促学生经常进行体育学练的机制
学校体育工作的评价能力	1. 利用体育评价工具，掌握多元评价方法，多视角、全过程评价学生体育发展；掌握《国家学生体质健康标准》测试和评价办法 2. 引导学生进行自我评价和互相评价 3. 开展自我教学效果评价，及时调整和改进教学工作

续表

能力构成	能力表现
学校体育工作的管理能力	1. 建立良好的师生关系，帮助学生建立良好的同伴关系 2. 发挥体育的综合育人功能，注重结合体育与健康教学，开展育人活动 3. 根据学生世界观、人生观、价值观形成的特点，充分发挥体育的载体作用，有针对性地开展德育活动 4. 指导学生思想、心理、学业、体质等多方面发展 5. 妥善应对体育活动中的突发事件
沟通合作能力	1. 了解学生，平等地与学生进行沟通、交流 2. 与同事合作交流，分享经验和资源，共同发展 3. 与家长进行有效沟通合作，共同促进学生发展 4. 协助学校与社区建立合作互助的良好关系
科学研究能力	1. 掌握开展体育与健康学科研究的方法，具有严谨的学术精神 2. 积极开展体育与健康课程资源开发与校本课程开发研究 3. 积极申请或参与课题研究，以研促教，不断优化教育教学过程
反思发展能力	1. 主动收集分析相关信息，不断进行反思，改进体育教育教学工作 2. 针对体育教育教学工作中的现实需要与问题，进行探索和研究 3. 制定专业发展规划，积极参加专业培训，不断提高自身专业素质

第三节　体育教师的职业资格

职业资格是对从事某一职业所必备的学识、技术和能力的基本要求。职业资格包括从业资格和执业资格。从业资格是指从事某一专业（工种）学识、技术和能力的起点标准。执业资格是指政府对某些责任较大，社会通用性强，关系公共利益的专业（工种）实行准入控制，是依法独立开业或从事某一特定专业（工种）学识、技术和能力的必备标准。体育教师职业资格是指各级各类学校从事体育教育教学工作的专业技术人员的学识、技术和能力的起点标准，即体育教师从业资格。我国实行教师资格证制度，只有通过国家考试，通过体育教师资格认证的专业技术人员，才能在相应级别的学校从事体育教育教学工作。

一、教师资格制度的建立与发展

教师资格制度是国家对教师实行的一种特定的职业许可制度，一般包括教师资格基本条件、资格认定、丧失和撤销的原则以及认定教师资格程序等内容。教师资格是国家对专门从事教育教学工作人员的最基本要求，是获得教师工作的前提条件，符合条件的人才能成为教师。我国教师资格制度的建立与发展经历了教师资格制度的确立、过渡、认定、登记 4 个阶段。

（一）教师资格制度确立

教育相关法律法规的颁布与实施为教师资格制度的确立提供了法律依据。1986 年，我国颁布的《中华人民共和国义务教育法》第三十条规定“教师应当取得国家规定的教师资格”。1993 年 10 月 31 日，第八届全国人民代表大会常务委员会第四次会议通过了《中华人民共和国教师法》，其中第三章第十条规定“国家实行教师资格制度”。1995 年 3 月 18 日，第八届全国人民代表大会第三次会议通过了《中华人民共和国教育法》，其中第四章第三十五条规定“国家实行教师资格、职务、聘任制度，通过考核、奖励、培养和培训，提高教师素质，加强教师队伍建设”。随后，《教师资格条例》出台，以此为标志，我国的教师资格制度开始实施。

9-1：《教师资格条例》

（二）教师资格的过渡

1995 年 12 月，国家教委颁布《教师资格认定过渡办法》。其中，办法的第一部分明确规定了教师资格过渡的范围，即“申请教师资格过渡的，必须是《中华人民共和国教师法》施行之前已在各级各类学校和其他教育机构中从事教育教学工作的教师（统称“在职教师”）及承担教育教学任务的其他专业技术人员和教育职员（统称“其他人员”）”。按照《教师资格认定过渡办法》，我国首先对 1993 年 12 月 31 日之前的在职中小学教师实行资格过渡，从 1996 年初至 1997 年底，我国基本完成了《中华人民共和国教师法》实施以前在各级各类学校和其他教育机构从事教育教学工作人员的资格过渡，这为我国中小学教师资格制度的试行和进一步实施打下了良好的基础。

（三）教师资格认定

1998 年 4 月，教育部印发《关于在部分地区开展教师资格认定试点工作的通知》之后，我国在上海、湖北、四川、云南、广西、江苏 6 个省、自治区、直辖市的部分地区开展中小学教师资格认定试点工作。2000 年 9 月下旬，教育部颁布了《〈教师资格条例〉实施办法》，对中小学教师资格认定作了操作性规定。规定凡是属于 1994 年 1 月 1 日以后补充到中小学教师行列的人员和具备教师资格认定条件的社会人员，都要按法定程序进行资格认定，才可取得教师资格。由此，我国中小学教师资格制度实施工作在全国范围内全面铺开。2001 年 1 月，全国中小学教师资格制度实施工作会议在北京召开。同年 4 月，全国中小学教师资格认定工作的全面实施已经进入实际操作阶段。随后，教育部又制定了《关于首次认定教师资格工作若干问题的意见》，并印发了《教师资格证书管理规定》。从 2002 年初，我国中小学教师资格制度的实施工作已转入正常化。

9-2：《教师资格条例实施办法》

（四）教师资格登记

2010 年 9 月，教育部启动教师资格准入制度改革试点，实行教师资格考试，建立教师资格定期登记制度，推进以教师资格制度为核心的教师管理制度的创新。我国建立了“国标、省考、县聘”的教师资格准入制度和管理机制，即由国家制定教师资格考试标准，省一级教育行政部门统一组织教师资格考试和教师资格认证，县一级教育行政部门组织教师公开招聘。2012 年 8 月，国务院印发《关于加强教师队伍建设的意见》，提出“严格教师资格和准入制度，全面实施教师资格考试和定期注册制度”。2013 年 8 月 15 日，为确保中小学教师资格考试和定期注册改革扩大试点工作平稳顺利实施，教育部印发了《中小学教师资格考试暂行办法》和《中小学教师资格定期注册暂行办法》。

2015 年 7 月 20 日，在《教育部办公厅关于进一步扩大中小学教师资格考试与定期注册制度改革试点的通知》中指出，“在浙江、湖北等 15 个省（自治区、直辖市）试点基础上，新增 13 个省（自治区、直辖市）为试点省份，其中北京、江西、河南、湖南、甘肃、青海、宁夏等 7 省（自治区、直辖市）于 2015 年秋季启动改革试点，天津、辽宁、黑龙江、广东、重庆、云南等 6 省（自治区、直辖市）于 2016 年春季启动改革试点”。以此为标志，我国教师资格考试与定期注册制度全面实施。

二、教师资格的学历要求

教师资格制度内容丰富，体系比较完备。相关的法律法规主要有《中华人民共和国教师法》《教师资格条例》《〈教师资格条例〉实施办法》《教师资格证书管理规定》《中小学教师资格考试暂行办法》和《中小学教师资格定期注册暂行办法》，这些法律法规对教师资格的考取、认定和使用都做了明确的规定。其中《中华人民共和国教师法》第十一条对取得教师资格应当具备的学历做出了明确规定。

根据相关规定：取得幼儿园教师资格，应当具备幼儿师范学校毕业及其以上学历；取得小学教师资格，应当具备中等师范学校毕业及其以上学历；取得初级中学教师和初级职业学校文化课、专业课教师资格，应当具备高等师范专科学校或者其他大学专科毕业及其以上学历；取得高级中学教师资格和中等专业学校、技工学校、职业高中文化课、专业课教师资格，应当具备高等师范院校本科或者其他大学本科毕业及其以上学历；取得中等专业学校、技工学校和职业高中学生实习指导教师资格应当具备的学历，由国务院教育行政部门规定；取得成人教育教师资格，应当按照成人教育的层次、类别，分别具备高等、中等学校毕业及其以上学历；取得高等学校教师资格，应当具备大学本科毕业及其以上学历。

三、教师资格考试方式与科目

中小学教师资格考试包括笔试和面试两部分。笔试主要考查申请人从事教师职业所应具备的教育理念、职业道德、法律法规知识、科学文化素养、阅读理解、语言表达、逻辑推理和信息处理等基本能力；教育教学、学生指导和班级管理的基本知识；拟任教学科领域的基本知识，教学设计实施评价的知识和方法，运用所学知识分析和解决教育教学实际问题的能力。笔试各科成绩合格者，方可参加面试。面试的主要方式是采取结构化面试的方式。面试主要考查申请人的职业认知、心理素质、仪表仪态、言语表达、思维品质等教师基本素养和教学设计、教学实施、教学评价等教学基本技能。各级各类教师资格考试科目如表 9-4 所示。

▶ 表 9-4 各级各类教师资格考试科目

类别	笔试			面试
	科目一	科目二	科目三	
幼儿园	综合素质	保教知识与能力	—	教育教学实践能力
小学	综合素质	教育教学知识与能力	—	教育教学实践能力

续表

类别	笔试			面试
	科目一	科目二	科目三	
初级中学	综合素质	教育知识与能力	学科知识与教学能力	教育教学实践能力
高级中学	综合素质	教育知识与能力	学科知识与教学能力	教育教学实践能力
中职文化课教师	综合素质	教育知识与能力	学科知识与教学能力	教育教学实践能力
中职专业课教师	综合素质	教育知识与能力	试点省（自治区、直辖市）自行组织	试点省（自治区、直辖市）自行组织
中职实习指导教师	综合素质	教育知识与能力	试点省（自治区、直辖市）自行组织	试点省（自治区、直辖市）自行组织

注：(1) 初级中学的《学科知识与教学能力》科目分为：语文、数学、英语、物理、化学、生物、思想品德、历史、地理、音乐、体育与健康、美术、信息技术、历史与社会、科学等 15 个学科。

(2) 普通高级中学的《学科知识与教学能力》科目分为：语文、数学、英语、物理、化学、生物、思想政治、历史、地理、音乐、体育与健康、美术、信息技术、通用技术等 14 个学科。

(3) 幼儿园教师资格考试面试不分科目。

(4) 小学教师资格考试面试科目分为：小学语文、小学英语、小学数学、小学科学、小学音乐、小学体育、小学美术、* 小学信息技术、* 小学心理健康教育、* 小学全科。

(5) 初级中学、普通高级中学、中职文化课类别教师资格考试面试科目，与笔试科目三“学科知识与教学能力”相同。报考 * 日语、* 俄语、* 心理健康教育 3 科的考生，该类别笔试科目一、科目二合格即可进行面试报名。

(6) 部分省份未开考带 * 科目，有关开考情况请考生关注所在省报名公告。

四、教师资格定期注册的相关要求

《中小学教师资格定期注册暂行办法》中规定了教师资格定期注册的对象、条件、程序以及注册时需要提交的材料。其中第二条规定，“教师资格定期注册是对教师入职后从教资格的定期核查。中小学教师资格实行 5 年一周期的定期注册。定期注册不合格或逾期不注册的人员，不得从事教育教学工作”。

9-3：《中小学教师资格定期注册暂行办法》

（一）注册对象

《中小学教师资格定期注册暂行办法》第三条规定，“中小学教师资格定期注册的对象为公办普通中小学、中等职业学校和幼儿园在编在岗教师”。

（二）注册条件

《中小学教师资格定期注册暂行办法》第七至第十条分别规定了首次注册、定期注册、暂缓注册、注册不合格的条件或情形。

首次注册需要满足下列条件：① 具有与任教岗位相应的教师资格；② 聘用为中小学在编在岗教师；③ 省级教育行政部门规定的其他条件。对于首次任教人员须试用期满且考核合格。

定期注册合格需要满足下列条件：① 遵守国家法律法规和《中小学教师职业道德规范》，达到省级教育行政部门规定的师德考核评价标准，有良好的师德表现；② 每年年度考核为合格及以上等次；③ 每个注册有效期内完成不少于国家规定的 360 个培训学时或省级教育行政部门规定的等量学分；④ 身心健康，能胜任教育教学工作；⑤ 省级教育行政部门规定的其他条件。

有下列条件之一的，暂缓注册：① 注册有效期内未完成国家规定的教师培训学时或省级教育行政部门规定的等量学分；② 中止教育教学和教育管理工作一学期以上，但经所在学校或教育行政部门批准的进修、培训、学术交流、病休、产假等情形除外；③ 一个注册周期内任何一年年度考核不合格。暂缓注册者达到定期注册条件后，可重新申请定期注册。具体办法由省级教育行政部门根据实际情况制定。

注册不合格的情形有：① 违反《中小学教师职业道德规范》和师德考核评价标准，影响恶劣；② 一个定期注册周期内连续两年以上（含两年）年度考核不合格；③ 依法被撤销或丧失教师资格。

（三）注册程序

《中小学教师资格定期注册暂行办法》第十一条至第十四条规定了注册的程序。

取得教师资格，初次聘用为教师的，试用期满考核合格之日起 60 日内，申请首次注册。经首次注册后，每 5 年应申请一次定期注册。

教师资格定期注册须由本人申请，所在学校集体办理，按照人事隶属关系报县级以上教育行政部门审核注册。

教师应当在定期注册有效期满前 60 日内，申请办理下一次教师资格定期注册。定期注册实行网上申请。

（四）注册时应提供的材料

申请教师资格定期注册，应当提交下列材料：

1.《教师资格定期注册申请表》一式 2 份

2.《教师资格证书》

3. 中小学或主管部门聘用合同

4. 所在学校出具的师德表现证明

5. 5 年的各年度考核证明

6. 省级教育行政部门认可的教师培训证明

7. 省级以上教育行政部门根据当地实际要求提供的其他材料

申请首次注册的，应当提交上述 1、2、4、7 项材料，同时提交试用期考核合格证明。

五、体育教师资格证的申请流程

符合条件的体育教师资格申请人，需参加全国体育教师资格统一考试，考试合格，通过体育教师资格认定，取得体育教师资格。

（一）登录

考生登录“中小学教师资格考试网”（http：//ntce.neea.edu.cn），查看所在地区报名公告，按照导航页面指引进入所在地区报名入口。

（二）注册

考生须认真阅读、充分了解本省报考要求后方可进行。注册时要求考生填写报名公告规定的证件号码、姓名、手机号码、登录密码等信息，并在网站认真阅读《诚信考试承诺书》（电子版），确认承诺后方可进行后续操作。

（三）填报个人信息

考生本人须如实填写户籍所在地、居住证申领所在地、是否为在校生、是否师范专业、毕业学校、在校生学籍学号、最高学历及证书编号等信息，并按照格式要求上传证件照。

（四）填报报考信息

考生按照本地区公告要求选择考试类别、考区、科目（所报科目须一次性勾选，一经审核通过，不得增加或更改）。提交信息后，考生报考状态变更为“待审核”。考生报考有关信息在审核前均可以自行修改。

（五）接受审核

各省考务工作人员将在规定期限内对考生报考信息进行审核，是否需要考生到达现场详见各省报名公告要求。审核通过的考生状态变更为“待支付”。未通过审核的考生，可在报名截止日期前修改、完善报名有关信息，重新提交报考信息，重新接受审核。

（六）网上缴费

各省考生均可通过网上缴纳考试费。完成缴费考生的状态变更为“报名成功（已缴费）”，完成报名。通过审核，但逾期未缴费考生，报名无效。一旦报名成功并完成缴费，概不退费。

（七）打印准考证

考生于考前一周可通过报名网站自行下载、打印准考证。

9-4：《教师资格考试、面试大纲》

（八）考试资料下载

各类别、科目考试要求在《考试大纲》中均有详细说明，考生可通过报名网站“资料下载”栏目免费下载。

第四节 体育教师的职业发展

体育教师的职业发展是具有教师资格的体育教师成长为优秀体育教师的过程。通过体育教师资格考试，初次聘用为体育教师，试用期满且自考核合格之日起60日内申请首次注册，成为一名具有教师资格的体育教师。在体育教师职业岗位上，还要通过“国培计划”、校本培训、反思发展等方式，不断提高体育教师职业素养，不断提升学校体育学工作的能力和水平，成为一名胜任学校体育工作的优秀体育教师。

一、体育教师职业发展的目标

取得了体育教师资格，只是体育教师职业成长过程的第一步，还需要不断地学习和努力，成为一名优秀的体育教师。体育教师职业发展的目标就是把体育教育教学工作作为专业，把提升学校体育的教育教学工作水平作为专业追求，通过终身学习和终身体育，不断更新体育教育教学观念，加强师德修养，优化知识结构，提升体育教育教学能力，努力将自身打造成学校体育领域的优秀专家。

二、体育教师职业发展的内容

体育教师职业发展是一个系统的、连续的职业成长过程，具有明显的阶段性特点。根据体育教师的从教年限、职业角色定位、职业发展目标，体育教师的职业发展分为入职阶段、职业适应阶段、职业成熟阶段和职业创新阶段，分别对应新手型体育教师角色、适应型体育教师角色、成熟型体育教师角色和专家型体育教师角色。体育教师职业发展的不同阶段，其职业发展内容与方式有所不同。体育教师职业发展的阶段划分、角色定位、发展目标及发展方式如表 9–5 所示。

▶ 表 9–5 体育教师职业发展的阶段划分、角色定位、发展目标及发展方式

职业发展阶段	入职阶段	职业适应阶段	职业成熟阶段	职业创新阶段
职业角色	新手型体育教师	适应型体育教师	成熟型体育教师	专家型体育教师
职业发展目标	提高从教技能	提高实践能力	提高反思能力	提高创新能力
职业发展方式	教学模仿	案例分析	行动研究	课题研究

（一）入职阶段

入职阶段主要是指获得体育教师资格，受聘体育教师岗位后 3 年左右的时间段。在此阶段，体育教师的职业角色属于新手型体育教师，对体育教师的角色认知不够清楚，对体育教师职业的理解还不够深刻，对体育教师职业的规范知晓得还不多。因此，入职阶段的体育教师，主要通过向资深教师请教、教学模仿，实现体育教师职业角色转换。这一阶段体育教师的职业发展主要从以下几个方面着手：① 要坚定体育教师职业信念，强化专业思想；② 要学习学校体育工作规范，熟悉学校体育工作环境；③ 要进一步学习教育学、心理学知识，积极参加体育教学方面的培训；④ 要熟悉体育教学常规，提高组织课堂教学、班级体育活动管理和教育学生的能力，尽快适应学校体育工作。

（二）职业适应阶段

体育教师职业适应阶段主要是指体育教师在职业岗位 5 年左右的时间段。此阶段体育教师的职业角色属于适应型体育教师，对体育教师的角色认知逐渐深刻，在理论指导实践的能力有所增强，体育教学、课外体育竞赛、训练的实践能力显著增强，学校体育工作经验进一步丰富。因此，职业适应阶段的体育教师，主要通过学校体育工作案例分析，实现学校体育工作实践能力的提升。这一阶段体育教师的职业发展主要从以下几个方面着手：① 要加强学校体育理论学习，不断更新学校体育观念；② 要积极参加学校各项体育工作，积累学校体育工作实践经验，不断提高学校体育实践能力；③ 要积极参加校外体育实践活动及校际间的交流与合作，在借鉴中积累经验；④ 要进行阶段性、专题性总结，把在学校体育工作过程中的好做法，形成经验总结，提升学校体育工作实践能力。

（三）职业成熟阶段

职业成熟阶段主要是指体育教师在职业岗位 10 年左右的时间段。此阶段体育教师的职业角色属于成熟型体育教师，对体育教师的职业角色认知清晰，指导学校体育工作理论知识不断丰富，体育学科的理论知识与学校体育工作的实践紧密结合，理论指导实践的能力显著增强，反思能力显著增强，能够自觉反思体育教学、课外体育竞赛、训练等实际问题。因此，职业成熟阶段的体育教师主要通过行动研究，提升体育教师的职业能力。这一阶段体育教师的职业发展主要从以下几个方面着手：① 通过对体育教学目标的确定、体育教学内容的选择、体育教学方法的运用、体育教学课堂控制与管理、体育教学设计等的反思，不断提高教学能力；② 通过对课外体育活动的方案设计、组织实施、活动评价等的反思，提高课外体育活动的组织能力；③ 通过对学校体育竞赛活动的反思，提高学校体育竞赛活动组织能力；④ 通过对运动员的选拔、运动队的组建、训练过程的组织与管理等的反思，提高课外体育训练的组织管理能力。

（四）职业创新阶段

体育教师职业创新阶段主要是指体育教师职业在岗位 15 年及以上的时间段。此阶段体育教师的职业角色属于创造型体育教师，对体育教师的角色认知清晰而且深刻，体育学科的理论知识丰富，能够有针对性地提出和解决学校体育工作中的实际问题，能够开创性地开展体育教学、课外体育竞赛、训练等学校体育工作，创新能力显著增强。因此，职业创新阶段的体育教师主要通过课题研究，提升体育教师的职业创新能力。这一阶段体育教师专业发展的主要内容：① 丰富体育学科的理论知识，提高解决体育学科领域中的实际问题的能力；② 通过广泛阅读文献，结合学校体育工作实际，凝练学术发展方向；③ 通过撰写经验总结、调查报告、学术论文，提高教学研究能力；④ 努力发现体育学科领域实际存在的问题，积极申报各类科研项目；⑤ 发挥专家特长，带出一支体育教学与体育科学研究创新团队。

三、体育教师职业发展的方法

体育教师的职业发展是体育教师职业生涯的永恒主题，提升体育教师的职业能力是体育教师的终身追求。在体育教师职业成长过程中，体育教师可以利用业余时间，根据职业发展的实际需要，通过阅读文献、分析教材、讨论问题等方式，选择相关主题进行自学，养成分析问题解决问题的能力。除此之外，体育教师还要通过校本培训、教学反思、PDS（专业发展学校）等方式，提高职业能力。

（一）校本培训

校本培训是指以立足本校，面向教师的研修方式。体育教师的校本培训就是立足体育教师的任职学校，在教育、体育行政部门或教育、体育专家的指导下，通过体育教学研究、体育科学研究、体育实践反思等形式，提高体育教师的业务水平和教育教学能力的职业发展方式。

1. 体育教师校本培训的特点

第一，连续性。体育教师校本培训以体育教师任职学校为受训场所，利用课余时间，循序渐进，连续不断地对教学阶段和主题进行学习交流提升。校本培训可贯穿体育教师职业生涯的全过程。

第二，实践性。体育教师校本培训的前提是体育教师不脱离工作岗位，培训工作与学校体育工作实践密切联系，从体育教学的实际问题出发，解决教学教程中的实际问题，从发现问题中来，到解决问题中去，在实践中提高体育教师的职业能力与水平。

第三，灵活性。体育教师校本培训在培训时间、培训内容、培训方式上可灵活选择。在培训时间上，可集中在每学期的停课之后进行大主题的培训，也可以在每周的业务活动时间进行小主题的培训。在培训内容上，可针对学校体育教学改革问题进行培训，也可以针对学校体育工作过程中的实际问题进行培训。在培训方式上，可全员培训，也可按水平分组培训。

第四，针对性。体育教师的校本培训克服了传统教师培训的局限性，针对体育教师的职业发展目标、学校体育工作实际和学校体育工作中的突出问题开展培训。选用针对性较强的培训主题，采取针对性较强的培训方法，有针对性地解决体育教师职业发展过程中的突出问题。

第五，自主性。校本培训由学校组织、规划与实施，不仅培训方案由学校研究设计，而且培训主题自己选择，培训专家也可以是学校的教师，即使选择校外专家作为培训讲师，也要与学校教师协同合作，形成校本培训“共同体”，共同完成校本培训工作。

2. 校本培训的主要内容

体育教师校本培训的根本任务是提高体育教师的职业素养。一般情况下，体育教师的校本培训都会围绕提升体育教师的心理品质、提高体育教师的学科文化知识水平、运动技能、教育教学水平等内容展开。主要内容包括以下 5 个方面：① 体育教学理论、现代教育思想、职业道德修养；② 体育教学方法、教学模式、名师教学经验分享；③ 体育教学、课外体育活动、运动训练和运动竞赛基本技术和能力；④ 现代教育技术手段，尤其是基于互联网的智慧课堂、在线开放课程的运用；⑤ 体育学科最新的理论观点及学术前沿问题。

3. 体育教师校本培训的实施

体育教师校本培训的过程一般由 4 个主要环节构成：成立校本培训组织机构、研制校本培训的计划（或方案）、组织实施校本培训、校本培训总结。

校本培训的组织机构一般由负责人、体育教师代表、培训指导者、学生代表、学生家长代表等人员构成。负责人一般由校长或者副校长担任，主要负责校本培训的组织与管理工作。体育教师代表来自中青年一线教师，主要职责是反馈学校体育工作过程中需要通过培训解决的共性问题以及青年教师职业发展过程中的诉求。学生代表一般由 2 人组成，男生 1 名，女生 1 名，主要负责提供学生对体育课及课外体育活动的需求。学生家长代表一般选择对体育了解或在其他学校工作的体育教师，主要负责校际之间的教学观摩等协调工作。

体育教师校本培训方案一般由体育教师校本培训的指导思想、培训目标、培训内容、培训方法、培训时间、培训地点等内容构成。其中校本培训的指导思想、培训目标、培训内容主要根据体育教师的职业发展需求和学校体育工作实际情况确定。校本培训的方法主要包括案例分析、课堂观摩、反思发展、研训一体、头脑风暴、课题带动等方法。校本培训的时间选择比较灵活，可以选择体育教师的课余时间进行，也可以选择体育教学单元结束的时间段进行，还可以选择学期开始或学期结束的时间段进行。校本培训的地点一般选择本校，也可以在校际间进行。体育教师校本培训的流程如图 9-1 所示。

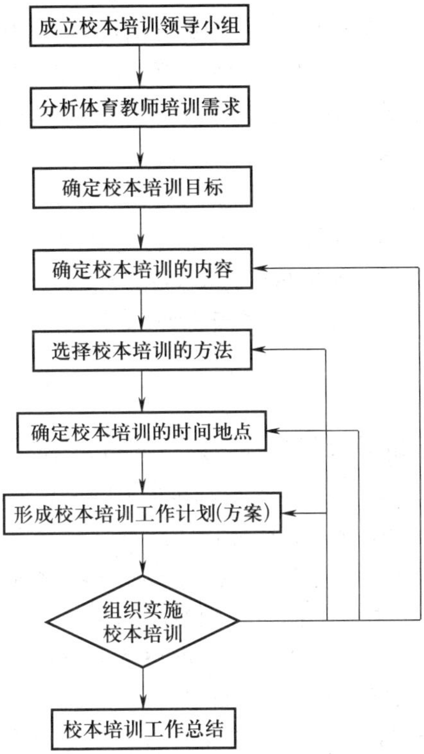

图 9-1　体育教师校本培训实施流程图

（二）教学反思

教学反思是指体育教师对体育教育教学实践过程的再认识、再思考，总结成功的经验与失败的教训，提高体育教学能力和水平职业发展过程。教学反思活动贯穿体育教学的全过程。教学反思的主要内容有：教学目标的确定是否合理，教材的选择是否能够达成教学目标，教学的重点与难点分析是否准确，教学方法的选择是否符合学生的特点，练习密度与运动负荷安排是否合理，场地器材的选用与布局是否符合运动安全要求。教学反思常用的方法有总结反思法、对话反思法、录像反思法、行动研究法和档案反思法。

1. 总结反思法

总结反思法是对教学活动进行全面总结，分析成功的经验和失败的教训的一种方法。总结反思的内容十分广泛，可以针对当天的体育教学活动，针对一个教学单元的体育教学活动或者是一个学期的体育教学活动进行总结反思，也可以针对一个教学主题，如体育教学策略、体育教学方法等进行总结反思。在总结反思过程中，既要总结反思成功的经验，也要总结反思失败的教训。更为重要的是，抓住体育教学实践过程中的关键事件进行总结反思。一般情况下，体育教学过程中的关键事件对体育教师的职业发展影响较大。这种关键事件可能是一堂成功或失败的课，也可能是一次师生矛盾的冲突，还可能是一次与专家的对话。对关键事件总结反思，要通过记录关键事件的发生发展过程，分析关键事件发生的原因、处理方法、对教学过程的影响等。不管是阶段性的总结反思，还是主题性的总结反思，抑或是对关键事件的总结反思，最后都要形成反思的总结报告，以文稿的形式留存。

2. 对话反思法

对话反思法是体育教师通过与专家、同行及学生面对面的交流反思体育教学行为，改进教学，提高职业能力和水平的反思方法。通过与专家的对话，可从中得到专家的指导，获取先进体育教学指导思想和理念，克服体育教学的盲目性，解决体育教学中的困惑，提升体育教师职业发展的层次性。通过与同行的对话，尤其是与同行资深教师的对话，可以从他们身上学习很多教学经验，取长补短，共同进步。通过与学生的对话，教师能了解到学生对体育教学的需求，对体育教师的期望，从而提高体育教学对学生的适应性，提高体育教学的针对性。在每次面对面的交流结束之后，体育教师都要及时地整理交流材料，形成反思性总结。

3. 录像反思法

录像反思法是体育教师通过观看体育教学录像资料（视频材料）进行教学反思的职业发展方法。录像材料可以是本人体育教学过程的视频材料，也可以是其他体育教师或名师的体育教学过程视频材料。在观看本人的体育教学录像时，重点是发现问题和不足，并分析其原因，提出改进措施，提高教学水平。在观看其他体育教师或名师的体育教学录像时，重点是发现优点和可取之处，学习他们在体育教学方面的长处，取长补短。观看体育教学录像时，可一人独自观看，重点环节反复重放观看，也可以两人或多人观看，边看边讨论。观看完体育教学录像，应撰写观后感或反思总结，完善教学设计，提高教学能力和水平。

4. 档案反思法

档案反思法是体育教师把对体育教学行为的反思结果分类归纳，建立专题性的分类反思档案，促进体育教师职业发展的一种反思方法。体育教师根据体育教学工作实际情况，把反思活动分为不同专题，如体育课程开发类、体育教学设计类、体育教学方法创新类等，在每个反思专题下，由体育教师本人通过回忆自己的体育教学过程、体育教学行为，记录下不同阶段的教学状况。可以说，体育教师整理反思档案的过程本身就是自我反思的过程，是体育教师对已有经验进行整理和系统化的过程，是体育教师经验积累、自我评价和自我成长的过程。

（三）PDS 职业发展模式

PDS 是 Professional Development School 的缩写，中文含义为专业发展学校，是 20 世纪 80 年代中期以来美国教育改革中出现的一种教师培养形式。它是中小学与大学合作形成的“共生关系学校”。其最大特点在于大学体育教师与中小学的体育教师进行合作、协助与实践反思。大学体育教师参与中小学体育教师的专题研讨、校本培训、实践教学等活动，给中小学带去体育教学的新思想、新理念。中小学体育教师可以根据自身职业发展的需要，到大学去学习体育教师教育课程，把在中小学体育教学过程中遇到的各种问题反馈给大学，寻求大学体育教师的帮助，在大学体育教师的指导下，解决问题，促进职业发展。具体来说，PDS 对体育教师职业发展的作用体现在以下三方面：

（1）PDS 能促进新手体育教师的理论知识向体育教师技能的转化。获得教师资格的新手体育教师体育专业理论知识比较丰富，但体育教学的实践经历短，体育教学实践经验缺乏，通过 PDS 模式，在大学体育教师的指导下，新手体育教师的教学技能会得到很快提升。

（2）PDS 为中小学体育教师的职业发展提供可能。PDS 的体育教师培训是在经验丰富的体育专家的指导下进行的，新手体育教师不仅能收获专家带来的新思想、新知识、新方法，而且，还能从参与培训的其他中小学体育教师中汲取体育教学的新经验，不仅反思自身的体育教学实践，而且可以与同行研讨体育教学改革的新问题。

（3）PDS 加强了体育教师培养与中小学体育教学实践的联系。PDS 的主要功能是促进中小学体育教师的职业发展。但是，对于大学体育教师教育而言，在 PDS 运行过程中，能够了解中小学的体育教学实际，为改进大学的体育教师教育提供了很好的实践素材，促进了大学体育教师教育质量的提升，增强了大学体育教师教育的适应性，从而培养出更好地胜任中小学体育教师职业岗位的合格人才。

复习思考题

1. 体育教师职业的内涵是什么？特殊性有哪些？

2. 体育教师应具备的专业知识与教学技能主要包括哪些内容？

3. 作为一名体育教师，需要具备什么样的工作能力？

4. 体育教师资格学历要求是什么？资格证的申请需要经过什么样的流程？

5. 不同职业阶段体育教师的职业角色、发展目标和主要发展方式是什么？

6. 教学反思对体育教师的职业成长有何意义？教学反思的方法有哪些？

7. PDS 职业发展模式的含义是什么？在体育教师职业发展中的作用有哪些？

即测即练

第十章

学校体育教研

▶ 本章导读：

本章对学校体育教研的意义、特点、学校体育教研活动的内容形式及开展的问题与要求进行阐述。学校体育教研是学校体育工作的重要内容之一，在促进学校体育教师的专业化发展，提高体育课教学质量，推进学校体育教研制度和文化的建设方面具有重要的作用。学校体育教研不仅有集体备课、上课、说课、评课和听课以及教学反思、教师培训等常规教研活动，也有体育公开课教学展示、体育教学技能比赛、体育课例研究等多种专题教研活动形式。有效的学校体育教研实施必须立足于学校体育课程与教育改革的发展要求，丰富体育教师的教研意识，完善教研活动中的专家引领作用以及加强学校体育教研的组织管理制度和文化建设等。

▶ 学习目标：

理解学校体育教研的内涵，熟悉学校体育教研的特点，能够区分教研活动与科学研究之间的区别；了解规律性开展体育教研活动对体育教师专业成长、学校体育工作推进的意义；了解体育教研内容的类型，熟知体育教研内容的具体来源，能够结合所学知识提出一定数量的教研主题；熟悉“五课一反思”、体育公开课、体育课例研究、网络对话教研等教研形式的含义及操作方式；知晓体育教研开展中存在的主要问题和工作开展要求，能够以学校为单位制订教研活动计划。

第一节 学校体育教研的特点和意义

学校体育教研是学校体育教育教学研究活动的简称，一般是指学校体育从业者围绕学校体育发展中的教育教学问题，以探索学校体育教育教学的实践规律和方法而开展的群体性研讨活动。学校体育教研活动是体育教师专业成长的基础平台与重要手段，与体育教师的专业发展紧密相连。同时，参与学校体育教研活动也是体育教师履行好教师职责的基本要求。2014 年，教育部《关于进一步改进和加强教学研究工作的指导意见》中指出：“改进和加强教学研究工作，其主要任务是明确课程改革中教学研究工作的方向和指导思想，改进和完善教学研究制度和工作方式，切实提高中小学教学水平和课程建设与管理的能力。”这一意见明确了学校体育教研的核心价值就是推进学校体育教育教学质量的提高。

10-1：教育部《关于加强和改进新时代基础教育教研工作的意见》

一、学校体育教研的特点

体育教师参与学校体育教研的主要目的是解决体育教育教学过程中遇到的各种问题，并在运用各种方式回答这些问题时，进一步认识体育教育教学的本质和规律。因此，学校体育教研的开展过程和体育教师的其他学校活动在实施取向和实施方式上有所不同。学校体育教研具有教研课题的实践性、教研方式的综合性、教研过程的合作性和教研成果表达的多元性特点。

（一）学校体育教研课题的实践性

学校体育教研课题的实践性既体现在教研的问题来源于实践，也体现在教研活动的目标指向实践。学校体育教研课题是体育教师在教育教学中遇到的疑惑，是提升体育课教育教学质量所需要解决的实际问题。这些问题的提出虽然需要体育教师有必要的教育教学理论做支撑，但问题本身却不是纯粹的关于体育教育教学的理论思辨，而是与体育教师执教能力的提升和专业成长紧密联系的实践性问题。教学中的实际问题通过教研来解决，解决问题后形成的方案又运用到教学实践中去，也就是说，教研活动的最终目标是指向体育教育教学实践水平的提升。事实上，体育教研活动就是一种“从实践中来，到实践中去”的问题解决过程。通过这个过程，体育教师的执教能力不断得到提升，体育教育教学的质量不断完善。

（二）学校体育教研方式的综合性

与规范的教育科研不同，学校体育教研活动是一种实践取向的探究事理的活动，它是为解决学校体育实际问题服务的，其研究方式往往与体育教师本身的日常教育教学活动一致，如采用集体备课、说课、教学技能比赛等活动，通常以课堂观察、教学反思、案例探讨、行动研究等方式为主。课堂教育教学关系的多维性需要教师结合多种方式层层剖析教育教学实践问题，围绕体育教育教学活动主题需要反复设计与修改，研讨内容的展现是长期的、多维的，特性的挖掘也需要多种视角、多个层次，因此，完整准确地思考和探索学校体育教育教学问题，揭示学校体育课堂教育的本质规律与方法，需要综合性使用多种教研方式。

（三）学校体育教研过程的合作性

伴随着学校体育课程改革的深化发展，传统思维模式下的体育教育教学受到越来越多的挑战，学校体育实践中出现的问题也越来越复杂，体育教育教学中的新元素出现的频率也越来越高。例如，2001 年实施新课程改革以来，教学方法变得越来越丰富、教学评价变得越来越多元、教学内容选择的自由度越来越大、教师课堂角色转变的呼声越来越高等。学校体育实践中的这些变化，对传统以学校教研组内部探讨为主的教研形式提出了极大的挑战。显然，仅在教研组内部开展教研活动，难以对学校体育实践中这些新变化进行很好的应对，需要更多力量的加入。这些力量包括高校的体育学科专家、专门性教育研究机构中的体育专家、区域性的体育学科教研员、兼具理论水平和实践经验的一线优秀体育教师等。只有通过多种力量的共同参与，才能对学校体育实践问题的剖析变得深刻，形成的解决方案也才能更有效地推动学校体育实践工作。

（四）学校体育教研成果表达的多元性

在基础体育教育课程改革的背景下，体育课程的实施注入了许多新的理念和要求，呈现了许多新的问题，而且这些问题又是连续和多维呈现的。对这些问题的解释和归纳，既需要量的思考也需要质的探索；既需要对要素间关系进行规范性的探寻，也需要对实践问题进行开放式的剖析。因此，学校体育教研成果的提炼和呈现，既是体育课堂多样性问题的回答需要，也是体育教师教学自主性和别具一格体育课堂文化的体现。在教研活动中，体育教师个体一般通过教育日记、教育叙事、教学案例、教学反思等方式总结教研活动成果；体育教研部门则通过优秀教学案例集、教研活动总结报告、专题性教学实践工作指南等进行教研成果的提炼和推广。总之，教研活动的成果表达并不像科学研究活动，以规范性的学术论文或研究报告那样要求严格，其内容和形式要开放得多、活泼得多。正是这种多元性的成果表达方式，使得教研活动的成果与实际需求更紧密，对实践工作的参考价值也更大。

二、学校体育教研的意义

（一）提升体育教师的专业素养

教研活动在教师的专业发展过程中不是可有可无的。体育新课程改革，给教师自身的发展既提出了挑战也带来了机遇。体育教师在体育课程教育实践上遇到的问题都与课堂教学结构要素的变化密不可分，体育教师只有在解决这些问题的过程中才能获得学习成果。教研问题来自于教学实践，只有通过教研活动解决教学问题，进而改变课堂教学活动，才能更有效地推进教学实施。可见教研活动实施帮助教师提炼了自己的教学能力，促进了教师对教育教学活动本质的认识和理解，培养了自身的教育教学观、学生观和教材观等。体育教师只有冲破传统课堂教学经验的束缚，敢于用先进的教学理念审视各种教学问题，对自己开展反思，形成对体育课堂教育的规律性认识，才能促进本人专业知识和技能的发展。总之，体育教师参与教研活动有利于解决体育教学的实际问题，有利于提高体育教师对于体育课堂教学本质的理论认识，也有利于促进体育教师形成新的职业生活方式，进而促进体育教师本人的专业发展自觉和专业素养的提升。

（二）提高体育课堂教学质量

提高体育课堂教学质量，实施有效体育教学，是当前体育课程改革的核心目标之一。体育课堂教学质量的提升受多种因素的影响，但主导的因素还是体育教师的课堂教学能力，而教研活动的主要目的之一就是提升体育教师的课堂教学能力。一方面，体育教师的有效教研活动能够更接近学生和课堂实践，可运用多种方法策略观察学生体育学习实践中的问题，通过对课堂问题本身做深入地探讨，有利于体育课堂教学问题的解决，从而为提高体育课堂教学质量奠定教育教学法的基础。另一方面，教研活动的开展过程本身也是体育教师与学生共同建构体育课堂良好学习气氛的过程，可进一步促进学生对体育课堂学习的积极认识，打造良好的体育学习团体，多途径发展学生的体育素养。建立高效的体育课堂是提高学校体育课堂教学质量的重要标志，体育教研实施的好坏不仅影响着体育教师自身的专业发展，也影响着体育课堂的教学质量提高。

（三）推动学校体育研究文化的发展

当前体育教研活动的组织化与课程化特征越来越明显，集合各种资源，以学校为中心，联合多种力量开展体育教研活动逐渐成为共识，由此学校体育教研的管理日趋重要。从学校管理的视角来看，学校体育教研不仅包括教师个人层面的活动，也包括学校和地区层面的活动，需要对各种体育教育教学资源进行筹划、安排与协调。有效的学校体育教研活动既可推动规范和制度化的学校体育教研设计与管理的发展，也能够营造良好的体育教研氛围，创设一个民主、合作的研究氛围和研究平台，促进体育教师更自主地参与学校体育教研活动。同时，还可以通过建立有序的专家引领体系，组织各种体育教育资源相结合的研究共同体，扩大学校体育教研的开展规模，提升学校体育教研的实施质量，推动学校体育教研制度文化的形成和发展，进而使学校体育的实践工作焕发持久的活力。

第二节 学校体育教研的内容与形式

学校体育教研的开展必须要以明确的实践问题为依托，因此，在体育教学实践中发现和捕捉有意义的问题是开展学校体育教研的第一步。问题的发现和提出——教研课题的形成，在教研活动的实施中具有关键的作用。那么，从实践问题到教研课题是否能很清楚直白地呈现？显然不是，它需要教师对教研问题进行辨析和构建。因此，在体育教研活动中，体育教师和教研活动的组织者需要具有主体意识，既要防止教研内容不做选择，“眉毛胡子一把抓”，也要防止“跟风跑”的教研趋向。

一、学校体育教研内容的类型

学校体育现象错综复杂，问题也参差不齐，教研活动既要围绕课堂教育教学活动有效开展，也要为体育教师专业化发展的各个环节奠定基础。当前，学校体育课程改革行动面临着许多有待研究的内容，如体育新课程与体育教师角色转变的问题，体育新课程与学生自主学习方式的问题，学生体育意识的培养问题等，这些问题都可成为学校体育教研的课题内容。通常来说，基于学校体育教研活动的核心职能——学校体育教育教学质量的提升，一般可以把学校体育教研内容划分为三类。

第一类是把新的体育教育理念转化为具体的课堂教学实践时遇到的探索性问题。如新课程背景下体育课教学立德树人的教育策略问题，学生体育素养的实践结构与发展方法的问题，体育教师的教学艺术及教学机制的行为表现与评价问题等。以往，有关体育课程社会化功能的发挥，主要关注体育课堂教学中学生的社会交往方式，而体育教学中的机会平等、特殊儿童的运动文化教育、现代体育教育方法对性别角色社会化的影响以及体育教师权威与体育课堂效应的关系等问题都需要予以关注。

第二类是体育课堂教育教学过程中一直存在，必须面对要加以解决的常规性问题。例如，学生的体育学业成绩不高、体育课堂学习氛围不浓，有效体育课堂的教学方式、具体体育课程教材重难点的教学方法选择，校本体育课程内容的合理设计以及教师作为教学设计者的创新型培养等。这些直接影响体育课堂教学质量的问题有单一呈现的，也有混合表现的，如篮球选项教学中出现的“学生普遍喜欢篮球活动而不太喜欢学习篮球的各项基本技战术”的现象，体现的就是学生对不同篮球学习目标维度的认知行为存在的矛盾。当教师注意到这一现象，就可以把学生的篮球技能学习与篮球知识学习的融合作为一个教研课题，探讨和思考篮球教学各个目标的融合性发展策略。可见，体育课堂教学实践中经常出现的教学问题可以基于教师经验判断而成为体育教研活动的内容。

第三类是需要教师在日常体育课堂教学后，通过对自己的教学行为回忆总结而产生的反思性问题。如有的体育教师在体育课堂教学中常常观察到学生对体育学习不积极的情况，在和一些学生在对话交流后，发现他们存在一种“即使努力也不会提高或改变”的想法，很明显，这类学生具有习得无助的心理特征。心理学理论研究认为，学生习得无助感的形成往往与其把体育学习经验的失败归因于自身因素有关，这是一种认知障碍的表现。作为体育老师，通过观察思考和反思这种现象后，就可以通过教研活动来形成行动研究方案，通过设计和实施具体针对性的教学方法，帮助学生克服归因困难，使学生对体育学习成绩和自身的学习投入形成积极的归因。这种基于反思性问题的教研活动更能彰显实践者的主体价值，是促进教师日常教学工作和教研活动融合发展的很好途径。

二、学校体育教研内容的来源

教研内容本质上是对教育教学实践问题的课题性表达。也就是说，当把教育教学实践中遇到的问题凝练为课题时，教研内容就产生了。因此，有效的教研活动的开展，必须要学会从体育教育教学实践中提炼课题。从发生学的意义上来说，这样的教研课题产生有以下几种方式。

（一）来自于学校体育教学和改革实践

实践性是体育教学的主要特点之一。实践工作的复杂性和影响因素的多元性使得体育教师在工作中经常会遇到大量的矛盾，如体育教学设计中教与学活动的平衡问题、体育教材重难点与学生实际情况的契合问题、技能运用的综合性与技术学习单一性的问题等。教育是一项没有终点的事业，教育教学的改革始终在路上。随着教育教学改革的不断推进，体育教师时常会面临着与以往不一样的理论体系和实践问题需要解决。这就需要体育教师要破除过去的思维定式和习惯，通过细心观察、积累和总结，进而产生一些和以往不一样的观念与方法，这些都有可能成为有价值的教研内容的来源。

（二）来自于对体育资料的学习与反思

加强理论学习和反思是教师专业发展的重要途径。体育教师可以通过学习其他人的工作经验受到启发，帮助其拓展解决问题的思路和途径。例如，通过查阅文献去把握体育教育实践问题，了解有关体育教研实践的动态；通过比较分析各种体育教研成果，综合概括并提炼出更有实践指导意义的策略，丰富对体育教学实践的看法。体育教师通过反思，对比现在体育教学方法与传统理念的区别，真正弄懂问题产生的根源所在，分析清楚问题形成的文化环境等要素的影响。这些活动对形成新观念和解决体育课堂实际问题意义重大，也容易帮助自身找到体育教研活动所需要的内容。

（三）来自于教学现场与他人的交流

学校体育教研活动的实践形态以体育课堂教学现场的相互作用居多。在体育课堂教学实践中发现，对于教育教学现象的分析存在着不同观念、不同认识甚至争论，对于任何一个具体的体育教学问题，大家看法不一，这是很常见的。作为体育教师，可以在这些争论中结合自身实际寻找问题。在相互交流中，体育教师通过对自身的体育教育教学的过程回忆和反思总结，加深对体育教育教学措施、现象与效果之间关系的理性认识。这种认识又能进一步帮助教师揭示体育教育教学经验的本质。最终，在合作交流的碰撞中和集体智慧的引领下，体育教师可以更有效率地把课堂教育实践的问题转化为学校体育教研的课题。

（四）来自于学校体育教研管理的引导

一般来说，在学校的体育教学工作管理中，为了特色校园体育建设与发展的需要，管理者常常会预设一些需要集中资源解决的学科发展问题，并通过计划指南或规划的方式公布。这些问题相对于学校体育教师个体教育教学中遇到的具体问题，立意更高，影响更广泛，是整个学校体育课程与教育改革有待研究的内容，是困扰学校体育课堂教育实践中的关键问题，其作为体育教研内容的探讨价值较大、引领性更强。所以来自于学校体育教研管理的引导而确立的学校体育教研问题具有更明确的时代性，可以使得教研问题更凸显学校特色，也更有利于促进学校体育学科的整体发展。

三、学校体育教研的形式

从实践形态来看，学校体育教研活动可区分为常规性学校体育教研和专题性学校体育教研。例如，“五课一反思”（集体备课、说课、看课、上课、评课和教学反思等）和教研培训就是常规性的学校体育教研。基于评选和交流的体育公开课和教师教学技能比赛，基于教学能力提升和专门教学问题解决的体育课例研究、课题研讨、教师行动研究，基于教学服务和指导的网络对话教研等则属于专题性的学校体育教研。

（一）“五课一反思”教研活动

1. 集体备课

集体备课作为教师合作研讨的一种有效形式，对于发挥集体智慧，取长补短，提高课堂教学效益具有重要的作用。集体备课不是简单的统一编写教案的过程，而是主讲教师的个人经验和集体智慧相互交流的过程，能最大限度地分析教材特色和把握问题，使体育教学设计更贴近实践。例如，为了参加教学竞赛，对课堂活动反复推敲锤炼的“磨课”就是一种典型的集体备课活动。所谓“磨课”，就是在确定体育教研主题后，先由主备课教师收集与设计教学方案，然后反复以上课的形式进行交流，在课后集体讨论、反思，形成对教研主题内容的系统认识，最后形成较合理的新的体育教学方法和策略。集体备课中首先要强化主讲人的关键作用，准备要充分；其次要紧紧围绕教研主题与要求，体现教研活动的实效；此外，要加强教研活动的管理机制建设，保障集体备课中的“集体作用”能得到充分发挥。

2. 说课

说课也是体育教师的一种基础性的教研活动，它是教师通过语言的方式，阐述体育教材、目标、方法、过程等体育教学实施要素的安排，展示自己的教学思想、教学设计及其理论依据，然后由其他教师补充讨论与评议。在此基础上再修改与完善教案，把个人在备课中的缺陷或上课时可能出现的错误消灭在萌芽状态，提升对体育教材特性和实施方式的理解。说课的重点在于说课者要根据评价要求，处理好自身与体育教材的关系，做到抓大放小、不说细枝末节，不必全程描述，同时要注意说课与模拟上课有所区别。

3. 看课

看课是体育教师最普遍的教研活动，看课不仅是向他人学习好的教学经验、方法和理念的绝佳方式，也是结合自身教学实际进行反思的重要手段。体育课“看”的内容一般包含以下几个要素：教学常规的规范性、教学设计的科学性、场地器材布置的合理性、教学方法手段的可操作性、教学气氛的和谐性、器材运用的多样性、保护方法的安全性和运动负荷的适宜性等。看课时比较忌讳的是无准备、无视野、无参与以及对课堂教学信息收集的忽略。因此，要提高看课的有效性，首先要有明确的看课目的，把自己摆在学习者的位置上；其次要关注授课者的教学细节处理方法与设计理念；最后，详细地分析上课者的教学设计思路与教学风格，理清教学行为的内在逻辑，最好有条理地写好看课笔记。

4. 上课

以教研取向的上课或称上教研课是体育教师最日常的校内教研活动，对于促进体育教师的专业学习，提高教学反思能力和选拔后备优秀体育教师人才具有积极的作用。与常规体育课相比，教研课强调的是对某一体育教学实践问题的研修研磨，或运用新的体育教学方法、教学步骤，或基于新的体育教学理念设计新的体育教学过程，在方法和步骤上是有所突破和创新的，以加深对体育教学问题的理解和突破。而常规课通常是以约定俗成的方法和步骤完成教学任务。教研课要上好，首先，要根据教研目的合理地设计教研课的开展方式，尤其要有好的组织与评价者，确实发挥专家引领作用，让每位教师都乐于参与并有所收获；其次，教研课的主讲教师需要精心备课，展现问题，确实呈现出解决问题的“亮点”，为改善体育课堂教学问题提供好的平台；最后，教研课的特点在于教中有研，研中促教，所以必须要有多层次的课堂教学过程的设计，能反复研讨课堂教研问题并有效解决，即教研课要有解决问题后的教研成果，并总结进一步教学研讨的方向。

5. 评课

课看了自然要评，所以评课也是教师教研的重要活动之一。评课的主要内容包括课的目标达成度、课的重难点把握、教师个人魅力的体现、学生的参与表现、教学气氛的营造、场地器材的布置以及课的密度负荷安排等。要做好评课工作，评课者首先自己要有评课标准，也要做好评课准备，如考虑教案文本中每个教学设计细节的优缺点；其次，要确定评课形式是全面分析还是专题分析，并根据评课形式的不同确定评课的要点；最后，评课时要重点突出，不要吹毛求疵；要全面衡量上课者的状况，不能以偏概全。尤其重要的是以学习的态度，看上课教师的教学理念表现和教学设计实践效果，要看到教师的教学个性和优缺点，给自己以启发。

6. 教学反思

教学反思是指教师为了实现有效教学，对已经发生和正在发生的教学活动以及教学活动产生的背后逻辑依据和理论等进行积极的回忆、思考、评价和反省的活动。体育教师在面临体育课堂教学实践的诸多问题时，需要站在批判性的立场，对已经和正在发生的体育课堂教学活动以及这些活动背后的理论、假设进行主动、积极、审慎的观察与思考，以促进自身的教育理念和实践形成深刻对话，并指导自身的教育实践活动。这种反思需要结合教育场景，对教学活动进行全面的、有主题的思考。例如，课堂教学中的成功和不足，学生学习参与的表现，教学的灵感与困惑等。教学反思的根本价值在于教师的自我诊断，教师要勇于针对某个体育教学片断、教学事件、某种教育现象进行自我剖析和自我否定，要把自己反思中得到的感悟、感受和感想记录下来，有意识地形成自身概念和结论。教学反思必须写好反思日记，坚持记录，进而达到以记促思和以思促教的效果。

10-2：体育教学反思技能提升“六法”

（二）专题性教研活动

专题性教研活动是在有限时间条件下围绕明确的研修目标，依据一定规范而完成的体育教学研究活动。专题性教研活动主要包括：体育公开课、体育教学技能展示、体育课例研究、体育教师行动研究以及关于体育课程与教学活动的网络对话教研、校本教研等。

1. 体育公开课

体育公开课是相对于常规体育课堂教学而言的，是一种向特定对象公开课堂讲授过程的教学展示活动。公开课的价值在于为课堂教学相关问题的深入探讨提供话题和平台，公开课可以起到示范观摩和展示教改探索成果的作用，也可起到发现和培养体育教学新秀的功能，所以体育公开课是专题性学校体育教研活动的重要形式之一。

体育公开课的实施要注意以下一些问题：第一，在教研实践中，公开课的准备往往是借用了体育教研组或学校的集体力量，反复打磨、切磋、演示，然后不断地试讲修改而成的，整个教学流程严谨但有时可能忽略了上课者对学校体育教学教育的理解，缺乏一些个人特色，这是应该避免的。第二，公开课的实施一定要有亮点，可表现在一些局部细节上，如体育教材选择结构设计以及知识的呈现方式上，甚至上课教师自身在语言能力上的特长与天赋的表现。第三，体育公开课实践要立足于体育新课改的要求，要体现体育课程的本质特点和学生体育学习行为的变化和发展策略，这样才能实现信息交流和教改探索的目的。

2. 体育教学技能展示

体育教学技能展示是为提高体育教师技能而设置的专门性教研活动，是对学校体育教研活动的创新，主要目的是提高体育教师的教学基本功，也称为教师基本功比赛。一般情况下，体育教师基本功比赛的内容分为理论和实践两部分。理论部分主要包含两个内容，一是教师根据指定内容和条件，撰写教学文件，如单元教学设计或课时教学方案；二是要求参赛教师撰写一份观课分析报告。实践的部分一般是以集体为单位完成规定的队列队形动作、常见课间操等；此外，一般还会进行以个人为主的基于常用体育教材内容的运动技能比赛以及随机抽取部分体育教材内容进行体育模拟上课。

由于教师基本功比赛涵盖了教师的教学设计、课堂教学、专业知识以及教师教学风格等内容的考查，研讨的内容面涉及比较广泛，对体育教师教学基本能力的行为测试也比较全面，并且教学技能比赛的准备过程其实也是教师的专业学习过程，因此体育教学技能展示对提升教师教育观念，促进教师专业发展，提高体育课堂教学质量将起到积极的引领作用。

体育教学技能展示活动的有效开展需要注意三个问题：① 要积极组织，让参与教师仔细了解教师基本功比赛的主要内容和要求与流程；② 作为比赛参与者也要精心设计体育课堂教学活动，立意要高，准备充分，合理规划与设计教师基本功参赛的授课内容与教学环节；③ 发挥学校教研室教师团队的作用和集体智慧，使参赛教师的课堂教学活动和教学设计思想得到最优的展现。

3. 体育课例研究

体育课例研究是一种较特别的教研活动形式。当教师的体育教研问题在短时间内难以基于教学经验解决，需要用更科学的方法探索问题背后的成因和策略时，则可在教材分析的基础上以某节课为载体，持续不断地进行反复研讨和改进，直至课堂教学问题的解决。所以体育课例研究的一个主要特点就是善于挖掘教学实例，运用教学案例呈现、课堂教学观察、说课点评等方式呼应研修主题，以解决教师之间的知识共享以及合作教研中的困惑。

有效的课例研究一般采用以下几个步骤：确立教学主题——选择教学内容——设计教学方案——进行课堂观察——反思分析数据——开展深度讨论——撰写课例文本。相对于由各级教育行政部门拟订、学校教师申报、上级批准立项的“大课题”研究而言，体育课例研究也称为小课题研究，或“微课题”研究及“草根课题”，其对培养体育教师的研究意识和习惯具有明显作用，也可为教师之后的体育科学研究奠定经验和材料基础。

4. 体育教师行动研究

行动研究就是体育教师亲身参与教学实践的反思，并和其他研究者共同合作研讨课堂教学实际问题，以融合体育教育理论和实践为一体的教育研究方式。这种研究方式的主要特点就是以解决体育课堂实际问题为导向，体育教师把自己塑造成与课堂情景一致的研究者，开放性地不断改进教学实践从而不断提高自己对体育课堂教育实践的理解水平。典型的教师行动研究大致表现为一个循环的探究过程。具体环节包括：问题的提出、方案的设计与实施、实施效果的检验、方案的修正与再实施、反思与撰写报告。

开展好体育教师行动研究需要注意几点：第一，要注重研究的实效性，特别要多从小问题入手，以微观层次为主，避免一些华而不实或难度过大的课题。第二，要提倡合作研究，敢于面对教学难题。体育教育行动的改善过程与体育教师对教育行动反思的过程交错发生，体育教师在面对体育课堂教育教学问题时，不可回避，应虚心向同行请教，主动与同行合作，同时要有勇于挑战的责任精神。第三，教师行动研究中课题的设计与操作程序虽然简便，但仍需遵循一定的研究程式和规范，特别是应恪守教师岗位的职业道德，遵守研究工具使用中的科学性要求，以保证行动研究成果的科学性。

10-3：行动研究的概念与实施形式

5. 网络对话教研

伴随着现代信息技术手段的发展，网络不仅仅是信息资源集中地，也是教师研讨交流的平台。教师可以将教学实践中的困惑或问题上传至网络，其他教师可跟帖、评论或建议，这样不仅激发了教师的问题意识，也解决了教学中的困惑，使得教研活动随时更新，拥有新的资源交流方式，实现网络教研一体化。一般而言，网络教研的内容主要以体育教学教育理论知识的传授、热点问题的讨论、体育课堂教学视频资料的赏析为主。不过，随着网络技术的发展，在线观课、评课的教研活动越来越频繁。这种方式拉近了教师与专家的距离，使教师能够及时得到专家指导和同伴互助，并升华对体育教育的认识。

网络教研突破了时空限制，具有信息量大、交互性强和方便等特点。开展好网络教研需要注意三个问题：① 广泛宣传，让体育教师及时了解网络教研活动的主题和任务，提高教师参与网络教研的针对性；② 要提高体育教师的网络信息技术运用的能力，充分发挥网络教育资源便捷高效的特点，提高网络教研内容的质量；③ 要遵守网络使用的基本职业道德要求，加强网络信息公共平台的建设和组织管理，真正发挥好网络教研的平台交流、信息传播和研讨导向的作用。

第三节　学校体育教研的开展和要求

开展学校体育教研的主要目标就是改善体育课堂教学活动，提高体育课堂教学质量。在实践中，可以从两个维度对学校体育教研目标达成情况进行考查：一是体育课堂教学问题是否真正得到解决；二是教研室团队教师对课堂教学问题的理解能力和教学行为的改进程度是否得到提高。通常一名体育教师的成长需要历经新教师、成熟教师和专家教师的角色变化。在这个过程中，教师也在从参与教研活动中成长，到协作教研活动共同发展，再到成为专家教师后引领学校体育教研活动的实施。可以说，教研活动伴随着教师成长的全过程。那么，有效的学校体育教研活动开展需要经历一些什么样的过程？开展过程中需要注意哪些问题？又有哪些具体的要求？

一、学校体育教研的开展过程

从学校体育管理和教研职责体现的角度看，无论是常规性教研活动还是专题性教研活动，其开展过程一般都包括学校体育教研的策划、实施和评价三个阶段。

（一）学校体育教研的策划

有效教研的实践过程是一个环环相扣的过程，无论设计哪种教研类型都必须面对“这次教研的主题是什么？如何做？期望得到哪些教研成果以及如何评价？”等基本问题。学校体育教研的策划就是对这些基本问题做一个系统谋划。具体而言，学校体育教研的策划一般要包括以下几个步骤：首先，分析和了解教研活动开展的现实和内外环境要求；其次，确定教研的专题、教研的目标；再次，开发支持教研活动开展所必需的专业资源，设计和规划教研的流程和教研开展方式的安排；最后，构思和撰写学校体育教研的日程安排方案等（表 10–1）。

表 10–1 ××校××学年体育教研活动规划

1. 基本思路	坚持以解决学生课堂学习过程中存在实践问题为突破口，以学定教，以研促教；不断优化课堂教学效果；建构“六环节”集体教研模式，提高教研效益；理顺和完善教研管理评价机制，打造教师“笃学、善思、合作、积累”的教研风气。					
2. 教研目标	（1）师生课堂快速磨合的策略；（2）关键教学内容的教学方法手段；（3）体育器材资源的开发与利用。					
3. 教研主题、流程与分工						
时段	教研主题	重点年级	主持人	授课人	活动地点	分管领导
第一学期 9 月	新学期快速实现师生课堂磨合的策略有哪些？	初一 初二	张老师	张老师 王老师	水泥球场 体育活动室	
第一学期 10 月	在教学中突破双手前抛实心球重难点的策略有哪些？	初二	王老师	苏主任 王老师	田径场 体育活动室	
第一学期 12 月	有效激发学生耐久跑练习兴趣的途径方法手段有哪些？	各年级	吕老师	胡老师 吕老师	田径场 体育活动室	
第二学期 3 月	简易性自制体育器材资源开发及利用的途径	各年级	胡老师	苏主任 胡老师	田径场 体育器材室	
第二学期 4 月	以课课练形式有效提高学生立定跳远成绩方法和手段有哪些？	初一 初二	王老师	王老师 张老师	田径场 体育活动室	
第二学期 5 月	如何提高高年级女生中考武术技术动作规格？	初三	吕老师	吕老师 胡老师	水泥球场 体育活动室	

续表

4. 教研方法	教研主题以行动研究的方法为主，突出“问题引领”的策略
5. 基本要求	（1）提前公布教研主题，在一个月内累计不得少于2个半天的集体教研日时间。参与教师做好意见的整理、收集问题措施等工作。 （2）活动过程中，与授课教师交流授课思路，主持人围绕主题把握研讨进程，引导思考、主动质疑、即时点评、协调发言、环节小结等。 （3）活动结束时，主持人理顺并引导教师确认个人应完成的具体任务，提出下次集体教研意见、设想等，完成每次教研活动签名确认工作，每月组织进行一次教研活动综合互评。
6. 其他	（1）教师反思撰写要求，参见学校《教研问题解决整理及反思制度》。 （2）“自制简易性体育器材资源的开发利用”约需经费1 000元，应列入学校体育器材用品统购预算。 （3）在征求全体体育教师意见后，本计划经由学科辅导员及分管领导共同拟定，经教科室审核通过、备案后生效。 （4）未尽事宜，另行通知。
负责人:（签字）	年 月 日

由于学校体育教研活动涉及面广，教研活动类型和参与对象结构多种多样，教研活动的策划是否合理，直接影响教研活动能否引起教师对课堂教学问题的关注和思考，影响教师课堂教学行为的改善和课堂教学能力的提高。因此，对学校体育教研活动的实施进行合理规划是做好教研活动必要的工作。在做教研规划时，还需要特别注意以下4个问题：① 要根据不同类型的教研活动，设计符合实践改进需要的具有操作性的教研主题；② 教研活动的目标设计要简明具体，针对性强，保证教研活动的方向明确；③ 教研活动的程序安排要紧凑，保证教研活动的高效进行；④ 要着眼于校本教研的发展趋势，推进教研活动的课程化发展，形成学校体育教研特色。总之，学校体育教研的策划必须面对课程现实问题，丰富研讨过程，同时也立足教改要求，获得实际的教研成果。

（二）学校体育教研的实施

本质上讲，学校体育教研的实施也是教研组老师之间以及教师和外部环境支持资源之间的互动和沟通，是教师之间共同学习研讨的过程。在获取教研成果的过程中，体现了教师之间对教学共识的一种创造和探索，所以教研活动的实施不仅要有活动过程，而且还要有聚焦问题的主题；不仅要有明确的主题，而且还要有合理的目标。

尽管学校体育教研活动因其目标和内容不同，其实施模式和过程也有不同的侧重，但实施过程应注意以下问题：第一，必须使参与教师了解教研活动计划。对教研日程、研讨主题和教研活动分工明确，通过多种方式的宣传提升教师的专业自觉。第二，合理设置学校体育教研任务与目标，要回应学校体育教育发展的问题需求以及教师专业发展中的阶段问题，协商确定体育教研主题，驱动教师的积极参与。第三，了解体育教师学科教学知识的转化机制，加强沟通，合理设计教研实施步骤，推动教师学科知识在研修活动中的积极内化。第四，重视和加强重点体育教材教法的集体演示和体育案例研究，明确体育教研结果的提炼呈现和教研信息交流的多元反馈方式等，使得教师真正获得教育教学的启示和发展。

（三）学校体育教研的评价

体育教师作为体育教研活动的主体，在面对体育教研活动时能主动学习、自觉教研和独立思考，这显然是有效学校体育教研开展的期待结果。学校体育教研的评价就要立足和围绕这个方向开展。有效教研过程本质上是一种环环相扣的过程，但由于参加体育教研活动对象情况的不同，对教研活动过程的评价也具有针对性、复杂性和发展性特点。

从日常实践上看，学校体育教研的评价内容一般包括体育研修方案评估、体育研修过程和体育研修效果的评估等。第一，评价学校体育教研活动设计方案的质量，如专题的确立和专题的分解是否符合需求和实际；教研目标设计是否具体集中；教研资源的利用是否丰富有针对性；教研日程的安排是否具有可操作性等。第二，评价教研活动过程中活动设计方案的执行情况，各类教研方式是否有衔接、有梯度，能否激发教师的深刻反思，能否根据需要及时对教研活动过程加以调控等；第三，评估体育教研活动是否达到了预期的目标成效，教研成效是否在教师的教育教学工作时间中得到体现等。

总体上看，学校体育教研的评价主要以结果为导向。在评价方式上，可采用现场观摩、文本资料分析、教师座谈和问卷调查等。在评价过程中，要多关注教师的课堂表现，要多听取教师的反思感受和建议，要实施多种方式了解学校体育教研的效果，要看对学校体育改革与发展中存在的问题梳理的程度和状况。总而言之，学校体育教研的评价要关注教研活动对于改进学校体育课程与教学的实践意义。

二、学校体育教研实施中的问题

随着学校体育改革的不断发展，学校体育课程环境有了很大的发展，但在理论和实践之间还存在一些错位现象，影响着学校体育教研的有效实施，如教研活动的氛围不浓、教研内容缺乏深度、教研活动的形式单调、教研活动中缺乏引领资源、教师教学共同体的合作流于形式等。具体来看，学校体育教研实施中的主要问题主要包括以下几个方面：

（一）教师的教研意识不强

教研是提高课堂教学质量的重要途径，但现实和一些相关调查资料显示，教师群体对两者的关系理解存在误区。这些误区具体表现为：① 对教研活动的理论价值认识不够，视教研活动为额外的负担，对教研有畏难情绪。② 在教研中忽视了对体育课堂现实问题的关注，把教研仅当作成绩展示窗口，与教师的真实课堂生活联系不紧密。③ 教研形式单一，开展教研活动得不到学校的充分重视，或者功利性地开展教研活动，急功近利。这些误区的存在既有教师自身认识的问题，但更多的还是教研活动偏离目的导致。因此，提升体育教师的教研意识，重点要立足于教师发展。

（二）教师开展教研的方法不足

有效的体育教研和体育教师自身的学识、修养、兴趣、能力、信心、悟性、创新意识和思维方式等密切相关。教师对教研活动的理解和方法知识的缺乏，使得教研问题缺乏价值性、实践性和前瞻性。一方面，教研活动往往停留在“就课论课”的形式上，缺乏对教学实践问题进行具有理论价值的提炼；另一方面，即使教研问题明确了，观察到的问题具有教研活动的操作性，但也往往由于对问题的分析缺乏合理有效的研究方法，忽视了同伴互助和专家引领，教研成果仍然停留在经验层面。因此，有效的教研活动开展，应当把加强教师的理论水平和实践方法作为前提。

（三）学校体育教研的管理不够

有效的学校体育教研开展必须要有系统性的管理做支撑。现实中，学校体育教研活动的规划流于形式、教研主题的选择缺乏现实性、教研活动成果的低水平重复、教师的懈怠行为明显以及教研团队的合作氛围不彰等问题都有所存在，一定程度上与学校体育教研管理不够有关。随着学校体育改革的不断深入，学校体育课程与教学的问题会越来越复杂，解决问题的方式会越来越多样，学校体育教研的发展也会面临着更多的要求和挑战。因此，加强学校体育教研的管理，着眼长远建立明确的教研制度，进而促进学校体育教研文化的形成，是学校体育教研走向深入、取得实效的重要保障。

三、学校体育教研开展的要求

学校体育教研的最终目的就是要不断促进教师的专业成长，进而持续提高教学质量。因此，教研活动的开展必须要激发体育教师参与教研的主动性，保证教研活动对教师发展的引领性以及教研活动本身管理的规范性。

（一）要激发体育教师参与学校体育教研的主动性

主动参与是保证体育教研取得实效的关键。一般而言，体育教师参与教研的主动性可以通过以下 4 种方式来激发：① 要通过多种途径积极引导体育教师合理认识学校体育教研活动的意义和价值，唤醒体育教师参与体育教研的意识；② 要完善教研参与的激励机制和体系的建设，更好地激励体育教师的教研行为；③ 要营造集体学习氛围，通过对体育教师进行积极的引导，使体育教师自觉自愿地加入体育教研活动的氛围中；④ 要设立明确的学校体育教研计划，每次的教研活动应有明确的主题，对教师参与方式和角色有清晰的界定，使每位教师都发挥各自的特点。

（二）要为教研活动建立稳定的学科专家引领体系

高质量的体育教研离不开高水平的专业引领。所谓专业引领，是指利用学科专业领域内高水平专家团队的力量，对教研主题设计、教研内容选择、教研方式开展、教研效果评价等方面进行引导，确保教研方向的适用性和教研行动的有效性。例如，通过定期的专家讲座、咨询、对话、专题调研等手段，让体育教师不断得到理论和实践方面的提高，进而增加对教学的问题意识以及对教学问题的提炼和表达能力。当然，专家讲座最好要有体系化的特征，即基于同一类问题从不同的视角进行系列讲座指导，或者将逻辑联系紧密的问题依次进行讲座指导。如此，才能帮助体育教师对教学问题展开系统深入的思考。此外，遴选专家团队时也要注意行业知名度与专业精深度相结合，并且首先要考虑专家的专业精深度，以保证专家指导的精准性。

（三）要完善学校体育教研制度的建设和管理

良好的制度建设和管理是保证学校体育教研得以持续发挥力量的重要保障。没有制度的支撑和管理的执行，教研活动就可能随意而为，进而缺乏目的性和方向性。在教研制度建设中，要在遵循教研活动一般规律的基础上，突出地区或学校的特色，注重与学校其他各项制度的关联，重视对体育教师权利的尊重。当然，最重要的是要加强制度执行。其实，教研制度的执行也是教研管理的重要工作之一。除此之外，在教研管理中，还应当注重对教研制度的宣传和监督，尤其要注重学校体育教研组建设，要精选体育教研组长，加强体育教研组的组建，把体育教研组构建成学习型组织，促进学校特色教研文化的形成。

复习思考题

1. 试述学校体育教研有哪些特点以及与学校体育科学研究活动有何区别。

2. 体育教师的专业成长与参与体育教研活动有何关系？学校体育工作的开展为什么离不开教研活动？

3. 简单阐述体育教研活动的本质特征。它的来源途径有哪些？

4. “五课一反思”教研活动的具体形式有哪些？各种教研形式的含义及其开展有什么要求？

5. 作为体育教研活动的“体育公开课”“体育教学技能展示”“体育课例研究”“体育教师行动研究”“网络对话教研”的含义是什么？开展时需注意哪些事项？

即测即练

第十一章

学校体育管理

▶ 本章导读：

本章从政府管理的体系与职能、社会管理的体系与职能和学校内部管理的体系与职能三个层面介绍了学校体育管理的组织机构与职能；简要介绍了我国学校体育管理和实践方面的法律法规和文件；从学校体育教学管理、课余体育管理、学生体质与健康管理、体育科研管理和体育资源管理5个方面阐述学校体育管理的内容，并进一步明确学校体育管理的方法。

▶ 学习目标：

从宏观和微观两个层面了解学校体育管理的组织机构与功能；理解与运用国家层面的学校体育管理法律、法规文件；掌握学校体育管理的评估流程与方法，学会使用激励机制。

第一节 学校体育管理的架构与职能

学校体育管理是学校体育工作的重要组成部分，包括宏观管理和微观管理两个层面。宏观管理是指国家各级政府有关部门通过政策法规、制度等对各级学校体育进行宏观领导，各级政府主管部门相应的体育教研机构对各学校体育进行业务指导；微观管理是指学校内部的体育管理机构设置、权限划分与运行机制等。目前，我国学校体育管理的模式是在教育行政部门和体育行政部门的领导下，由有关学校体育社会团体、体育组织、学术团体、学生体育团体进行相应的指导与协助，具体管理体系结构如图 11-1 所示。

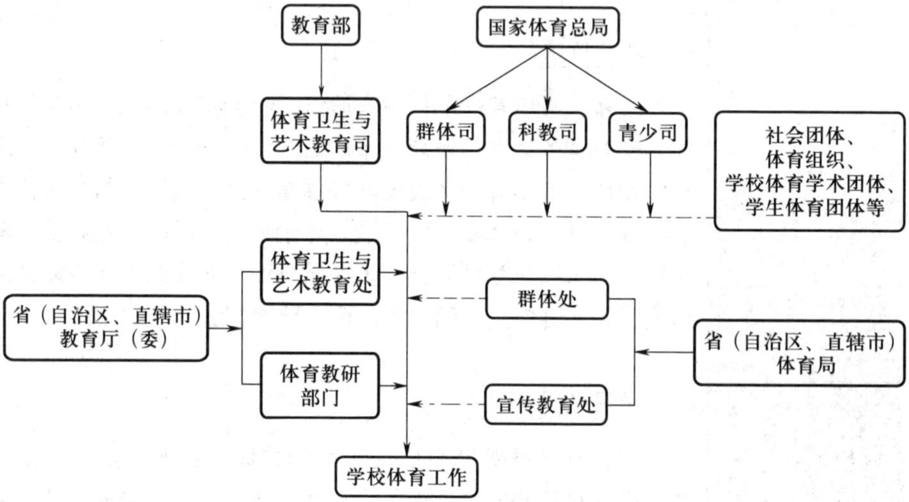

图 11-1 我国学校体育管理体系结构图

整个管理系统由政府管理体系、社会管理体系和学校内部管理体系构成。三者的关系表现为上级教育部门或者体育部门对下级教育部门、体育部门进行业务指导。

一、政府管理体系与职能

学校体育管理的目标和任务在于通过对各级管理机构职能进行整合，发挥资源利用的最大效益，以保证各项学校体育目标的实现。在整个管理角色中，政府具有指导、协同、组织的功能。

（一）教育行政部门与职能

教育行政部门包括教育部设置的体育卫生与艺术教育司，各省、自治区、直辖市教育厅（体育教育与卫生处），各市、县（区）教育局（体育卫生与艺术教育科或基教科）。教育部体育卫生与艺术教育司是全国各级各类学校体育工作的行政主管部门，主要职责包括：

（1）指导全国大中小学体育、卫生与健康教育、艺术教育、国防教育工作。

（2）拟订相关政策和教育教学指导性文件。

（3）规划、指导相关专业的教材建设以及师资培养、培训工作。

（4）协调大中学生参加国际体育竞赛和艺术交流活动。

各省（自治区、直辖市）教育厅设有体育卫生与艺术教育处；各市、县（区）设立体育卫生与艺术教育处（科、股），协同教育部落实以上各项职能。部分省、自治区、直辖市还设立体育教研部门，其主要职责包括：

（1）负责体育课程改革和教学研究工作。负责研究、拟订中小学体育课程、教材改革方案，开展课程改革的试验与推广工作。编拟、修订中小学体育教育的课程标准，组织、管理各类教材的编写工作。承担学校体育教学实施和改革方向的研究与指导工作。

（2）定期对中小学体育教育的教学质量进行分析，对课程方案的实施情况进行调研，并提出对策与建议。

（3）对中小学体育教师开展定期的培训工作；承担中小学优秀体育教师教学、教改经验的总结和推广工作。

（4）研究与编写中小学体育教育的教学资料，汇编教学、教改经验和动态资料，探索和总结课程资源开发的思路与经验。

（二）体育行政部门与职能

国家体育总局是国务院主管体育的行政部门，承担国务院交办的相关事项，负责统领、监督、协调全国各项体育事业工作。国家体育总局青少司、群体司、科教司共同肩负直接或间接管理学校体育的职责，其中青少司的大部分职责均与学校体育工作有关，主要职责包括：

（1）指导和推进青少年体育工作，拟订青少年体育工作的有关政策、规章、制度和发展规划草案。

（2）指导和监督学生体育健康标准的实施和学生体质监测。

（3）指导和推动青少年体育服务体系建设。

（4）组织开展青少年体育工作检查监督和评估表彰。

（5）指导竞技体育高水平后备人才培养工作。

（6）拟订青少年业余训练管理制度，完善青少年业余训练体系，指导全国各级各类体育运动学校、体育传统项目学校、青少年体育俱乐部、各运动项目后备人才基地建设和有关学生文化教育工作。

（7）参与指导全国青少年体育竞赛工作，参与审核全国青少年比赛计划和竞赛规程。参与指导青少年运动员注册和运动技术等级管理。

（8）组织协调重大综合性青少年体育比赛和体育交流活动。

（9）指导开展青少年体育工作研究和相关培训。

科教司也承担部分学校体育管理的职能，主要包括：拟订体育教育工作方针政策及发展规划；组织开展体育领域的重大科技项目研究，负责体育科研成果验收、鉴定、转化和推广工作；指导协调体育系统高、中等体育专业教育工作。群体司主要工作包括：推动实施国家体育锻炼标准和运动水平等级标准；开展全民健身活动状况调查；实施社会体育指导员制度。群体司的这些职能对学校体育也具有直接或间接管理作用。各省、自治区、直辖市体育局（青少年体育处、群众体育处、科教处）以及各市、县（区）体育局组成体育行政部门管理架构，主要职能在于负责青少年体育工作方针、政策的制定和落实，监督、检查、评估有关本地区青少年体育工作的开展情况；组织开展青少年体育竞赛活动等。

二、社会管理体系与职能

我国学校体育社会管理体系主要由学校体育学术研究团队、学生体育团体、社会团体（工会、共青团、妇联、青联、学联）和体育组织（中国体育科学学会、各单项运动协会）共同构成。

（一）学校体育学术团体与职能

学校体育学术研究团体主要有中国教育学会学校体育研究会、中国高等教育学会体育研究会和中国体育科学学会学校体育专业委员会等。各省、自治区、直辖市体育部门一般也都设有相应的学校体育研究组织，开展一系列学术、科研、教改和培训活动。我国各地高等院校是我国学校体育教育、科学研究的主要机构。

（二）学生体育团体与职能

我国学校体育团体主要有全国大学生体育协会和全国中学生体育协会，它们分别是国际大学生体育联合会和国际中学生体育联合会的组成成员。全国各地一般都有大学生体育协会和中学生体育协会，其基础组织是各级各类学校的学生体育协会或学生体育俱乐部。学生体育团体的职能在于：积极宣传、贯彻党的教育方针和国家关于体育工作的方针、政策；动员社会各界力量，大力支持和关心我国学校体育工作；在教育部的领导下举办、组织全国大、中学生运动会；举办全国性大、中学生体育比赛和其他体育活动；积极开展全国大学、中等学校学生体育竞赛和课外体育训练工作，为国家培养优秀体育后备人才，推动学校体育活动的开展，提高我国大、中学生体育运动技术和身心健康水平，进一步发挥社会团体组织在社会主义精神文明建设中的积极作用。同时，学生体育团体还肩负着增进与世界各国大、中学生体育协会和运动员的友谊，加强与国际大学生体育联合会的联系与合作的任务。

（三）社会团体和体育组织与职能

我国各社会团体（工会、共青团、妇联、青联、学联等）和体育组织（中华全国体育总会及所属各单项运动协会、中国奥林匹克委员会、中国体育科学学会等）均有指导、研究和协助学校体育工作的职责，在全国各地的学校体育工作中发挥重要的作用。中国体育科学学会是政府体育部门联系广大体育科技工作者的桥梁和发展体育科技事业的助手，它能根据体育发展的需要，将体育科技工作者集合起来，开展对竞技运动、社会体育、学校体育以及体育社会科学等方面的研究工作，从而为体育决策服务，促进体育决策的科学化、民主化。

三、学校内部管理体系与职能

最大限度地发挥学校各部门的潜能，同时加强对各部门的领导与控制，是实现学校体育目标的重要保证。学校体育的组织机构主要是在学校领导、校体育运动委员会的指导下，由校教务处、教研室（组）具体落实，共青团、少先队、班主任积极配合，协同一致地开展学校体育活动。

（一）学校体育运动委员会的工作职能

按照《体育法》《学校体育工作条例》等法律、法规文件要求，学校体育运动委员会是由分管教学的校长（副校长）领导，教务处等部门具体配合执行开展学校体育活动。

（1）根据上级行政部门的指示、工作精神，协调学校内部行政部门和各级组织机构之间的关系，明确分工与职责，监督各部门的组织构建、工作制度和各项工作落实情况。

（2）围绕学校体育发展目标，制订学校体育工作计划，并纳入全校的工作计划之中，做好学校体育工作开展的财务预算，明确各项学校体育工作开展的法律要求。

（3）加强对体育教研室（组）的领导，帮助体育教师提高政治思想和业务水平，加强教师队伍的管理与建设，鼓励科研活动的深入开展，为他们营造宽松、具有较高文化氛围的教育环境，以培养教师爱岗敬业，积极进取的优良工作作风。

教务部门要评估与检查体育教学活动情况，指导、协同体育教研室与体育教师共同探讨体育教学过程中的问题，摸索体育教学规律，及时表扬体育教学过程中的先进典型，并向全校推广。与此同时，动员和号召全体教职员工理解体育教学的重要性，共同推动体育教育的发展。

（二）体育教研室（组）的职能

体育教研室（组）是学校体育工作的具体承担者和实施者，是学校体育工作的基层组织，负责学校体育活动的全面开展，具体工作包括：

（1）按照上级行政部门的精神制定教研室工作制度，协助学校体育运动委员会、校教务部门共同制订学校体育工作计划，落实、贯彻教学大纲。

（2）开展各种集体备课、观课、学术沙龙等教研、科研活动，定期组织教师培训活动，引导教师提高教学、科研和服务水平。

（3）组织好早操、课间操和课外体育锻炼，积极组建体育锻炼兴趣小组或俱乐部，推行《学校体育工作条例》和《国家体育锻炼标准》，组织好学校和校际间的各种比赛，活跃校园体育文化。

（4）做好学生的体质健康与测试工作，并对测试数据进行分析比较，以改进工作。

（5）规范管理体育器械，延长体育器械的使用寿命。

（三）学生体育活动组织与职责

学校少先队、共青团、学生会，学生体协（体育俱乐部）是开展学校体育工作的重要组织机构。学校体育工作开展得是否活跃，与学生组织对体育工作的参加、管理密切相关，其主要职责和任务如下：

（1）根据学校工作安排，积极组织学生参加各种体育锻炼、运动训练活动。

（2）积极做好学校体育的宣传工作。

（3）在体育教师的指导下，组织各种丰富多彩的体育活动，开展班级之间的体育竞赛，热忱地为学生服务。

（4）选拔学生组织中的优秀人才担任体育干部，积极参加学生体育的组织管理工作，以发挥学生骨干的带头作用。

第二节　学校体育管理政策法规

学校体育管理必须依据国家教育方针、教育改革和发展规划等实施系统管理。本节主要介绍我国在学校体育领域颁布的重要的政策法规文件，从宏观层面对我国学校体育工作的开展给予指导。

一、《学校体育工作条例》

1990 年 3 月 12 日，我国国家教委和国家体委共同颁布了《学校体育工作条例》，这是学校体育工作的基本法规、实践的指导方针，同时也是促进我国学校体育工作正规化、有效化、全面化的有力措施。该条例共分 9 章 31 条，涵盖总则、体育课教学、体育教师、组织机构和管理、体育训练和竞赛等方面内容。

11-1：《学校体育工作条例》

1. 总则

本章指出，学校体育工作的任务是增进学生身心健康、增强学生体质，使学生掌握体育基本知识，培养学生体育运动能力和习惯，提高学生运动技能水平，为国家培养体育后备人才，对学生进行品德教育，增强组织纪律性，培养学生的勇敢、顽强、进取精神。

2. 体育课教学

体育课教学应当遵循学生身心发展的规律，教学内容应当符合教学大纲的要求，符合学生年龄、性别特点和所在地区地理、气候条件。体育课的教学形式应当灵活多样，要不断改进教学方法，改善教学条件，提高教学质量。此外，《学校体育工作条例》明确规定，体育课是学生毕业、升学考试的科目。

3. 课外体育活动

普通中小学校、农业中学、职业中学每天应当安排课间操，每周安排三次以上课外体育活动，保证学生每天有一小时体育活动的时间（含体育课）。

4. 课外体育训练与竞赛

学校应当在体育课教学和课外体育活动的基础上，开展多种形式的课余体育训练，提高学生的运动技能水平。有条件的普通中小学校、农业中学、职业中学、中等专业学校经省级教育行政部门批准，普通高等学校经国家教育委员会批准，可以开展培养优秀体育后备人才的训练。普通高等学校对运动水平较高、具有培养前途的学生，报国家教育委员会批准，可适当延长学习年限。全国中学生运动会每三年举行一次，全国大学生运动会每四年举行一次，学校每学年至少举行一次以田径项目为主的全校性运动会。

5. 体育教师

学校应当在各级教育行政部门核定的教师总编制数内，按照教学计划中体育课授课时数所占的比例和开展课余体育活动的需要配备体育教师。除普通小学外，学校应当根据学校女生数量配备一定比例的女体育教师。承担培养优秀体育后备人才训练任务的学校，体育教师的配备应当相应增加。对于教师的发展和继续教育，各级教育行政部门和学校应当有计划地安排体育教师进修培训。

6. 场地、器材、设备和经费

上级主管部门和学校应当按照国家或者地方制定的各类学校体育场地、器材、设备标准，有计划地逐步配齐。学校体育器材应当纳入教学仪器供应计划。新建、改建学校必须按照有关场地、器材的规定进行规划、设计和建设。

7. 组织机构和管理

学校体育工作应当作为考核学校工作的一项基本内容。普通中小学校的体育工作应当列入督导计划。各校应由一位副校（院）长主管体育工作，在制订计划、总结工作、评选先进时，应当把体育工作列为重要内容。学校应当充分发挥共青团、少先队、学生会以及大、中学生体育协会等组织在学校体育工作中的作用。班主任、辅导员应当把学校体育工作作为一项工作内容，教育和督促学生积极参加体育活动。

8. 奖励与处罚

对在学校体育工作中成绩显著的单位和个人，各级教育、体育行政部门或者学校应当给予表彰、奖励。对违反本条例，有下列行为之一的单位或个人，由当地教育行政部门令其限期改正，并视情节轻重对直接责任人员给予批评教育或者行政处分：

（1）不按规定开设或者随意停止体育课的。

（2）未保证学生每天一小时体育活动时间（含体育课）的。

（3）在体育竞赛中违反纪律、弄虚作假的。

（4）不按国家规定解决体育教师工作服装、粮食定量的。

对违反本条例，侵占、破坏学校体育场地、器材、设备的单位或者个人，由当地人民政府或者教育行政部门令其限期清退和修复场地、赔偿或者修缮器材、设备。

二、《学校卫生工作条例》

1990年6月4日，经国务院批准，由国家教育委员会、卫生部发布并实施《学校卫生工作条例》（以下简称《条例》）。这是我国学校卫生历史上一个新的里程碑，标志着我国的学校卫生工作进入了一个新的阶段，我国青少年的学习环境与身体健康将得到更好地改善与保护。该《条例》由总则、学校卫生工作要求、学校卫生工作管理、学校卫生工作监督、奖励与处罚和附则共6章内容组成。

《条例》规定，学校卫生工作的主要任务是：监测学生健康状况；对学生进行健康教育，培养学生良好的卫生习惯；改善学校卫生环境和教学卫生条件；加强对传染病、学生常见病的预防和治疗。学校应当合理安排学生的学习时间，学生每日学习时间（包括自习），小学不超过6小时，中学不超过8小时，大学不超过10小时；学校或者教师不得以任何理由和方式，增加授课时间和作业量，加重学生学习负担。学校体育场地和器材应当符合卫生和安全要求，运动项目和运动强度应当适合学生的生理承受能力和体质健康状况，防止发生伤害事故。同时，学校应当建立学生健康管理制度，根据条件定期对学生进行体格检查，建立学生体质健康卡片，纳入学生档案。

11-2：《学校卫生工作条例》

三、《关于加强青少年体育增强青少年体质的意见》（中发〔2007〕7号）

2007年5月7日，中共中央、国务院印发了《关于加强青少年体育增强青少年体质的意见》（中发〔2007〕7号，简称“中央7号文件”），该文件分三部分内容，对加强青少年体育和增强青少年体质共提出了20条要求。“中央7号文件”对于加强学校体育工作规格具有重要意义，是我国当前和

11-3：《关于加强青少年体育增强青少年体质的意见》

今后一段时间学校体育工作的指南，是开创我国学校体育工作新局面的纲领性文件，是加强青少年体育工作和增强青少年体质的重要政策保障。“中央7号文件”对学校体育工作提出了以下具体要求：

1. 全面实施《国家学生体质健康标准》，把健康素质作为评价学生全面健康发展的重要指标。

加快建立符合素质教育要求的考试评价制度，发挥其对增强青少年体质的积极导向作用。全面组织实施初中毕业升学体育考试，并逐步加大体育成绩在学生综合素质评价和中考成绩中的分量；积极推行在高中阶段学校毕业学业考试中增加体育考试的做法。

2. 广泛开展“全国亿万学生阳光体育运动”

鼓励学生走向操场、走进大自然、走到阳光下，形成青少年体育锻炼的热潮。

3. 切实减轻学生过重的课业负担

中小学要切实纠正片面追求升学率的倾向，减轻学生过重的课业负担。深入推进基础教育课程改革，提高体育课教学的质量和效率，使学生有更多的时间参加体育锻炼。

4. 确保学生每天锻炼一小时

中小学要认真执行国家课程标准，保质保量上好体育课，其中小学1—2年级每周4课时，小学3—6年级和初中每周3课时，高中每周2课时；没有体育课的当天，学校必须在下午课后组织学生进行一小时集体体育锻炼并将其列入教学计划；全面实行大课间体育活动制度，每天上午统一安排25~30分钟的大课间体育活动，认真组织学生做好广播体操、开展集体体育活动；寄宿制学校要坚持每天出早操。

5. 举办多层次多形式的学生体育运动会

学校每年要召开春、秋季运动会，因地制宜地经常开展以班级为单位的学生体育活动和竞赛，做到人人有体育项目、班班有体育活动、校校有体育特色。

6. 加强学校体育设施建设

各级政府要认真落实《公共文化体育设施条例》，统筹协调、因地制宜，加强学校体育设施特别是体育场地建设。

7. 加强体育安全管理，指导青少年科学锻炼

学校要对体育教师进行安全知识和技能培训，对学生加强安全意识教育。加强体育场馆、设施的维护管理，确保安全运行。要加强体育科学研究，积极开发适应青少年特点的锻炼项目和健身方法，加强社会体育指导员

队伍建设，为青少年体育锻炼提供科学指导。

四、《关于进一步加强学校体育工作的若干意见的通知》国办发〔2012〕53号

11-4：《关于进一步加强学校体育工作的若干意见的通知》

2012年10月22日，国务院办公厅印发教育部等部门《关于进一步加强学校体育工作的若干意见的通知》（简称“53号文件”），这是我国继“中央7号文件”后颁布的又一项高规格的关于加强学校体育工作的文件。文件从充分认识加强学校体育的重要性、明确加强学校体育的总体思路和主要目标、落实加强学校体育的重点任务、建立健全学校体育的监测评价机制和加强对学校体育的组织领导5个方面提出了要求。

1. 充分认识加强学校体育的重要性

各地、各部门要充分认识加强学校体育工作的重要性和紧迫性，把提高学生体质健康水平作为落实教育规划纲要和办好人民满意教育的重要任务，摆在更加突出的位置，纳入重要议事日程，切实抓紧抓好。

2. 明确加强学校体育的总体思路和主要目标

加强学校体育要以科学发展观为指导，全面贯彻党的教育方针，全面实施素质教育，把增强学生体质作为学校教育的基本目标之一，加强政府统筹，加强条件保障，加强监督检查，确保学生体育课程和课余活动时间，切实提高学校体育质量，完善学校、家庭与社会密切结合的学校体育网络，促进体育与德育、智育、美育有机融合，不断提高学生体质健康水平和综合素质。

3. 落实加强学校体育的重点任务

实施好体育课程和课外体育活动。各地要规范办学行为，减轻学生课业负担，切实保证中小学生每天一小时校园体育活动；要因地制宜制定并落实体育与健康课程的实施方案；要建立健全学生体育竞赛体制，引导学校合理开展课余体育训练和竞赛活动；要创新体育活动内容、方式和载体，增强体育活动的趣味性和吸引力；着力培养学生的体育爱好、运动兴趣和技能特长，大力培养学生的意志品质、合作精神和交往能力，使学生掌握科学锻炼的基础知识、基本技能和有效方法；要使每名学生至少学会两项终身受益的体育锻炼项目，养成良好体育锻炼习惯和健康生活方式。

4. 建立健全学校体育的监测评价机制

完善学生体质健康测试和评价制度。教育部应会同有关部门修订并全面实施《国家学生体质健康标准》，做好学生健康检查制度、学生体质健康

监测制度与国家学生体质健康标准测试制度的配套衔接。各地要把学生体质健康水平作为学生综合素质评价的重要指标，将学生日常参加体育活动情况、体育运动能力以及体质健康状况等作为重要评价内容。因地制宜组织实施好初中毕业升学体育考试。积极探索在高中学业水平考试中增加体育科目的做法，推进高考综合评价体系建设，有效发挥其对增强学生体质的引导作用。

5. 加强对学校体育的组织领导

国务院教育督导机构应组织修订《中小学体育工作督导评估办法（试行）》。各级教育督导机构要研究制定和实施学校体育工作督导检查办法，坚持督政与督学相结合，健全目标考核机制，建立学校体育工作专项督导制度，定期联合有关部门开展学校体育工作专项督导，并将督导评估结果及时向社会公告。各地要把学校体育和学生体质健康水平纳入工作考核指标体系，作为教育等有关部门和学校领导干部业绩考核的重要内容，加强学校体育工作绩效评估和行政问责。

五、《关于强化学校体育促进学生身心健康全面发展的意见》（国办发〔2016〕27 号）

11-5：《关于强化学校体育促进学生身心健康全面发展的意见》

2016 年 4 月 21 日，国务院办公厅印发了《关于强化学校体育促进学生身心健康全面发展的意见》（以下简称《意见》），此意见旨在贯彻落实党的十八届三中全会《决定》做出“强化体育课和课外锻炼，促进青少年身心健康、体魄强健”的战略部署，进一步深化学校体育改革。这是自“中央 7 号文件”“53 号文件”后的又一重要指导性文件，体现出国家对学校体育和学生体质状况的高度重视。主要包括以下内容：

（一）总体要求

第一，指导思想。要全面贯彻落实党的十八大、十八届三中、四中、五中全会和习近平总书记系列重要讲话精神，全面贯彻党的教育方针，改革创新体制机制，全面提升体育教育质量，健全学生人格品质，切实发挥体育在培育和践行社会主义核心价值观、推进素质教育中的综合作用，培养德智体美全面发展的社会主义建设者和接班人为指导思想。第二，基本原则。以坚持课堂教学与课外活动相衔接、培养兴趣与提高技能相促进、坚持群体活动与运动竞赛相协调、坚持全面推进与分类指导相结合为原则。第三，目标。到 2020 年，体育教学质量明显提高，学生体育锻炼习惯基本养成，运动技能和体质健康水平明显提升，规则意识、合作精神和意志品质显著增强，基本形成体系健全、制度完善、充满活力、注重实效的中国特色学校体育发展格局。

（二）深化教学改革，强化体育课和课外锻炼

第一，完善体育课程。以培养学生兴趣、养成锻炼习惯、掌握运动技能、增强学生体质为主线，完善国家体育与健康课程标准，建立大中小学体育课程衔接体系。第二，提高教学水平。体育教学要加强健康知识教育，注重运动技能学习，科学安排运动负荷，重视实践练习。研究制定运动项目教学指南，让学生熟练掌握一至两项运动技能，逐步形成“一校一品”“一校多品”教学模式，努力提高体育教学质量。第三，强化课外锻炼。健全学生体育锻炼制度，学校要将学生在校内开展的课外体育活动纳入教学计划，列入作息时间安排，与体育课教学内容相衔接，切实保证学生每天一小时校园体育活动落到实处。

（三）注重教体结合，完善训练和竞赛体系

第一，开展课余训练。要求学校应通过组建运动队、代表队、俱乐部和兴趣小组等形式，积极开展课余体育训练，为有体育特长的学生提供成才路径，为国家培养竞技体育后备人才奠定基础。第二，完善竞赛体系。要求建设常态化的校园体育竞赛机制、制定学校体育课余训练与竞赛管理办法，完善和规范学生体育竞赛体制，构建县、市、省、国家四级竞赛体系。通过完善竞赛选拔机制，畅通学生运动员进入各级专业运动队、代表队的渠道。

（四）增强基础能力，提升学校体育保障水平

第一，加强体育教师队伍建设。对加强师德建设、按标准配齐体育教师和体育教研人员、办好高等学校体育教育专业、实施体育教师全员培训。第二，推进体育设施建设。把学校体育设施列为义务教育学校标准化建设的重要内容，以“保基本、兜底线”为原则，建设好学校体育场地设施、配好体育器材，为体育教师配备必要的教学装备的要求。第三，完善经费投入机制。各级政府要切实加大学校体育经费投入力度，地方各级人民政府在安排财政转移支付资金和本级财力时要对学校体育给予倾斜。第四，健全风险管理机制。要求健全学校体育运动伤害风险防范机制，保障学校体育工作健康有序开展，要求完善校方责任险，探索建立涵盖体育意外伤害的学生综合保险机制。第五，整合各方资源支持学校体育工作。要求完善政策措施，采取政府购买体育服务等方式，逐步建立社会力量支持学校体育发展的长效机制，引导技术、人才等资源服务学校体育教学、训练和竞赛等活动。

（五）加强评价监测，促进学校体育健康发展

第一，完善考试评价办法。构建课内外相结合、各学段相衔接的学校体育考核评价体系，完善和规范体育运动项目考核和学业水平考试，发挥体育考试的导向作用。中小学要把学生参加体育活动情况、学生体质健康状况和运动技能等级纳入初中、高中学业水平考试，纳入学生综合素质评价体系。第二，加强体育教学质量监测。明确体育课程学业质量要求，制定学生运动项目技能等级评定标准和高等学校体育学专业教学质量国家标准，建立中小学体育课程实施情况监测制度，建立健全学生体质健康档案。

（六）组织实施

第一，加强组织领导。各地要把学校体育工作纳入经济社会发展规划，加强统筹协调，落实管理责任，并结合当地实际，研究制定加强学校体育工作的具体实施方案，切实抓紧抓好。第二，强化考核激励。各地要把学校体育工作列入政府政绩考核指标、教育行政部门与学校负责人业绩考核评价指标。加强学校体育督导检查，建立科学的专项督查、抽查、公告制度和行政问责机制。教育部要会同有关部门定期开展学校体育专项检查，建立约谈有关主管负责人的机制。第三，营造良好环境。通过多种途径，充分利用报纸、广播、电视及网络等手段，加强学校体育工作新闻宣传力度，总结交流典型经验和有效做法，传播科学的教育观、人才观和健康观，营造全社会关心、重视和支持学校体育的良好氛围。

第三节 学校体育管理的内容与方法

一、学校体育管理的内容

学校体育管理，主要是依据组织机构的职能，结合相关部分的法律、法规文件，对学校体育教学、课外体育活动、学生体质与健康、体育科研和体育资源等方面进行规范化管理，使学校体育工作更加规范化、科学化。

（一）学校体育教学管理

体育教学是学校体育工作的中心环节，是完成体育教学任务的基本保障。体育教学管理是按照教学管理的理论与方法，结合体育教学的基本规律、特点以及目标定位，对体育教学的各个环节进行有效的干预和监督，从而达到提高教学质量的目的。就体育教学管理的具体内容来看，包括教学计划、教学秩序以及教学质量管理等方面。

1. 教学计划管理

教学计划是组织教学过程、实现教学任务、检验教学质量的基本依据。教学计划包括全年教学计划、学期教学计划、单元教学计划和课时教学计划。制订计划时，不仅要符合体育教学本身规律，还要不断适应现代教学发展导向与社会发展的需求。计划的安排离不开课前的调研与准备，要从体育教学过程事先控制的视角，依据学生的性别、技能水平、兴趣等，从体现学校体育教学公平性等元素的掌控，到场地器材的规划，再到年度教学计划、学期教学计划、单元教学计划、课时教学计划的检验等方面进行课前干预。

2. 教学秩序管理

教学秩序管理是科学管理的体现，即通过制定有效可行的规章制度并严格遵守和执行，使教学管理规章化、制度化，从而明确责任和义务，有章可循。另外，要监测教学计划实施进度以及教学过程的合理性。

3. 教学质量管理

体育教学质量管理是整个教学管理中的核心环节，通过对教学的条件、状态、效果及改革现状等进行准确、全面、科学、规范的管理，强化体育教师的教学状态，提高教师的教学水平和质量，最终实现提高教学管理质量的目的。目前，教学质量管理的常用手段是教学质量评估。教学质量评估在学校体育教学与管理中，对于调整教学策略、改善管理措施具有举足轻重的作用。主要从教学目标的清晰度、教学内容的完整性、教学方法的科学性、学生课堂积极性等视角进行管理。

（二）学校课外体育的管理

课外体育活动是学校体育教学的延伸，是增强学生体质健康、丰富校园体育文化的重要载体，对于培养学生特长、发展个性、提升身体活动水平与竞技能力，强化人际交往，培养学生终身体育意识具有重要的作用。学校课外体育活动的开展，需要依据《国家体育锻炼标准》《全民健身计划纲要（2016—2020年）》等法规文件进行，形式包括组织早操、课间操、体育活动课、体育俱乐部、课外训练队、课外竞赛等。

1. 学校课外锻炼的管理

学校课外锻炼包括早操、课间操、体育活动课等形式。各学校应该按照教育行政部门、体育行政部门的相关文件精神，每天安排早操、课间操、课外体育活动课，并强化管理，杜绝流于形式，使其真正产生效益。具体做法如：① 学校分管体育的校领导亲手抓落实，发挥监督、引领作用，体育教师、班主任等要亲自到场，形成良好的课余体育活动风气；② 完善规章制度，目标定位清晰，特色显著。依据目标定位，做到奖惩结合，计划到位。每学年、每学期、每周有计划、有方案、有总结，同时做好考勤制度与考评，严控质量。按照“一校一品”或“一校多品”等模式做到特色鲜明、活力持久。

2. 学校课外训练的管理

课外训练是学校体育工作的重要组成部分，也是打造学校体育特色，形成品牌效应的主要方式，是为国家输送体育后备人才的重要举措。课外训练的对象是体育基础较好的学生，训练目标是成为优秀的学生运动员。因此，可按照运动队、教练员、运动员和其他管理人员的管理事宜及基本要求进行有效的管理。教练员的选拔，应采取公开竞聘的方法，把那些热爱体育事业，具有较高专业水平和道德素养的体育教师选拔出来，也可以聘请上级体育部门的专职教练员担当学校体育队的教练。运动员的选拔应依据自愿报名、班级推荐、学校选拔等方式，通过一系列的体育运动竞赛择优录用，最终录用的运动员应当是品学兼优、兼具体育专长的学生。其他管理人员包括医务人员、科研人员、场地器材管理人员等，他们同样要热爱体育事业，尽最大努力去关心爱护运动员。此外，还需要加强提升运动训练的科学化水平，建立科学训练、质量评估制度。

3. 学校课外竞赛的管理

学校体育竞赛是实现学校体育目标的基本途径之一，是构成学校体育工作完整体系不可或缺的元素。校际运动竞赛一般由上级主管部门负责，体育局协助，以当地就近为主。普通小学校际竞赛一般不出区、县，普通中学校际竞赛一般不出地、市。具体准备、参与课余竞赛，需要做好以下 4 个方面的工作：① 明确运动竞赛的目的，抓好竞赛计划的编排，竞赛计划所涉及的内容应当全面，既有比赛的时间、地点、参赛条件、参赛对象等赛事内容，也要对运动竞赛的安全、卫生、保障等工作做到合理安排；② 运动竞赛的组织要严密，要有明确的分工与合作，责任到人，服务到位；③ 对竞赛中出现的突发事件，应做到预先控制，做好突发事件的应急方案；④ 运动竞赛结束之后，要及时总结经验，分析成败归因，找出差距，为安排后一阶段的教学和训练提供依据。

（三）学校体育科研管理

理论来源于实践，但又高于实践。学校体育工作的开展，离不开科研力量的支持。加强学校体育科研管理，有利于提高科研水平，激发广大教育工作人员的科研热情，提高综合素质，促进学校体育事业健康发展。

学校科研工作的有序开展需要相应的组织机构和工作制度。学校应该成立体育学科科技处或者体育教学研究室（中心），进行科研项目管理相关事宜，明确学校体育科研职责，规范科研制度。制度的制定，有利于科研工作的过程管理，保证项目的顺利完成，对鼓励和约束广大体育教师主动、积极地参加体育科研工作具有重要意义。科研工作的开展既是提高体育教学质量的必要条件，也是提高教师理论水平的有效途径，更是深化体育教学改革的重要举措。在以往的学校体育工作中，主要科研任务放在高等院校之中；目前，随着中小学师资水平的提升，中小学科研氛围和要求不断提高已成为新常态，且成为教师职称晋级的重要条件。体育科研管理的核心内容在于制订科研计划，在制订体育科研计划时，需要注意以下几点：

1. 要坚持科研服务体育教学改革的需要

围绕当前体育教学内容、教学方法、教学形式、评价方式等问题进行研究。要以教学推动科研，科研促进教学，科研与教学相结合。

2. 教师需要定期培训

定期举行体育科研成果交流活动，促进学术交流，要加强科研过程管理，建立相应的监督机制，注重科研成果转化，反哺体育教学。

3. 建立体育教师科研档案

制定行之有效的激励机制，比如经费配比、职称评比与晋升等，调动教师的积极性，坚持贯彻实施科研定量化考核，科学、简便、全面、公平地反映教师科研能力，营造科研文化氛围。

（四）学生体质与健康管理

提升学生体质健康是国家的重点工程，与每一位教育工作者密切相关。从管理层面来说，学校首先要建立工作小组，规范工作制度并确保制度的科学性。按照《学校卫生工作条例》，学校应当建立学生健康管理制度，建立学生体质健康卡片，纳入学生档案，加强监测；严格对照《国家学生体质健康标准》，就学生身体形态、身体机能、身体素质等方面进行综合评定；应对所测试的各项数据进行统计与分析，找出阶段性特征，分析存在的不足，提出合理化的改进措施，实实在在地为学生的体质健康做贡献。在管理上，还应注重以下几个问题：

（1）设置监控体系，组建监控组织，分工到位，责任到人。

（2）体质政策执行力要到位，确保制定有效的制度保证。

（3）学生体质健康管理要走向系统化、专业化、常态化。

（五）学校体育资源管理

学校体育资源管理包括人力资源管理、经费管理、场地与器材管理等方面。教师人力资源管理的基本内容包括教师队伍规划、教师培训、教师的考核与晋升以及教师的合理使用等方面。教师队伍规划是指要对教师的数量和结构制定长远、全面的发展规划，在教师数量、结构和能力进行指标化的量化分析；在培训上，要在岗培训和岗前培训相结合；在考核体系上，建立、健全体育教师的岗位责任制、教师工作量制、业务档案管理制度和考核奖励制度，将体育教师考核工作制度化、规范化。在教师使用和调配上，要按照用其所学、用其所长、量才使用的原则，根据学校体育教学、训练、科研等各项工作的需要，对体育教师进行合理组织、调配和激励，最大限度地发挥每位体育教师的才能。

《学校体育工作条例》第六章明确规定，学校及其主管部门应该按照国家或者地方制定的各类学校体育器材、场地、设备标准，有计划地逐步配齐。各级教育行政部门和学校应当根据学校体育工作的实际需要，把学校体育经费纳入核定的年度教育预算内。学校体育经费管理是指对学校体育经费进行合理、有效的分配与监督，为学校体育发展提供经济保障。对于学校体育具体经费管理而言，应对全年学校体育工作的经费进行预算，并向财务部门申报。全年学校体育工作的经费通常由根据学校体育教师和学生的人数确定的活动经费、体育科研经费、运动会经费、教学与训练用品购置经费等组成。除了学校教育的整体经费预算，学校体育活动的开展要适应当前社会经济发展的趋势，与社会力量结合起来，动员和鼓励社会力量参与青少年体育工作，推动青少年体育活动广泛、持久、深入地开展。

我国《体育法》中关于学校体育场地、器材的管理也有相关明确的规定，任何学校的体育场地不得被非法占用，要切实保障学校和学生的合法权益。学校场地、器材的管理要由专人负责，建立体育器材资产归类与管理。近些年来，在各级各类学校时常出现因器材破损导致的学生人员伤亡事故，学校应重点规范学校体育场地设施器材的安全管理。

（1）要坚持“安全第一、以生为本”的原则。实施体育教学、安排体育活动时，学校要充分考虑天气、场地、设备、器材等方面的安全因素，尽量避免意外伤害事故的发生。

（2）学校安全工作领导小组要定期对学校体育场地、设施进行安全监测，及时维修与淘汰。

（3）体育教师在进行教学时，要预先检查场地、器材，合理划分活动区域和设置警戒标志，若发现不安全因素，要及时处理。

（六）学校体育伤害事故管理

2017 年，教育部印发的《学生伤害事故处理办法》第二条规定：学校安全事故是指在学校实施的教育教学活动或者学校组织的校外活动中以及在学校负有管理责任的校舍、场地、其他教育教学设施、生活设施内发生的，造成在校学生人身损害后果的事故。参照此规定，学校体育伤害事故是指在学校组织实施的体育教学、课余训练、竞赛活动或者学校组织校外体育活动中以及在学校负有责任的体育教学场馆、体育活动设施内发生的，造成在校学生伤亡的事故。

一旦发生体育伤害事故，学校应积极面对，按照正当程序妥善处理。具体可以参照《学生伤害事故处理办法》第三章“事故处理程序”进行处理：

（1）发生学生伤害事故，学校应当及时救助受伤害的学生，并及时告知未成年学生的监护人；有条件的，应当采取紧急救援等方式救助。

（2）发生学生伤害事故，情形严重的，学校应当及时向教育主管部门及有关部门报告；属于重大伤亡事故的，教育主管部门应当按照有关规定及时向同级人民政府和上一级教育行政部门报告。

（3）教育主管部门应学校要求或者认为必要时，可以指导、协助学校进行事故的处理工作，尽快恢复学校正常的教育教学秩序。

（4）发生学生伤害事故，学校与受伤害学生或者学生家长可以通过协商方式解决；双方自愿，可以书面请求教育主管部门进行调解。成年学生或者未成年学生的监护人也可以依法直接提起诉讼。

（5）教育主管部门收到调解申请，认为必要的，可以指定专门人员进行调解，并应当在受理申请之日起 60 日内完成调解。

（6）经教育主管部门调解，双方就事故处理达成一致意见的，应当在调解人员的见证下签订调解协议，结束调解；在调解期限内，双方不能达成一致意见，或者调解过程中一方提起诉讼，人民法院已经受理的，应当终止调解。调解结束或者终止，教育主管部门应当书面通知当事人。

（7）对经调解达成的协议，一方当事人不履行或者反悔的，双方可以依法提起诉讼。

（8）事故处理结束，学校应当将事故处理结果书面报告给教育主管部门；重大伤亡事故的处理结果，教育主管部门应当向同级人民政府和上一级教育行政部门报告。

二、学校体育管理的方法

管理方法是指用来实现学校体育管理目的而运用的手段、方式、途径和程序等的总称。科学有效的管理方法通常有利于管理职能的发挥，起到维护管理秩序、强化管理作用、提高管理效率等作用。学校体育管理的主要方法有依法管理、依规管理、宣教管理和奖惩管理等。

（一）依法管理

法律具有约束力，它有利于实现学校体育管理的公平、公开，是现代学校体育管理的重要工具。依法管理是指运用学校体育有关的法律、法规、规章以及司法仲裁等程序来对学校体育工作进行管理的一种有效方法。依法管理可以为维护学校体育管理的秩序，规范管理行为、提升管理水平、维护广大师生合法权益等方面保驾护航。我国关于学校体育工作的法律文件包括:《中华人民共和国教育法》《中华人民共和国体育法》《学校体育工作条例》《学校卫生工作条例》《关于加强青少年体育增强青少年体质的意见》《关于进一步加强学校体育工作的若干意见的通知》《关于强化学校体育促进学生身心健康全面发展的意见》《学生伤害事故处理办法》等。在学校体育管理中，要树立有法可依、有法必依、执法必严、违法必究的理念，严格遵守我国现行的法律、法规文件。

（二）依规管理

制定本校体育管理制度是学校进行体育管理的重要环节。依规管理则是指学校依据上位法律法规文件，结合学校自身实际情况，制定适用于本校的各种规章制度文件，主要是制定有关学校体育的规章制度、条例、规定、办法和规划等，如学校体育工作议事制度、阳光体育开展方案、课外竞赛管理办法、课堂教学管理办法等。通常，各级各类学校在制定体育规章制度时不能违反上级政府和有关行政部门学校体育的法律、法规、规章和政策文件，有关标准不能低于国家和地方标准要求。同时，还要充分调动人的积极性，在制定规章制度时，要让师生享有制度制定、执行和申诉权利，把制度制定过程作为师生参与民主管理的过程。

（三）宣教管理

宣教管理是指通过宣传教育的方法来管理学校体育工作的一种方式。宣教管理的途径有很多，例如，召开各类专题报告会、学校动员大会、年级会议和班级会议；利用各种宣传画、宣传册、黑板报、广播电视媒体和互联网等方式进行宣教；此外，还可以举行各种体育表演、体育讲座、体育活动周、体育节等来达到学校体育管理的目的。需要注意的是，在使用宣传教育法时，要确保宣传教育的形式、内容、工作制度、工作方法等体现科学性，做到理论与实践相结合、表扬与批评相结合、言传与身教相结合。

（四）奖惩管理

学校体育管理工作中，通过对工作目标的设置、监督、考核进行奖励与惩罚，是一种行之有效的体育管理方法。它既是对学校体育工作的一种评价，又是学校体育工作激励的重要抓手，推动学校体育管理工作向更高的目标发展。评估与奖惩主要是通过对学校体育工作人员的价值取向和行为的引导、激励，从而达到调动被管理者的主动性，提高工作效率的目的。运用此方法时要注意，表彰与奖励要客观、恰当，奖惩分明，恰到好处。

三、学校体育管理的评估

评估是学校体育管理的有力抓手，同时也是学校体育管理的重要组成部分。它是评估机构或者成员根据国家的教育方针，特别是学校体育的教育方针、政策和法规，运用科学的方法和手段，对学校体育工作进行监督、检查、评价和指导。评估的目的在于找出学校体育管理过程中存在的问题，根据存在的问题找出改进的内容、方向与策略，从而达到优化学校体育管理的目的。这对于制定学校体育发展战略、发现学校体育运行过程中存在的问题以及提高学校体育工作水平具有战略性意义。

（一）学校体育管理评估的内容

学校体育管理的内容是指围绕学校体育工作肩负的目的任务而进行的一系列活动内容。为了提高学校体育的管理水平，将管理职能和管理方法进行具体操作和应用并介入评估机制，是保障学校体育管理目标实现的重要抓手。从管理评估的内容来看，包括学校行政管理、体育教学、课外体育活动、师资队伍建设、学生体质健康管理和教学保障等多方面的评估。

1. 行政管理工作

检查学校是否建立学校体育工作管理小组、体育教研室配备情况；是否根据教育部、国家体育总局等部门下发的各种管理文件制定本校的学校体育工作计划，落实各项法律、法规文件。

2. 体育教学工作

评估学校体育教学发展规划、教学计划、教学大纲、教案、体育课开设情况、教研活动、体育课程教学质量分析等。

3. 课外体育活动开展情况

评估学生是否开展早操、课间操、体育活动课、课外体育活动训练和竞赛等活动，检查学生每天是否开展 1 小时的课外体育锻炼等。

4. 师资队伍建设

《国家学校体育卫生条件试行基本标准》对中小学校体育教师配备有特定要求。学校应当在核定的教职工总编制数内，根据体育课教育教学工作的特点，按照教学计划中体育课授课时数和开展课外体育活动的需要，配备体育教师。小学 1—2 年级每 5~6 个班配备 1 名体育教师，3—6 年级每 6~7 个班配备 1 名体育教师；初中每 6~7 个班配备 1 名体育教师；高中（含中等职业学校）每 8~9 个班配备 1 名体育教师。农村 200 名学生以上的中小学校至少配备 1 名专职体育教师。

5. 学生体质健康管理

建立健全学生体质健康档案，加强学校卫生工作，实施《国家学生体质健康标准》和《学生体质健康监测评价办法》，丰富青少年体质健康教育、评价和反馈手段，落实向家长反馈学生体质健康状况及监测结果的公示制度。

6. 教学保障

《国家学校体育卫生条件试行基本标准》对学校体育场地、经费与器材达标情况同样有明确要求。

（二）学校体育管理评估的基本要求与方法

学校体育管理评估的目的在于解决学校体育发展中存在的问题，必须坚持立足本校，解决本校实际的原则。校领导要高度重视评估管理的意义，激发师生参与评估的积极性，同时建立自评队伍，根据上级主管部门下发的有关文件精神和评估方案，结合本校的具体情况，客观、求实地进行自评和接受检查。评估人员应对相关法律、法规和相关文件进行认真学习，严格按照文件精神，准确把握评估尺度，对评估对象做出实事求是、客观全面的评估。此外，要坚持评估的经常化和制度化，不断完善评估方案、优化评估效果，找出学校开展学校体育工作中存在的不足，探究有效的改进措施。评估的过程属于信息收集、加工和反馈的过程。评估的结果是学校主管部门和学校领导科学决策的重要依据，因此要注重效果反馈效应，将评估结果运用到实践中去，提高管理的整体效应。学校体育管理评估的方法，通常可以采用听、看、查、评相结合的方式。听，是指听学生的反馈意见；看，是指看教学现场、课外体育活动现场；查，是指查看学校体育管理组织机构建设、规章制度建设，教学计划、教案、体育教研室（组）开展教学研究的活动记录等；评，是指对以上内容按照相关指标体系进行评定的行为。具体做法可参照表 11-1　教育部中小学学校体育工作评估指标体系以及表 11-2　中小学校体育工作等级评估自评结果报表进行评定。

▶　表 11-1　教育部中小学学校体育工作评估指标体系

<table>
<tr><th rowspan="3">评估项目</th><th rowspan="3">评估指标</th><th rowspan="3">序号</th><th rowspan="3">评估指标内容</th><th rowspan="3">分值</th><th colspan="4">等级与系数</th></tr>
<tr><th>A</th><th>B</th><th>C</th><th>D</th></tr>
<tr><th>1</th><th>0.8</th><th>0.6</th><th>0</th></tr>
<tr><td rowspan="4">一、组织管理（15%）</td><td rowspan="3">（一）加强管理（5%）</td><td>1</td><td>学校成立政教、教务、总务、共青团（少先队）等部门参与的体育工作领导小组，明确职责、落实分工，定期研究工作（注：中等职业学校和普通中学建立相应体育管理部门，配备专职干部和管理人员）</td><td>2</td><td>是</td><td>/</td><td>/</td><td>否</td></tr>
<tr><td>2</td><td>将体育纳入学校整体工作计划，并制订具体体育计划，认真组织实施，定期组织检查</td><td>2</td><td>是</td><td>/</td><td>/</td><td>否</td></tr>
<tr><td>3</td><td>学校建立校园意外伤害事故的应急管理机制，制定和实施体育安全管理工作方案，明确责任人，落实责任制</td><td>1</td><td>是</td><td>/</td><td>/</td><td>否</td></tr>
<tr><td>（二）领导重视（10%）</td><td>4</td><td>校长将学校体育列入工作职责，明确一名副校长分管体育工作</td><td>1</td><td>是</td><td>/</td><td>/</td><td>否</td></tr>
</table>

续表

评估项目	评估指标	序号	评估指标内容	分值	等级与系数			
					A	B	C	D
					1	0.8	0.6	0
一、组织管理（15%）	（二）领导重视（10%）	5	每学期校长听体育课不少于4次，分管校长不少于6次	2	4/6	3/5	2/4	<2/4
		6	切实减轻学生过重的课业负担，严格落实国家体育与健康课时规定	7	/	/	/	否
二、教育教学（30%）	（三）课程教学（15%）	7	体育与健康课程教学计划、单元计划、课时计划齐全	4	很好	较好	一般	差
		8	依据课程标准组织体育教学，完成教学任务	5	很好	较好	一般	差
		9	加强教学研究与改革，提高教学效果	3	是	/	/	否
		10	严格执行体育课考勤和考核登记制度，并将结果放入学生档案	3	是	/	/	否
	（四）校园体育活动（15%）	11	制定阳光体育运动工作方案、基本要求	2	是	/	/	否
		12	将校园体育活动时间和内容纳入教学计划，列入课表，严格实施	2	很好	较好	一般	差
		13	每天上午安排大课间体育活动；没有体育课时，当天下午安排一小时集体体育锻炼	3	是	/	/	否
		14	学校每年召开春、秋季运动会	3	是	/	/	否
		15	开展体育、艺术2+1项目，有85%以上的学生掌握至少2项日常锻炼的体育技能	4	85%	70%	50%	<50%
		16	对学生加强体育安全教育	1	是	/	/	否

续表

评估项目	评估指标	序号	评估指标内容	分值	等级与系数			
					A	B	C	D
					1	0.8	0.6	0
三、条件保障（30%）	（五）教师队伍（15%）	17	体育教师数量达到国家规定要求	5	是	/	/	否
		18	体育教师职务评聘公平、公正	3	是	/	/	否
		19	体育教师坚持集体备课、校本教研	3	是	/	/	否
		20	体育教师参加培训、继续教育	1	是	/	/	否
		21	开展课外体育活动、组织学生体质健康测试纳入教学工作量	2	是	/	/	否
		22	学校对体育教师进行安全知识和技能培训	1	是	/	/	否
	（六）场地器材与经费（15%）	23	体育场地、器材、设施达标情况	1	90%	70%	60%	<60%
		24	体育场地平整、整洁，符合体育活动和体育教学要求	1	很好	较好	一般	差
		25	体育场馆、设施管理规范，及时维护，确保安全运行	2	很好	较好	一般	差
		26	学校体育场地、器材、设施有专人负责管理	2	是	/	/	否
		27	课余时间和节假日体育场馆向学生开放	4	是	/	/	否
		28	经费按规定用于体育支出，满足学校体育工作需要	5	是	/	/	否
四、学生体质（20%）	（七）组织全员测试（5%）	29	实施《国家学生体质健康标准》，做好全体学生体质健康测试	3	是	/	/	否
		30	妥善保存学生《国家学生体质健康标准》原始数据	1	是	/	/	否
		31	按国家要求上报《国家学生体质健康标准》测试数据	1	是	/	/	否

续表

评估项目	评估指标	序号	评估指标内容	分值	等级与系数			
					A	B	C	D
					1	0.8	0.6	0
四、学生体质（20%）	（八）测试结果（5%）	32	有 90% 以上的学生达到《国家学生体质健康标准》合格以上等级	2	5%	4%	2%	<2%
		33	有 40% 以上的学生达到《国家学生体质健康标准》良好以上等级，并逐年增长	3	40%	30%	25%	<25%
	（九）测试评价（10%）	34	每年在校内公布学生体质健康测试总体结果，并通报学生及家长	2	是	/	/	否
		35	学生体质健康水平作为学生综合素质报告的重要内容，并形成制度	6	是	/	/	否
		36	分析学生体质健康标准测试结果，动态把握学生体质健康发展趋势	2	是	/	/	否
五、监督检查（5%）	（十）监督（5%）	37	学校公布阳光体育运动监督电话	1	是	/	/	否
		38	利用公告栏、家长会和校园网，每学期通报一次学生体育活动情况	4	是	/	/	否

填表说明：

此表为教育部对中小学体育工作进行评估的规范用表，在填写过程中需注意以下具体事项：①“填写课时”，小学1—2 年级按每周 4 课时，小学 3—6 年级和初中每周按 3 课时，高中每周按 2 课时计算；②“体育教师数量”按照《国家学校体育卫生条件试行基本标准》测算；③“体育教师组织开展课外体育活动”每周计 2 课时，组织学生体质健康测试（含统计、整理、上报）每班每学年计 8 课时计算；④“体育场地、器材、设施达标情况”，按照《国家学校体育卫生条件试行基本标准》测算；⑤“上级教育部门拨付公用经费”中，安排用于开展学校体育活动、比赛以及易耗体育器材购置费用数额和比例；⑥保留各年级《国家学生体育健康标准登记卡》原件备查；⑦以各学段毕业年级学生测试结果为例。

评价结果中，90 分以上为很好；75~89 分为较好；60~74 分为一般；59 分及以下为差。评估中存在以下情形之一者，评估为不合格：不能保证学生每天一小时校园体育活动时间；未按国家规定开足体育与健康课；学生体质健康水平连续三年下降；学生体质健康标准测试、上报数据不真实或未按要求上报；评估中弄虚作假。为鼓励先进，符合以下条件可加分：①创新体育活动内容、方式和载体，增强体育活动的趣味性和吸引力；②建立青少年体育俱乐部，坚持开展活动；③每年在一次校级运动会中，设计全体学生参加的项目；④每年组织不少于 10 次的校级单项体育比赛；⑤学校有体育代表队，每周训练不得少于两次，积极参加上级教育或体育部门组织的竞赛。凡具备以上条件之一的每项加 2 分，最多加 10 分（表 11-2）。

▶　表 11-2　中小学校体育工作等级评估自评结果报表

单位全称（公章）：

校长				主管校长				电话			
教务（体育）主任				体育组长				电话			
体育教师数			体育教师缺额人数				体育教师平均周课时				
年级	班数	学生人数	年级	班数	学生人数	年级	班数	学生人数	年级	班数	学生人数
一年级			四年级			七年级			高一		
二年级			五年级			八年级			高二		
三年级			六年级			九年级			高三		

各项指标评估结果

序号	评估指标内容（要点）	得分	存在主要问题
1	学校成立领导小组或管理部门		
2	将体育纳入学校整体工作计划		
3	制定和实施体育安全管理方案		
4	校长将学校体育列入工作职责		
5	校长、分管校长听体育课		
6	严格落实体育与健康课时规定		
7	体育教学计划、单元计划等齐全		
8	依据课程标准组织体育教学		

续表

序号	评估指标内容（要点）	得分	存在主要问题
9	加强教学研究与改革		
10	严格执行体育课考勤、考核制度		
11	制定阳光体育运动工作方案		
12	将校园体育活动纳入教学计划		
13	大课间体育活动、一小时锻炼		
14	学校每年召开春、秋季运动会		
15	85% 学生掌握 2 项体育技能		
16	对学生加强体育安全教育		
17	体育教师数量达到规定标准		
18	体育教师职务评聘公平、公正		
19	体育教师坚持集体备课		
20	体育教师参加培训、继续教育		
21	活动、测试纳入教师教学工作量		
22	对体育教师进行安全知识培训		
23	体育场地、器材、设施达标情况		
24	体育场地平整、整洁，符合要求		

续表

序号	评估指标内容（要点）	得分	存在主要问题
25	体育场馆管理规范、安全运行		
26	体育场地、器材等有专人负责		
27	体育场馆向学生开放		
28	公用经费满足学校体育需要		
29	做好所有学生体质健康测试		
30	妥善保存体质健康测试数据		
31	按要求上报体质健康测试数据		
32	90% 以上学生达到合格等级		
33	40% 以上学生达到良好等级		
34	每年公布健康测试总体结果		
35	将学生体质健康水平作为评价指标		
36	分析测试结果，把握体质趋势		
37	公布阳光体育运动监督电话		
38	每学期通报一次体育活动情况		

加分项目		加分	
得分总计		自评等级	

校长签字： 填报人： 联系电话： 填报日期：

复习思考题

1. 简述学校体育的政府管理体系的组成部门及其职责。

2. 简述学校体育的社会管理体系的组成部门及其职责。

3. 简述学校体育内部管理体系的组成部门及其职责。

4. 学校体育工作的任务是什么？从教学内容和教学形式的视角，思考一下，当前哪些因素阻碍了学校体育工作任务的达成？

5. 作为一名体育教师或者教练员，你将如何提高学校课余体育管理的工作效率？

6. 一旦学校发生体育伤害事故，你将按照什么程序来妥善处理？

即测即练

主要参考文献

[1] 毛泽东. 体育之研究 [M]. 北京：人民体育出版社，1979.

[2] 钱耀庭. 学校体育学 [M]. 北京：人民体育出版社，1991.

[3] 金钦昌. 学校体育学 [M]. 北京：高等教育出版社，1994.

[4] 周登嵩. 学校体育学 [M]. 北京：人民体育出版社，2004.

[5] 李祥. 学校体育学 [M]. 北京：高等教育出版社，2001.

[6] 潘绍伟，于可红. 学校体育学. 3版. [M]. 北京：高等教育出版社，2015.

[7] 沈建华，陈融. 学校体育学 [M]. 北京：高等教育出版社，2010.

[8] 刘海元. 学校体育教程 [M]. 北京：北京体育大学出版社，2011.

[9] 毛振明. 体育教学论. [M]. 3版. 北京：高等教育出版社，2017.

[10] 李秉德. 教学论 [M]. 北京：人民教育出版社，2001.

[11] 苏竞存. 中国近代学校体育史 [M]. 北京：人民教育出版社，1994.

[12] 李晋裕，腾子敬，李永亮. 学校体育史 [M]. 海南出版社，2000.

[13] 金长泽，张贵新. 师范教育史 [M]. 海口：海南出版社，2002.

[14] [美] Greg Payne，耿培新，梁国立. 人类动作发展概论 [M]. 北京：人民教育出版社，2008.

[15] 唐炎，罗平. 体育教师执教能力教程 [M]. 北京：北京体育大学出版社，2015.

[16] 刘婕. 专业化：挑战21世纪的教师 [M]. 北京：教育科学出版社，2002.

[17] 宋会君. 体育教师专业化之研究 [D]. 北京：北京体育大学，2005.

[18] 李林. 体育课程内容资源开发的理论与实践 [M]. 重庆：西南师范大学出版社，2006.

[19] 曲宗湖，杨文轩. 课余体育新视野 [M]. 北京：人民体育出版社，1999.

[20] [美] 约翰·瑞迪，埃里克·哈格曼. 运动改造大脑 [M]. 浦溶

译．杭州：浙江人民出版社，2013．

［21］张瑞林．体育管理学［M］．3版．北京：高等教育出版社，2015．

［22］教育部．义务教育体育与健康课程标准（2011版）［M］．北京：北京师范大学出版社，2011．

［23］教育部．普通高中体育与健康课程标准（2017版）［M］．北京：人民教育出版社，2018．

［24］陈雁飞．做好体育教研工作的十个关键问题［M］．北京：高等教育出版社，2013．

［25］陈建绩，宋培东．体育校本研究的理念与方法［M］．北京：人民体育出版社，2007．

［26］宋尽贤，廖文科．中国学校体育30年［M］．北京：高等教育出版社，2010．

［27］李季芳，周西宽，徐永昌．中国古代体育史简编［M］．北京：人民体育出版社，1984．

［28］谷世权．我国古代近代学校体育发展史考略［J］．北京体育学院学报，1986．

［29］旷文楠．中国古代学校体育的若干特色［J］．四川体育科学学报，1983（3）：1-7．

［30］曹守訸．中国古代的重文轻武风气及其对体育的影响［J］．成都体育学院学报，1988（2）：9-15．

［31］唐炎，宋会君，刘昕等．对我国学校体育功能研究的反思［J］．北京体育大学学报，2004，27（8）：1102-1104

［32］唐炎，虞重干．结构与生成机制：一种关于体育教学社会功能的探究［J］．体育科学，2009，29（6）：85-88．

［33］刘春燕，李青，谭华．热现象中的冷思考——对大课间体育活动的再认识［J］．体育学刊，2014，21（1）：16-18．

郑重声明